慶祝王更生教授七秩嵩壽紀念文集

慶祝王更生教授七秩嵩壽紀念文集編委會編

文史哲出版社印行

慶祝王更生教授七秩嵩壽紀念文集 / 慶祝王更生教授七秩嵩壽紀念文集編輯委員會編. -- 初版. -- 臺北市 : 文史哲, 民 86
面 ; 公分
ISBN 957-549-088-6

1. 論文 – 講詞 2. 散文 - 論著評論

078

慶祝王更生教授七秩嵩壽紀念文集

編 者：慶祝王更生教授七秩嵩壽紀念文集編輯委員會
出版者：文史哲出版社
登記證字號：行政院新聞局版臺業字五三三七號
發行人：彭正雄
發行所：文史哲出版社
印刷者：文史哲出版社
臺北市羅斯福路一段七十二巷四號
郵政劃撥帳號：一六一八〇一七五
電話 886-2-3511028 · 傳真 886-2-3965656

實價新臺幣 六〇〇元

八十六年七月初版

ISBN 957-549-088-6

慶祝王更生教授七秩嵩壽紀念文集　目次

第三輯

序

蔡宗陽

王師更生教授，河南汝南人，民國十七年七月二十日生。國立臺灣師範大學國文系、國文研究所碩士班、博士班畢業。考試院文官高等考試教育行政人員及格。曾任國民小學教師、教導主任、代理校長；初（國）、高中及職業學校國文教師、組長、主任；專科學校副教授、訓導主任、教務主任、校長、國立編譯館國文科編審委員、中國古典文學研究會常務理事。現任國立臺灣師範大學國文系所教授，曾講授《文心雕龍》、文章學、唐宋八大家文研究、《文心雕龍》專題研究、《韓非子》、國文教材教法、教學實習等課程。

王師敦品勵學，謙沖自牧，治學精勤，誨人不倦，數十年如一日。平生栽成弟子甚衆，咸認其精神人格，誠經師人師之典範。吾師出身寒家，家境拮据，勤苦自修，半工半讀，未嘗稍懈，於民國六十年榮獲國家文學博士。畢生以教育爲志業，由小學教師積學而執教上庠，其奮鬥不懈之精神，精研學問之毅力，足資青年學子楷模。

王師所致力之學術研究，最具成就者當數《文心雕龍》，專門著作有《文心雕龍研究》、《文心雕龍新編》、《文心雕龍范注駁正》、《文心雕龍研究論文選粹》、《文心雕龍選讀》、《文心雕龍導讀》、《文心雕龍讀本》、《中國古代文學理論的秘寶——文心雕龍》等書，單篇論文有〈臺灣《文心雕龍》學的研究與展望〉、〈《文心雕龍》聲律論〉、〈《文心雕龍》中的子學〉、〈《文心雕龍》版本考〉、〈《文心雕龍》中的經學思想〉、〈《文心雕龍》在中國文學史上的地位〉、〈《文心雕龍》成書年代及其相關問題〉、〈當代《文心雕龍》著作述評〉、〈試論《文心雕龍》在國文教學上的適應性〉、〈《文心雕龍》述《詩經》考〉、〈《文心雕龍》范注駁議〉等數十篇；又潛心研究唐宋八大家文，著有《韓愈散文研讀》、《柳宗元散文研讀》、《歐陽脩散文研讀》；是以歷年來，於臺灣師大國文研究所講授之課程，如「文心雕龍專題研究」、「唐宋八大家研究」、「文章學」，皆對後學多所啓迪，於學術亦時發新義。而夫子溫良恭儉讓，學子莫不如沐春風，獲益匪淺。此外，吾師不止研究《晏子春秋》、中國文學，著有《晏子春秋研究》、《中國文學的本源》、《中國文學講話》；亦研究國文教材教法，頗具心得，著有《國文教學新論》、《國文教學面面觀》，不僅對教學方法之改進，提供具體之見解、豐富之經驗，並且對中學國文教學具有至深且遠之影響。吾師曾授「教學實習」，常率學生環島參觀教學，深受各中學校長歡迎。

今（八十六）年七月二十日欣逢王師七秩華誕，由吾師指導博碩士論文之受業弟子，有感於吾師昔年教誨啓導之恩，群議吾輩當有賀壽之舉，以盡弟子之心，遂有徵文彙印紀念文集之議，由學生共同發起，並推余爲召集人，數月以來，積稿二十餘萬言，來稿如此踴躍，一則見吾師春風化雨之功，一則見師門諸學長治學之勤勉，此足堪告慰吾師教育之辛勞。

本文集搜羅文章，分爲三類：一是與吾師著作相關之論文，列入第一輯；二是與吾師著作不相關而屬於個人研究之論文，列入第二輯；三是感念師恩之文章，列入第三輯；排列除依此三類之次第外，又依時代先後、輩分高低。各人專攻不同，興趣有異，是以文集內容至廣，而寫作各有所重。

茲値文集編成付梓之前，謹將王師教誨吾輩之恩德，暨吾師學術研究之成就與教育上之貢獻，及徵文祝嘏之籌備經過，略述梗概。承蒙諸學長熱心賜稿，謹代表籌備會敬表謝忱；文史哲出版社負責人彭正雄先生慨允印行，衷心感念！馮永敏、呂武志、顏瑞芳、溫光華、林淑雲五位學長負責聯絡、收稿、校訂工作，辛勞備至，一併聊表謝意與敬意。謹以此一文集敬賀吾師嵩壽，至盼吾師松柏長青，學術精神長流不息。

民國八十六年七月受業**蔡宗陽**謹序於國立臺灣師範大學國文學系

《文心雕龍研究》新舊版本之比較

——為感念王師更生七秩嵩壽而作

蔡宗陽

提　要

王師更生研究《文心雕龍》，焚膏繼晷，數十年如一日，迄今發表《文心雕龍》論文最多，尤其《文心雕龍研究》係最得意著作。今（八十六）年七月二十日適逢王師七秩嵩壽，茲就吾師最得意著作，加以闡析，聊表感念師恩。

《文心雕龍研究》新舊版本之內容，各有特色。本文僅就新舊版本之板本書影、徵引著述、新舊內容，加以比較，條分縷析，闡述新舊版本之異同。

關鍵詞：《文心雕龍研究》、板本書影、徵引著述、新舊內容。

一、前　言

王師更生潛心鑽研《文心雕龍》數十年，著作等身，大陸《文心雕龍》學者引用其說法者甚夥，目前臺灣《文心雕龍》學者研究之勤，著作之多，王師可謂佼佼者。

王師於民國六十五年三月撰《文心雕龍研究》，以此書順遂升教授，眞是可喜可賀！王師鑽研學術之勤，馳名遐邇，於民國六十八年五月重修增訂《文心雕龍研究》，費三年時光修訂，是年榮獲中正文化獎。古人云：「前修未密，後出轉精。」王師精益求精，不斷創新，日新又新，其研究精神，令人既感動又佩服。今（八十六）年適値王師七秩嵩壽，茲比較王師《文心雕龍研究》新舊版本之異同，以資紀念，並感謝師恩比山高、比海深。

二、板本書影之比較

研究學術，首重板本。板本之良窳，繫乎學術研究之成果。王師裒集《文心雕龍》之板本，不遺餘力。初版《文心雕龍研究》之板本書影，搜羅十張重要板本書影；重修增訂版《文心雕龍研究》之板本書影，蒐集十二張重要板本書影。

《文心雕龍研究》新舊版之板本書影相同者，有唐寫《文心雕龍》殘卷宗經第三、明弘治甲子吳門本《文心雕龍》首頁，第一行下欄有「明楊鳳印」方章一顆（國立故宮博物院藏）、明弘治甲子吳門本《文心雕龍》底頁，除名家藏書印章外，有「吳人楊鳳繕寫」字樣（國立故宮博物院藏）、明萬曆己卯張之象本《文心雕龍》原道第一徵聖第二（用上海涵芬樓版，臺灣商務印書館四部叢刊初編縮本），明天啓二年梅氏第六次校定楊升菴先生批點《文心雕龍》金陵聚錦堂刊本首頁（國立中央圖書館藏）、明嘉靖庚子新安本，即歙邑汪一元校刻本《文心雕龍》首頁（國立中央圖書館藏）、明萬曆壬子吳興淩雲刊五色套印本《文心雕龍》首頁（國立中央圖書館藏）、明萬曆鍾惺所輯秘書九種之一金門擁萬堂刊本《文心雕龍》首頁（國立故宮博物院藏）等八張。

《文心雕龍研究》新舊版相異之板本書影，新版有而舊版無者，有明萬曆壬子豫章梅氏刊刻楊升菴先生批點《文心雕龍》五色圈點本首頁（國立中央圖書館藏）、明萬曆壬午勾餘胡氏刊兩京遺編本《文心雕龍》首頁（中央研究院史語所傅斯年圖書館藏）等兩張。新舊版皆有而同中有異者：新版第七張板本書影「明萬曆己酉王惟儉訓故本《文心雕龍》首頁（原書現藏日本京都大學漢文部）」與舊版第五張上爲「明萬曆己酉河南王惟儉訓故本《文心雕龍》原道第一、封禪第二十一」比較，則原道第一部分相同，而封禪第二十一卻是舊版所無；此其一也。新版第十二張板本書影「日本享保十六年岡白駒校正句讀本《文心雕龍》首頁①（原書現藏日本京都大學漢文部）」與舊版第五張下爲「日本享保十六年（西元一七三一）清世宗雍正九年岡白駒校正句讀本《文心雕龍》原道第一、封禪第二十一」比較，則原道第一部分相同，而封禪第二十一卻是舊版所無；此其二也。此外，尚有新版無而舊版有之重要書影，則爲舊版第六張書影，上爲「明王惟儉《文心雕龍》訓故本上下兩冊之封面裝訂情形」，下爲「日本國岡白駒《文心雕龍》校正句讀本上下兩冊之封面裝訂情形」。舊版第五張書影雖然內容多，但影印比較模糊；新版第七、十二張書影，雖然內容少，但影印比較清晰。

《文心雕龍研究》新舊版之板本書影相同者有八張，然新版有而舊版無者有兩張，新舊版皆有而同中有異者有兩部分，舊版有而新版無者，僅有一張耳。

三、徵引著述之比較

《文心雕龍研究》徵引各家著述，就總數而言，舊版徵引書目有一九一，而新版則為二百，新版比舊版多九。新版有而舊版無者，例如：葉長青《文心雕龍雜記》（福州職業中學印刷廠印行）、高師仲華《高明文輯》下冊（黎明文化事業公司印行）、莊雅洲《曾國藩文學理論述評》（手鈔自印本、臺灣師大國文研究所碩士論文）、韋勤克等著、王夢鷗等譯《文學論》（志文出版社印行）、唐師士毅《桐城文派新論》（現代書局股份有限公司印行）、鍾應梅《文論》（臺灣學生書局印行）、金秬香《駢文概論》（臺灣商務印書館人人文庫本）、郭象升《文學研究法》（正中書局印行）、姚永樸《文學研究法》（廣文書局印行）等九本書。此外還有徵引著述，舊版逕引全名而新版則僅稱姓氏，例如：舊版的王利器《文心雕龍新書》（香港龍門書店印行），而新版則稱王某。又如舊版的郭晉稀《文心雕龍譯註十八篇》②（香港建文書局出版），而新版則稱郭某。陸侃如《文心雕龍述語用法舉例》（《文學評論》二期），新版《文心雕龍研究》則僅稱「陸某」。寇效信〈論風骨〉（《文學評論》六期），新版《文心雕龍研究》則僅稱「寇某」。李樹爾〈論風骨〉（香港匯文閣《文心雕龍研究論文集》），新版《文心雕龍研究》則僅稱「李某」。郭紹虞《中國文學批評史》（明倫出版社發行），而新版《文心雕龍研究》則僅稱郭某。陸侃如、馮沅君《中國文學史簡編》（臺灣開明書店印行），而新版《文心雕龍研究》則僅稱「陸某、馮某」③。王瑤《中古文學史論》（長安出版社發行），而新版《文心雕龍研究》則僅稱「王某」。此外，舊版《文心雕龍研究》第一一四本，新版則為第一一五本，此書作者「朿維之」，疑是「朱維之」之誤，可能手民誤植。「朱」、「朿」，形近而訛。

四、新舊內容之比較

新舊版《文心雕龍研究》，就內容而言，有同有異。新舊版內容相同者，有第一章〈緒論〉、第二章〈梁劉彥和先生年譜〉、舊版的第四章《文心雕龍板本考略》與新版的第三章〈文心雕龍板本考〉，舊版的第五章與新版的第四章《文心雕龍之美學》、舊版的第七章與新版的第五章〈文心雕龍之史學〉、舊版的第八章與新版的第六章〈文心雕龍之子學〉、舊版的第九章與新版的第八章〈文心雕龍文體論〉、舊版的第十三章〈文心雕龍批評論〉與新版的第十章〈文心雕龍文評論〉、舊版的第十四章〈文心雕龍在中國文學史上之地位〉與新版的第十一章結論（文心雕龍在「中國文學史」上之地位）。但同中有異，舊版的第一章緒論，而新版的第一章除緒論外，增加副題——文心雕龍的回顧與前瞻。第二章〈梁劉彥和先生年譜〉之「譜後」，其副題不同，舊版是〈有關譜主史傳及後人研考文字摘錄〉，新版則為〈劉勰史傳及後人研考文字節錄〉，「有關譜主」改為「劉勰」，「摘錄」改為「節錄」。「年譜」的副題——舊版的〈譜主生平行事之考訂〉，新版改為〈譜主劉勰之生平行誼〉。在「譜主」

下，加「劉勰」二字。「生平行事之考訂」改爲「之生平行誼」。舊版的第四章〈文心雕龍板本考略〉，新版刪掉「略」字；此章新版增加「選本十二種」。舊版的第五章與新版的第四章〈文心雕龍之美學〉，題目相同，但新舊版內容卻迥異，舊版的內容是前言、本文寫作的態度、文心雕龍之美學基礎、「自然美」與「人文美」、人文美發展的過程、文心雕龍美學的體用、文心雕龍美學之三條件、結語，而新版的內容卻是美學與文心雕龍、藝術的架構、美學的基礎、能量的涵藏、情意的表出、美感的回顧。舊版的第八章與新版的第六章文心雕龍之子學，其中內容之一——本文寫作的基本動因，新版改爲「寫作本文的動因」，刪掉「基本」二字，顛倒「本文寫作」爲「寫作本文」。舊版的第九章與新版的第八章文心雕龍文體論，其中內容之一——本文寫作的緣前，新版改爲「前言」，比較簡明。舊版的第十三章文心雕龍批評論與新版的第十章文心雕龍文評論，將「批評論」改爲「文評論」，意義比較明確。其中內容之子題，略有更動，如舊版的「前言」改爲「文心雕龍批評論的全面性」，內容比較清晰；舊版的「文心雕龍批評論的基本主張」改爲「劉彥和的基本主張」，文心雕龍批評論是劉彥和的理論；舊版的「文心雕龍批評之理則」改爲「批評的理則」，詞簡意賅；舊版的「批評家應有的學養」改爲「批評家應有的素養」，將「學」字改爲「素」字；此外，新版增加「批評的避忘」、「文學批評的外緣問題」。新版的第十四章文心雕龍在中國文學史上之地位與舊版的第十一章結論〈文心雕龍在「中國文學史」上之地位〉，舊版增加「結論」二字。

新舊版《文心雕龍研究》內容也有不同，如舊版有而新版無者，舊版第三章文心雕龍史志著錄得失平議、第六章文心雕龍之經學、第十章文心雕龍風格論、第十一章文心雕龍風骨論、第十二章文心雕龍聲律論等五章。又如新版有而舊版無者，新版的第七章文心雕龍「文原論」、第九章文心雕龍「文術論」第二章。此外，新版有重修增訂「文心雕龍研究」序，闡述增訂之緣起及內容。舊版「文心雕龍研究」有十四章，而新版則僅有十一章；但舊版只有四三八頁，而新版卻有四七一頁。章數雖然新版比舊版少，但內容卻新版比舊版多。

五、結論

王師《文心雕龍研究》新舊版本，雖有同有異，但各有千秋。若能將二書之特色，重新組合如下：序、第一章緒論、第二章劉彥和先生年譜、第三章文心雕龍板本考、第四章文心雕龍文原論、第五章文心雕龍文體論、第六章文心雕龍文術論、第七章文心雕龍文評論、第八章文心雕龍之經學、第九章文心雕龍之史學、第十章文心雕龍之子學、第十一章文心雕龍之美學、第十二章文心雕龍風格論、第十三章文心雕龍風骨論、第十四章文心雕龍聲律論、第十五章結論、附錄文心雕龍史志著錄得失平議、參考書目，則可以推出一部新著，書名可命爲《最新修訂文心雕龍研究》。此書編排的次第，不止先談作者，再論板本，也先依全書體例，闡述文原、文體、文術、文評；再依經、史、子及其他，析論其內涵。如此，則綱舉目張，井然有序。

【附　註】

①「日本享保十六年」中之「享」字，新版《文心雕龍研究》誤植爲「京」字，形近而訛。

②「郭晉稀」之「晉」字，舊版《文心雕龍研究》誤植爲「普」字。

③「陸某」二字，新版《文心雕龍研究》誤植爲「劉某」二字。

王更生教授《中國文學講話》的特色

陳光憲

提　要

王更生教授撰著《中國文學講話》一書，旨在導引學者進入中國文學的殿堂，擷取中國文學的精華。

本文論述王著《中國文學講話》的特色有七：㈠言簡意賅，呈現全貌。㈡探本尋源，明其流變。㈢文體介紹，言簡意明。㈣精闢剖析文體特色。㈤公允精確評論作品。㈥探索原委，論述影響。㈦導引讀者治學方法。

王書最大的特色，即是將中國文學的六大部門：韻文、散文、駢文、小說、戲曲、文學批評的變遷，架設在縱橫的兩條線上，縱線探討中國文學流變的軌跡；橫線說明代表作家、作品和文風的興替，使得中國文學的全貌清晰地呈現在讀者眼前，是一本研究中國文學入門好書。

關鍵詞：王更生、文學、流變、中國文學、文體、評論、文學理論

一、中國文學入門的好書

文學是民族智慧的結晶，民族精神的寄託。英國人常說：「英國寧可拋棄了英倫三島，但決不能拋棄莎士比亞。」因爲莎士比亞的文學作品是英國民族精神的寄託，國土淪陷了，只要民族精神尚在，還可以恢復故土，若拋棄了民族精神，國家便陷入萬刼不復的境地。

中國文學是中國民族精神的所在，是中國文化的本源，是祖先留給後世子孫的無價之寶。然而中國文學浩如煙海，在五千年的歷史長河中，變化多姿，壯觀無比，要登堂入室，窺其奧妙，誠屬不易。即或是中文系的學生，在一年的中國文學史課程中，往往不能讀完全部，即使能讀完全部，但能掌握中國文學全貌，明其流變，得其精髓者，更是少之又少。原因在於坊間所出的《中國文學史》，大多運用通史的筆法，以時代先後爲序，循著歷代王朝的興廢，把中國文學支解得支離破碎，使得中文系的學生勤苦多而收穫少，教授中國文學史的教師也常感歎時間不足，無法講授得完整，讓學生有豐碩的收穫。

王更生教授有鑑於此，所撰著的《中國文學講話》正足以補救此一方面的缺失，不但是中文系學生所必讀，也是關心中國文學的社會大衆，人人所必讀的一本好書。

二、三個理念與六大部門

王更生教授撰著本書時，他看到了坊間一般《中國文學史》的弊病是編者運用通史的筆法，以時代先後爲序，循著歷代王朝的興滅繼絕，硬把中國一脈相承的各體文學奇葩，推上政治的砧板，支解得面目全非。

爲了矯正一般《中國文學史》的缺失，他以「三個理念和六大部門」撰著《中國文學講話》。

「三個理念」：

(一)體認文學爲學術的一環，必須把文學放在整個學術的天秤上，才能見其眞、知其變，也才能讓讀者清楚了解她的來龍去脈。

(二)突破陳陳相因的政治格局，採以文學體裁爲基據，以紀事本末爲寫作的方式，使得讀者展卷之時，有一氣呵成，遊目騁懷之快。

(三)文字精確扼要，凡中等程度的知識份子，不分職業和性別，只要想了解中國文學的人，都能一卷在手，雅俗共賞。

「六大部門」：

(一)韻文之部。

(二)散文之部。

(三)駢文之部。

(四)小說之部。

(五)戲曲之部。

(六)文學批評之部。

中國文學提其綱領，不外此六大部門而已，王教授在寫作時，即以「三個理念」和「六大部門」將中國文學的變遷，架設在縱橫交錯的兩條主流上進行說明，縱線代表時序和變遷的軌迹，橫線代表作家、作品和文風的興廢，兩相交織，中國五千年的文學全貌，便清晰地展現在眼前。

三、本書的特色

(一)言簡意賅，呈現全貌

王教授學養深厚，爲使讀者能見中國文學之眞，中國文學之變，了解中國文學六大部門的來龍去脈，他在每部開端的第一章，先介紹文體的名義、起源、流變，並敍述各章的內容及重點，使讀者預先掌握各體文學的脈絡系統，然後循序漸進，邁入佳境。

中國文學博大精深，上下五千年，資料甚多，牽涉甚廣，文體豐富，作家如林，著述如雨，王教授匠心獨運，去蕪存菁，在各部門之中，選擇最具代表性的作家和作品，進而精確地評論其風格與影響，並指示讀者研究的方法。王教授撰著本書措詞淺白流暢，文字簡明扼要，濃縮得宜，使讀者讀完一部，即得到此一部門的全貌，讀完本書之後，對中國文學不但有正確的體認，而且得到了良好的治學方法。

㈡探本尋源，明其流變

萬山磅礴，必有主峰，流水百折，定有源頭。研究任何學問，首先必須探本尋源，了解它的本源活水，以及它之所以興，它之所以變，然後掌握文學演進的脈動。

王教授撰著《中國文學講話》，首重中國文學的本源。文學六大部門，也是根據文體產生的先後，依序介紹。韻文之部，王教授首先介紹《詩經》。中國文學的本源在於「經典」，《詩經》是五經之一，也是我國最早的詩歌總集，在韻文之中，居於領袖地位，影響既遠且大。

《文心雕龍．宗經篇》說：「經也者，恆久之至道，不刊之鴻教也。故象天地，效鬼神，參物序，制人紀，洞性靈之奧區，極文章之骨髓者也。」五經是我國古聖先賢智慧的結晶，自孔子以來，已成為儒家治國的寶典，也是我國文學的根源。五經之中，除了《詩經》屬韻文之外，都是散體的文字。因之，王教授在散文之部首先介紹「經典的散文」，此即是重視文學的根源，有了源頭活水才有其流變和派別，循此才能了解文學的全貌。

「合則見大道，變則有新猷。」研究文學不但要探其源頭，也要明其流變。以韻文而論，最早的是《詩經》、《楚辭》，其次是漢賦，魏晉六朝有樂府、古詩，唐代出現近體詩，宋代盛行詞，元代盛行曲，民國以來有現代詩。王教授在韻文之部，首章介紹《詩經》，其次分章敘述興楚盛漢的辭賦、兩漢以後的樂府詩、古詩的流變與特色、唐代的近體詩、兩宋的詞、元代的曲，讀者只要瀏覽章節目錄，就可以掌握整個韻文的流變。在分章內容中，王教授又畫龍點睛的敘述各體的演變，以辭賦而言，先說明辭指楚辭，賦指漢賦，進而說明賦並非漢代獨有，魏晉六朝到唐宋元明清，也都有各種形式不同的賦，稱「漢賦」只是因爲漢代以「賦」爲文學主流罷了。

王國維先生說：

四言敝而有楚辭，楚辭敝而有五言，五言敝而有七言，七言敝而有律絕，律絕敝而有詞，蓋文體通行既久，染指遂多，自成習套，豪傑之士，亦難於其中自出新意，故遁而他體以自解脫，一切文體所以始盛中衰者，皆由於此。

王更生教授《中國文學講話》在每一部、每一章中均扼要地點出了文學演變的軌迹，讓讀者深刻地了解文學的源頭與流變，也使讀者清晰地感受到各體文學的主流以及往後所產生的支條流派。

㈢文體介紹，言簡義明

中國文學包羅宏富，可說是千門萬戶，各有不同。研究中國文學，首要了解各種文體的名義、起源，然後明其發展與影響。

王師《中國文學講話》，對於每一類文體均有簡明扼要的介紹。以「樂府詩」爲例，他說：

「樂府」，本是西漢審音度曲的官署名稱。它的職責在採集文人的詩解和民間歌謠，加以潤色修飾，提供朝廷祭祀或宴享嘉賓時演奏歌唱之用，到了魏晉六朝，把樂府演唱的歌詩也稱「樂府」。於是所謂「樂府」，便從原來官署的名稱變爲帶有音樂性的文體。

其後，王教授進一步介紹它的音樂性：一是入樂，可以按譜歌唱的；一是不入樂，無譜可按，只能恬詠密吟，又叫「徒詩」。

再論敍樂府詩發展的三個階段：

1.起源於西漢：漢武帝成立樂府，命李延年爲協律都尉，搜集民歌，於是樂府成了我國詩歌的正統來源。

2.興盛於魏晉南北朝：此時兵戈紛擾，佛老思想盛行，許多人目睹國難嚴重，民生疾苦，發而爲歌，吐露他們悲歡離合的心聲，造成樂府的蓬勃發達。

3.衰落於隋唐：樂府到了隋唐，和音樂逐漸脫節，由於樂譜的散失，只剩下曲牌。……當時的文人才士，往往擺脫舊曲的約束，另立新題，從事創作，美其名曰「新樂府」。

其次再比較南北詩風的不同，又論述樂府詩和古詩、近體詩的差異，最後則論述樂府詩對後世的影響及研究方法，使讀者對此一文體有完整的概念和認識。全章用字只有二千餘字，而能呈現文體之全貌，可謂是言簡而義明。

(四)精闢剖析文體特色

一代有一代的文學，歷代文學各有其特色，王教授在本書中對各體文學的特色均有極精闢的剖析及論述。

他介紹兩漢散文的最大特色有六，他說：

一、兩漢散文多有辭賦化的傾向。二、西漢散文比東漢散文更爲蒼勁古樸。三、兩漢散文受經典的影響很大。四兩漢散文各體具備，其中的『奏議』一體，可推爲兩漢散文的代表，如賈誼、鼂錯、司馬遷等人是其中翹楚。五兩漢散文措辭工穩，結構嚴謹，如大將布陣，有條不紊。司馬遷《史記》一百三十篇，五十二萬多言，句不虛設，事不空談，千錘百鍊，可爲一家之學。六由於兩漢近古，散文往往或用籀文，或用或體，或用通假字，在《史記》、《漢書》中，這種例子隨處都是，多不勝舉。

王教授論述魏晉六朝駢文的共同特色有五：一曰重氣勢，二曰篇幅小，三曰書札多，四曰辭采華美，五曰四六定型，本章大約用了二千字詳論其中的共同特色。至於唐宋八大家作品的特色，王教授認爲他們在「文道合一」的思想上有共同一致的論點。

對於各體文學特色的剖析與論述，雖然詳略各有不同，但所提出的論點既精闢又深入，對於初學者及文學研究者有甚大的裨益。

(五)公允精確評論作品

王更生教授是當代名聞中外的「龍學大師」，對中國文學批評有精深的研究和獨到的見解，因此在本書中對各體文學的作家與作品有極公允而精確的評介。

以唐宋八大家爲例，他認爲唐代兩家的散文雄健奔放，雄崛簡峭。宋代六家的散文平易順暢，委曲婉轉。就個別而言，他們在遣詞上、風格上、神韻上，顯然有異采紛呈之趣。他說：

我們能冷眼諦觀，則韓愈的雄奇，柳宗元的峻潔，歐陽修的委婉，曾鞏的醇厚，王安石的勁峭，蘇洵的恣肆，蘇軾的豪放，蘇轍的澹遠，的確是各成一體，反映了八家分流別派，絢爛多姿的面貌。

對於代表人物的作品，王教授有簡明的評介，他評論韓愈的〈雜說四〉和〈送董邵南遊河北序〉兩篇短文，說：

兩文各自不過一百五十來字，其間不僅起承分明，主旨突出，而且還極盡曲折跌宕的能事，有尺幅千里之妙。這些都達到了他自己說的「豐而不餘一言，約而不失一辭」的要求。

他認爲柳宗元〈永州八記〉，各有特色，而又互相連續，像一卷精工的山水畫長軸，把自然景色，形神畢肖地捕捉出來，達到了「文中有畫」的境界。

對於歐陽修的重要作品，也分別論述。他說：

他的《五代史·伶官傳序》，借古鑑今，感慨淋漓。〈朋黨論〉精悍犀利，論辯剴切，飽含敬君子之黨，遠小人之黨的強烈理念。至於〈醉翁亭記〉、〈秋聲賦〉，措詞平易自然，明曉通暢，一種妙麗輕柔的神韻，撲人眉宇，又是另一種風格。

文體不同，寫作的方法自有差異，王教授對六大部門的各體文學作品，都有不同的重點評介。以小說而言，首重情節的舖排與人物的刻畫，因此王教授在論述明代的四大奇書時，首先解說「奇」在何處？他說：

其所以稱爲小說界的奇珍異寶，主要原因在於它對人物的刻畫與描摹十分細膩，對故事情節的敍述曲折周到，對語言文字的運用更是得心應手、流利酣暢，爲前代作品所未有。

其次則說明「四大奇書」產生的時代，並進而探討它們的內容眞象及其藝術成就，讀者在王教授的指引之下，即能深刻了解各體文學的代表作家、作品及其風格與成就。

㈥探索原委，論述影響

王教授對中國文學的研究，不僅能得其精華，窮究根源，並且能探索文章主流登峰造極的原因與影響。他論韓愈、柳宗元兩家所以能集前人的大成，蔚爲古文運動的盛世，其基本原因是：第一、他們均有文學創作的主張。第二、兩家均有重要的著作。第三、他們的親朋故舊、弟子門生，多能承先啓後，光大他們的緒業，這便是韓、柳二家所以成爲古文運動主流的重要因素。

王教授指出北宋六家散文，能一時並出，超邁前代，是因爲歐陽修以前，有不少優秀的散文家，先作出了掃除障礙，廓清文路的工作。這些先驅人物有柳開、王禹偁、穆修、石介、尹洙與范仲淹。歐陽修之所以成爲北宋文壇領袖的原因是：

1. 他能承先啓後，開拓兩宋文學的新運，光大古文運動的勳業。
2. 他個人在中國文學上，無論是詩、詞、散文，甚至經學、史學方面，均有卓越的成就，領袖風騷，蔚爲一代文宗。
3. 他提倡散文，排斥艷麗虛浮的西崑體，轉移了文學風尚，收到正末歸本的效果。
4. 曾、王、三蘇五家，都經歐陽修一手提拔，他們不僅志趣投合，且具有師生的情誼。

王教授論唐宋八大家的影響說：

由於他們的作品富有多樣性，也推動了唐代的傳奇，兩宋的平話，明清的小說。尤其重要的，是唐宋八大家古文運動的成功，給中國文學在「文道合一」的主張下，開創了一條嶄新的康莊大道。

研究任何學問，必須瞭解其源頭，知其流變，明其影響，本書最大的特色即是用最精簡的文字，作全面扼要的敍述，這正是王教授功力獨到，造詣獨精，乃能有此最佳的效果。

(七)導引讀者治學方法

王著《中國文學講話》的另一特色是對任何一種文體均能指導入門的研究方法。

對於《詩經》，他說：

除了上面介紹過的朱子《詩集傳》可供參考外，屈萬里先生的《詩經釋義》裏頭有很多新見解，對初學的人，應該是一本理想的參考書。

宋詞方面，王教授說：

學者想把詞塡好，必須經過熟讀作品、選調、命題、架構、造句、鍊字、用典等步驟，不懈地鍛鍊，自能達到渾融的境界。值得我們參考的著作很多，比較流行而易得的，如汪中先生編著的《宋詞三百首》，弓英德先生著的《詞學新詮》，都是很好的作品。初學的人，可以此爲基礎，精益求精，假以時日，便不難對「詞」有深刻的認識。

「鴛鴦繡出從教看，莫把金針度與人」，王教授心胸開闊，深具人師的風範，希望人人能熱愛中國文學，因此他不但樂意把金針度與人，而且希望後出轉精，青出於藍。

對於入門書籍的介紹，王教授不薄古人，兼愛今人。他既介紹古人的善本，也介紹今人的優秀著作，在他高足之中，如有優秀著作，他也樂意推介，由此可見王師樂與人爲善的胸襟。

四、人人必讀的一本好書

王教授學養深厚，是一位國內外聞名的「龍學大師」，所著《中國文學講話》內容豐富，條理井然，文辭雋永，深入淺出，是一本人人能讀，人人必讀的好書。

本書是一本中國文學入門的好書，讀本書可以瞭解中國文學的全貌，明白中國文學六大部門的各體文學起源、流變，其代表作家、作品的風格及影響，文字清新簡潔，字字珠璣，是一本人人必讀的好書。

《晏子春秋研究・眞僞考》析論

吳福相

提要

王師更生所著《晏子春秋研究・真偽考》辨析之態度平實、方法嚴密、論斷謹慎、論證周備，與民初古史辨派對古籍之考訂，多失之於武斷、輕率、主觀、蠻橫者，直不可同日而語，故特予作辨證方式之分析或比較，以論述其間之利弊得失，以明是篇之研究有足資為吾人借鑑者，如不用丐辭、思想線索、引例等來論證，而用三段式、思想矛盾、引證異文等來辨釋；對疑者，明其疑，是則定其是，有一分材料說一分話，絕不以二、三分材料竟說八、九分話。就辨析之方法、論斷與論證而言，又能會通「校勘學」，且「創義例」、「提商榷」、「章節周備」以論證之，可謂深得治學之道焉，從而可以見微知著，而推知今日之古籍辨偽學，已能由粗而細，由率而謹，由妄而實，由略而備，可謂達於精巧之境矣。

關鍵字：丐辭、思想線索、引例、底本、古注、豫言。

一、前　言

王師更生學貫古今，識通聖哲，淹博睿智，能文能筆，以致著作等身，篇篇都能言人之所欲言，發人之所未發，達成鴻裁衆篇，斧藻群言，發微闡幽，曲暢衷懷之境，故文多佳美，令人捧讀再三，俯仰高歌，不忍片刻之或釋；義多深雋，使人沉思領悟，低迴久之，不能稍息之或忘。余不敏，資質駑鈍，學識淺薄，忝爲門生，誠惶誠恐，惴惴不安。蓋既見吾師，年年有所著作；常思自我，日日未有長進，有負吾師之鞭策與鼓舞。近日閱讀其《晏子春秋研究．眞僞考》乙篇，深覺研究態度之平實、方法之嚴謹、論斷之謹愼、論證之周備，有足資以爲借鏡者，故爲之析論以明之，以就教於先進。

二、本　論

(一)、態度平實

辨僞之工作，不是輕而易舉者，更不是說做即可以做之事；必須抱著嚴肅態度，運用適當方法，才可作好；否則態度偏激，主觀專斷，則將失之毫釐，謬之千里矣。如康有爲《新學僞經考證》對《周禮》之考訂云：

《周官》一篇，《史記》自《河間獻王世家》、《儒林傳》皆不著，一部《史記》無之，唯《

封禪書》有此二字，其爲歆竄入何疑焉？凡作盜皆不敢於顯明，而多嘗試於幽暗也。①

此失之於武斷蠻橫者三：

(1)《史記》不載《周官》，即認爲無是書，其實二者無必然之關係，若此實犯默證之病。

(2)《封禪書》有《周官》二字，則逕以爲劉歆「竄入何疑？」然則「竄入」之原因、方式及證據何在？不能不令人置疑耶？若此實有傷客觀之理。

(3)「凡作盜皆不敢於顯明，而多嘗試於幽暗」乙句，是邪？非邪？豈眞「不敢於顯明，而多嘗試於幽暗」必爲「作盜者」邪？豈其不知「欲蓋彌彰」之理者耶？豈不知「敢於顯明」則當更不易被視爲作盜者邪？若此以未經證實之「丐辭」爲斷，實不足以令人信服。

《晏子春秋研究・眞僞考》絕不若此，必以客觀之理，掌握資料，照顧全面，以達求眞之目的，故不感情用事，不主觀立論，有一分證據說一分話，有十分證據說十分話，其態度可謂平實，今論述如下：

1.不用「丐辭」論斷

所謂「丐辭」，即把尚待證明之結論預先包含在前提之中，如承認前提，則自然不能不承認結論。如靈魂是一種不可分析的簡單物質，所以不滅。此未證明靈魂何以是或確實是一種不可分析之簡單物質，亦未證明不可分析之簡單物質何以是或確實是不滅的，而竟將尚待證明之結論「靈魂不滅」，預先逕自包含在前提「靈魂是一種不可分析之簡單物質」之中。馮有蘭在辨別《老子》成書時代，提出三個證據1.孔子以前無私人著述之事。2.《老子》非問答體，故應在《論語》、《孟子》後。3.《老子》之文體爲簡明之「經」體，可見其爲戰國時之作品。胡適之以爲若此積聚了許多「邏輯上所謂『丐辭』」而成爲定案的證據，顯然是不確實可靠的，蓋聚蚊可以成雷，但究竟是蚊不是雷。②

《晏子春秋研究・眞僞考》之大前提都不以丐辭作證據，甚且結論亦都持疑而不作爲定案，如論及《晏子春秋》成書之年代云：

> 由篇目命題提論：檢先秦諸子或取篇首數字，以爲一篇之題，其次攝取全篇之要義以爲一篇之題。……晏子春秋若成書於先秦，取材於齊史，其書中題篇理應采論、孟、老、莊之體式，或取篇首數字，或擷全文要旨，辭簡意賅，籠圈共貫。……今本晏子是否爲史遷劉安知見之本，抑係後人採掇成書，此其可疑者一也③。

文前首先論證大前提——先秦諸子書，其命題之法，蓋有二端，推而及於《晏子春秋》之體式，亦當若此，今不然，可見今本晏子或爲後人採掇成書者也。蓋既已論證大前提矣，則其不爲丐辭者可知矣；既不爲丐辭矣，則所欲證明之結論未預先包含在大前提之中矣；所欲證明之結論既未預先包含在大前提之中，於是先行假設《晏子春秋》成書於先秦，爲小前提，如果此小前提爲正確，則由篇目命題推論，是書之體式理應合於先秦之例，然今考全書八篇，八篇之內，分別內外，內篇六篇，外篇二篇；六篇又分別爲諫上、諫下、問上、問下、雜上、雜下，外篇二篇不分上下，依各章文義作分篇之標準，各篇之中分章不一，章首錄當文之小目，每目數字，多寡莫定，多者二十字以下，少者不下十數字，雖是兼綜文義，擬定篇題，然文字繁複，揆諸先秦，絕無先例，則今本《晏子春秋》之成書，當不在先秦之時者可知，此蓋以三段論證法所獲之結論，故爲平實可靠者也。

2. 不用「思想線索」論證

尋求思想之前後發展及歷代嬗變之軌跡，以論定是書著作之時，或有其可靠性。然則就《晏子春秋》而言，是書集結於戰國，分合於兩漢，雜亂乎元明，實不宜以「思想線索」論證之！蓋以思想系統論證，有時相同之語，竟可以得出不同之結論，如《論語・衛靈公》：「無爲而治者，其舜也與？」④胡適之先生認爲：「《論語》書中這樣推崇『無爲而治』，可以證明孔子受《老子》的影響——這就是說，老子和《老子》書在孔子之前。」⑤顧頡剛先生認爲：「《論語》的話有甚似於《老子》的，若不是《老子》的作者承襲孔子的見解，就是他們的思想偶然相合。」⑥是知根據思想前後之論斷，容易見仁見智，各有所是，各有所得。故胡適之先生云：「這種所謂『思想』的論證法，是一把兩面鋒的劍，可以兩邊割的。」⑦以《論語》、《老子》全書系統十分嚴謹，既已不能運用「思想系統」來論斷其書之先後，況內容顯見駁雜，思想前後矛盾之《晏子春秋》耶？故《晏子春秋研究・眞僞考》不以「思想系統論斷」而以「思想矛盾推論」，故可致平實之境。如其云：

> 臣之事君，古有定儀，晏子既非御醫，竟跪而撫瘍，固非其職分之事，復有傷社稷大臣之風範；至於言瘍之溫色情狀，加以如璧如珪之媚譽，實不啻脅肩諂笑之頑輩，舐痔成嗜之庸醫。⑧

夫《晏子春秋》乃載嬰身相三君，生前忠愨直諫之言，內容宜平實忠懇，切乎事理，不宜標新立異，故作奇異虛妄，警世駭俗之論。今試比較《晏子春秋·內篇雜上第十三章》與〈雜下第七章〉二文，以證上述所言「態度平實」之不虛。

晏子侍景公，朝寒，公曰：「請進暖食」對曰：「嬰非君奉餽之臣也，敢辭。」……公曰：「然夫子之于寡人何爲者也？」對曰：「嬰，社稷之臣也。」公曰：「何謂社稷之臣？」對曰：「夫社稷之臣能立社稷，別上下之義，使當其理；制百官之序，使得其宜；作爲辭令，可分布於四方。」自是以後，君不以禮不見晏子。⑨

景公病疽在背，晏子入呼宰人具盥，御者具巾，刷手溫之，發席傅薦，跪請撫瘍，公曰：「其熱何如？」曰：「如日」「其色何如？」，曰：「如蒼玉。」「大小何如？」曰：「如璧。」⑩

二則故事思想矛盾者有：

一、嬰既爲社稷之臣，敢辭奉餽之節，又何能行跪請撫瘍之禮，行爲之差異如是，豈其人格之分裂耶？若不爲雙重分裂之人格，豈能在語出忠諫之後，又跪請撫瘍者耶？

二、嬰既能立社稷，別上下之義，使當其理；制百官之序，使得其宜，何能逾禮行其非本職與能力所當爲與應爲之御醫之事耶？且竟以卑躬屈膝之道行之耶？若此則社稷何以立？上下之義又如何別之？理如何足以當，百官之序又如何制耶？

由此可知《晏子春秋》取材駁雜，以之爲編者失於剪裁，盡收逸聞則可，如以此二則故事之人事與思想，論斷是書必出於先秦，恐未能得事理之本眞也。蓋忠正直諫之言，所在多有，不必斷定於先秦也；媚譽諂笑之輩，各代俱有，不必限於先秦也。諫君宜必至於禮，侍君不宜以至於阿，則孔孟與老莊、墨家與法家，上古與後世並有此論，亦不得因此斷定爲先秦之書，故知以「思想矛盾」斷其非先秦舊典之完璧則可，如執意以此「思想線索」斷是書必爲法家之著，必在《韓非子》「循名責實」思想之後，以爲先有「循名責實」之思想，而後才有「奉餽之辭」，而後才有反面「撫殤之請」，則所言差矣。蓋思想系統之正反先後，有時猶如一個本已形成之完整之圓，沒有起點，也沒有終點，絕難以某點定其爲始、爲終也。然則卻可因其思想之矛盾，而疑其某種思想宜在全書思想體系之外，如前述晏子行御醫之事，當非原書之舊也。

3.不用《引例》論斷

顧頡剛認爲古人引書皆有凡例可尋，故歸納《呂氏春秋》以爲其「所引的書不憚舉出它的名目。所以書中引的《詩》和《書》甚多，《易》也有，《孝經》也有，《商箴》《周箴》也有，皆列舉其書名」⑪，而《呂氏春秋》簡直「把五千言的三分之二都吸收進去」，卻「始終不曾吐出這是取材於《老子》」⑫因此推斷出「《呂氏春秋》著作的時代，還沒有今本《老子》存在。」⑬。

這種論證猶如康有爲對《周禮》之考訂，以爲《史記》不載〈周官〉，即認爲無是書，實把默證（argument from silence）之病⑭，實則《史記》不載〈周官〉，不足以論證〈周官〉之有無，何況〈封禪書〉偏巧有〈周官〉二字，豈可以此武斷定爲「劉歆竄入」，此猶如不得以《呂氏春秋》未引

《老子》之書名，而論證《老子》之未出書，何況《呂氏春秋》之前，如《韓非子·解老》都已引用《老子》之語，何能據此而言未有今本《老子》存在。

胡適之以爲顧氏之論證法是「很危險的事業」、「勞而無功的工作」⑮，蓋古人未有引書之例，縱使有，也未必是十分嚴格，故云：

古人引書，因爲沒有印本書，沒有現代人檢查的便利，又因爲沒有後人謹嚴的訓練，錯落幾個字不算甚麼大罪過，不舉出書名和作者也不算甚麼大罪過，所以沒有甚麼引書的律例可說。⑯

《呂氏春秋·察微》云：「孝經曰：『高而不危，所以長守貴也；滿而不溢，所以長守富也。富貴不離其身，然後能保其社稷，而和其民人。』」⑰〈孝行〉云：「故愛其親，不敢惡人；敬其親，不敢慢人。愛敬盡於事親，光耀加於百姓，究於四海，此天子之孝也。」⑱前者明引《孝經·諸侯章》，後者暗用《孝經·天子章》，是知徒然因其暗用，而謂是書之未存，實未解古人引書未有凡例之故也，恐有失公允。

《晏子春秋·眞僞考》不以「引例」論斷成書之年代，而用「引異」說明是書之可疑，是誠乎實可取者也。其云：

不僅唐宋學者注疏所知見之本，與今書迥異，即兩漢如淮南論衡引晏子者，亦與現行俗本之文字不同，可知今書非唐宋晏子之舊，而尤非先秦之完璧，後人意改之處，想或不免。眞本晏子既不可得，而今所得見者復采掇於何時，此其可疑者七也。⑲

考《晏子春秋、雜下第九章》云：「晏子使楚，以晏子短。」⑳《藝文類聚・二十五》㉑、《御覽・三百七十八》引作「晏子短小，使楚」㉒，《事類賦》〈注〉引作「晏子短，使楚」㉓，《白帖・二十四》引作「晏子短小，使於楚。」㉔《說苑》作「晏子使楚，晏子身短。」㉕均與今書不同。《晏子春秋・外上第二十一章》云：「公召晏子而告之。」㉖《淮南》《論衡》俱作「晏子往見公，公曰」與此異。㉗〈外下第一章〉云：「于是厚其禮而留其豐，敬見不問其道，仲尼迺行。」《墨子・非儒》㉘於「敬見不問其道」句下，尚有「孔某乃恚怒於景公與晏子，乃樹鴟夷子皮於田常之門，告南郭惠子以所欲爲，歸於魯。有頃，閒齊將伐魯，告子貢曰：『賜乎！舉大事於今之時矣。』」㉙由此相關書籍或注疏節引與今本《晏子春秋》之不同推論：今本既非唐宋之舊，亦非先秦之眞，可謂實有憑據，確値懷疑，以其或有後人臆改，或有後人妄刪者也。而古注疏所見異者，或因檢查之不便，而逕自稱引；或因記憶有誤，而錯落數字，而不知其所掇於何時耶？此俱有可能，若因此以之爲「引例」而推論，而謂是書完成於先秦或兩漢，則將失之毫厘，謬以千里。蓋相關書籍與注疏雖有所引，然猶不能謂今本之書成於其時也，以其引文有異，或後人竄亂之故也。是知以「引例」論其成書之時代者，將失於妄斷，唯以相關書籍或因前後注疏所引與今本之文，有所「引異」以推論，則可知今本非原書之舊矣，然則猶不能得其成書時代之本眞，甚而今所得見者，究竟采掇於何時？亦僅能存疑而勿論，以免有失客觀公正之態度矣。

綜上所述，吾人可知《晏子春秋研究・眞僞考》能不以「丐辭」而以「三段式」論斷；不以「思想線索」而以「思想矛盾」論證；不以「引例」而以「引異」論辨者，若此是則言是，非則明非，而疑則存疑，考證之態度可謂平實矣。蓋態度武斷、偏激或輕率者必多用「丐辭」、「思想線索」或「引例」，如民初古史辨之學者是。今證其不用前述之方式考辨，則是篇辨僞之態度不爲武斷、輕率者可知矣；不武斷、輕率者，則其態度之平實者亦可知矣。

㈡、方法之嚴密

康有爲在古籍辨僞所採用之方法，確實令人不能滿意；及至民國，古史辨派學者，對古籍眞僞往往故作驚世駭俗之言，以致私心自用。如郭鼎堂《周易的製作時代》云：

> 我覺得這位作者就是楚人的馯臂子弓，這是我在這兒要提示出的主要一個斷案。子弓的名字又見《荀子》的〈非十二子篇〉，在那兒荀子極端地稱贊他，把他認爲是孔子以後唯一的聖人。㉚

若此僅憑《荀子．非十二子篇》子弓與孔子並提之幾句話，就論斷〈卦〉、〈文辭〉爲馯臂子弓所作之主要論斷，豈非失之於「單文孤證」之偏激者邪？若此又如何破解「伏羲畫卦」、「易更三聖」、「文王演易」之說邪？以此鑑別古書眞僞，恐無一書不僞，無一書不眞矣！

《晏子春秋研究．眞僞考》絕不若此，其云：

> 整治晏子之書，首以創通義例爲尚，執規矩以定方圓，然後祛僞存眞，庶幾可證明其學說矣。

茲試擬義例八條以定眞僞如次：

1.凡文合經傳者，雖或經後人變亂，但有經傳依據，猶可信以爲眞。

2.凡文合晚周諸子者，因書出並世，故可藉此會通其思想，不可據以考校眞僞。

3.凡成哀以後，諸子文同晏子者，皆據劉向校本登錄，可信爲眞。

4.凡古注如郭璞爾雅注，李善文選注……等引述晏子，其所見乃唐以前舊本，時猶近古，可信。

5.凡唐宋類書，如馬總意林、魏徵治要……等散載晏子之佚文，所見乃當世舊本，去古未遠，可據以徵其實。

6.凡先儒評述晏子眞僞之言，得爲考辨之旁證。

7.凡晏子義合劉向晏子敘錄及班固漢書藝文志所稱述者爲眞，悖者爲僞。

8.凡晏子重言重意篇目，必傳聞異辭，可就其辭義之最備者，擇取其一。㉛

此八則義例，細繹之，知其與「校勘學」，可以互相發明。蓋第一則「凡文合經傳者」，可信以爲眞。則此「經傳」、豈非「校勘學」中所謂「選擇底本」之旨耶？因書籍輾轉抄刻，累經人手，譌誤累增，而以「校正」爲辨僞之目的，在復其書之本來面目，所據「底本」越古，則越能接近其本來之面目，今以「經傳」爲底本，則可得其眞矣。

第二則「凡文合晚周諸子者，可藉此會通其思想」，此豈非「搜求輔本」之旨耶？蓋校書除以古本爲底本外，要多探輔本，輔本越多，疏失越少，判斷愈精；然則輔本畢竟是輔本，可藉以「會通」

或「輔助」，卻不足完全「取代」底本或僅憑「輔本」來「考校」眞僞。

第三則「諸子文同晏子者，皆據劉向校本登錄，可信爲眞」，此「劉校本」豈非「選擇舊校」之旨耶？蓋其校讎精審，爲藝林至寶，補脫文，正誤字，實有功於後學不淺，諸子文既同晏子，又據劉向本登錄，則可信爲眞矣。

第四則「凡古注引述晏子，其所見乃唐以前舊本，時猶近古，可信。」此豈非「檢覈古注」之旨耶？蓋古人注疏書，旁徵博引，詳贍精覈，故其所據之古書，可爲後世校勘之佐證，可爲辨僞之藉資。

第五則「凡唐宋類書」散載佚文，可據以徵其眞，此豈非「檢驗類書」之旨耶？類書本是割裂原書章句，以類相從，編輯成書，故所據多是舊本，可增校勘之佐證，可助辨僞之徵實。

第六則「凡先儒評述，得爲旁證」。此豈非「參酌前賢校勘成果」之旨耶？蓋校書之事，如掃落葉，隨掃隨生。唯歷代校正古書，均有所得，其成果累積，亦頗可觀，後世之人，宜重視前人之成果，仔細參酌，必可後出轉精。

第七則「凡晏子義合敘錄及藝文志者爲眞」，此豈非「參閱相關書籍」之旨耶？古書多有相互徵引，輾轉抄襲之處，如能以其徵引、抄襲處，加以比勘，正可尋找出原書眞相。而〈敘錄〉、〈藝文志〉者，正足以作爲「辨僞」之重要相關篇籍者也。

第八則「凡重言重意篇目」，可就其辭義之最備者，「擇取其一」。此豈非「內證本書」之旨耶？蓋校書內證之功，當求之於本書文字、訓詁、語法、義例、用韻、避諱等，尋求線索，以證某處有誤字，或有脫落，此校勘之道也；然則亦可因其篇章之重言重意，而知其必有傳聞異辭，可擇善者而從之，此辨僞之道也。二者實可以互相發明矣。

上述所謂「選擇底本」、「搜求輔本」、「選擇舊校」、「檢覈古注」、「檢驗類書」、「參酌前賢校勘成果」、「參閱相關書籍」、「內證本書」者，俱爲校勘之方法㉜，然則其與《晏子春秋研究·眞僞考》之「辨僞方法」，頗有異曲同工之妙，相輔相成之巧也，故可謂王師更生，觸類旁道，左右逢源，以此義例，檢覈晏子，而多得其眞。故其文云：「若準是以求晏子之學術思想，籠圈條貫，洞察幽微，如衣有領，似綱提網，可收執簡御繁，振敝起廢之效矣。」㉝

茲再以此八則義例與胡應麟《四部正僞》所提八種辨僞之法作一比較，以明其辨僞方法之嚴密：

第一則「文合經傳」者，豈非胡氏所云：「覈之《七略》以觀其源」㉞之旨邪？《七略》原書雖已不存，唯其他古書間或引用，且《漢書藝文志》爲根據《七略》而寫成，則此《七略》、《藝文志》豈非有「經」「傳」之功耶？故可以之爲據，而信以爲眞。

第二則「文合晚周諸子」者，豈非「覈之並世之言以觀其稱」㉟之旨耶？蓋參酌同時代之書，見其中所言人名、地名，所用名稱等和本書有何同異，或得以判斷本書之眞僞；縱不足以盡信之，亦猶可以會通其思想焉。

第三則「據劉向校本登錄」者，豈非「覈之群志以觀其緒」㊱耶？蓋核之群志，可以了解某書在某時有無出現，以及其流傳之情形，據劉向校本登錄者，豈非有「群志」之功耶？

第四則「凡古注引，可信」，豈非「覈之異世之言以觀其述」㊲耶？蓋參對不同時代之書，見其所言與本書所言有何異同，足以協助判斷此書之時代及其眞僞，如爲古注所引，則近於眞實不妄者可知。

第五則「凡唐宋類書散載者，可據以徵其實。」此亦猶「覈之異世之言以觀其述」之旨也㊳，蓋如爲類書所引，而文字相同者，可信以爲眞也，以其所見乃當世舊本，去古未遠者也。

第六則「凡先儒憑述，可爲旁證」。此亦爲「覈之異世之言以觀其述」㊴之旨也。蓋「覈言觀述」者，亦爲「旁證」之法也。

第七則「合敘錄．及藝文志所稱述者，爲眞」，此豈非「覈之文以觀其體」㊵、「覈之傳者以觀其人」㊶之旨耶？蓋每一代文體有其不同之處，由書之文體，來協助判斷其著作之時代，如其「文字」或「文體」與「敘錄」或「藝文志」所稱述相同或相近似者，則可信也。再由書之傳授，追尋書之來源，以決定書之眞僞，如其承傳之情形，合於「敘錄」或「藝文志」，則可信爲眞。

第八則「重言重意篇目，取其備者」，此豈非「覈之事以觀其時」㊷、「覈之撰者以觀其託」㊸之旨耶？蓋書中所寫之事，是否與作者之時代相合，足以見是書是否爲某時代某人所作，抑或後人加入，如因傳聞異辭，亦可因此而取其較得體者以信之。而著書或編纂之人在書中寄託思想，考書中思想和作者是否有矛盾，可以幫助吾人判斷書之眞僞。《晏子春秋》雖不爲晏子所作，然其書中自有主體之思想，如事涉不經、變亂思想、道聽途說，類淳于髡滑稽之流，或荒誕不切事情，似稷下談天雕龍之要，以致異家之說，誤合本書者，皆不得信其眞而取之也。梁啓超《中國歷史研究法》中提出辨僞之方法云：「各時代之社會狀態，吾儕據各方面之資料，總可以推見崖略，若某書中所言其時代之狀態，與情理相去懸絕者，即可斷爲僞。」㊹考之《晏子春秋研究・眞僞考》可知誠哉！斯言也。高本漢《考證中國古書眞僞之方法》云：「書中所述的史實與作者的年代不符，則這書的一部或全部必爲僞作，這法僅能證明一段文字之時代錯誤，而非全書之問題。」㊺應裕康、王忠林《治學方法・辨僞學》云：「從書的本身來考辨：首先查考書中所記的史實事物，像事蹟、法制、禮制、風俗、官制、歷法、名物、稱謂、人名、地名等，看是否和書的編者時代相符。」㊻並足與此相互發明。

綜上所述，可知《晏子春秋・眞僞考》在辨僞上與「校勘學」及先賢或近人所稱之「辨僞學」都能相互契合，可謂異曲同工，殊途同歸者矣，是知其方法嚴密矣。或謂如欲更求完備，可以語法發展之歷史來考查《晏子春秋》之成書年代，則必更具科學之嚴密性，恐比從「校勘學」、「辨僞學」，更能得出客觀之結論。蓋晚進爲古籍辨僞開闢新蹊徑者，乃將「語法學」引進「辨僞學」，使之更趨嚴密。如楊伯峻《從漢語史的角度來鑑定中國古籍寫作年代的一個實例——列子著述年代考》中舉出五類句子之語法，認定其與先秦頗有不同，而得出《列子》爲晉人贋品之結論。㊼以彼寓此，借用語法考辨，則可得其本眞。實則不然，蓋《晏子春秋》係後人博采經志傳聞辭異，事非一人之手，時經多年之累積，既結集於戰國，又分合於兩漢，且雜亂乎元明，若只斤斤較一時一事之眞僞，一言一語之得失，而疏察其大本大原之要義，倒果爲因，以致不能明其統緒，則恐將失之穿鑿而無所獲矣。

(三)、論斷謹慎

治學貴在謹慎，尤其作辨僞論斷之際，不宜過分推測，而有失眞實。如衛聚賢《左傳的研究》竟突破材料及時代之局限，論斷著作爲子夏。其云：

> 子夏與孔子、魯季氏、左丘明有關係，曾到楚，與晉魏有關，籍貫爲衛，所在地爲晉，其環境與《左傳》著者相符，故著者爲子夏。」㊽

若此勇於論斷，竟執一言一句即妄加推論，恐失之於輕妄與草率。《晏子春秋．眞僞考》決不類此。蓋其提出以下七點眞僞之商榷，深疑其書，可謂義正辭嚴，籠圈條貫，環環相扣，無懈可擊，而終不因疑而棄，因疑而斷，是故論斷之謹慎，可想而知。如是篇云：

1.由篇目命題提論：檢先秦諸子書，其命題之法蓋有二端，或取篇首以爲一篇之題；其次攝取全篇之要義以爲一篇之題。

2.由篇章分合推論：今宋本舊槧既不可睹，欲於今書之中索討舊典之完整，正如盲者摸象，何能識其大體、然而篇章分合之錯綜，亦可想見後人竄亂之跡，此可疑者二也。

3.由思想矛盾推論：晏子一書取材駁雜，編者失於剪裁，致使其思想陷於矛盾。由此觀之，今書豈眞秦舊典之完璧耶？

4.由豫言將來推論：今書多涉晏子身後世，甚者又依託不經，若必以爲其出之齊史，則與晏子生前行誼，扞格不相侔何？

5.由重言重意推論：綜覽本表（案：指晏子春秋重言重意篇目），知是書或係後人博采異辭，事非出一人之手，時經多年之累積，此其可疑者五也。

6.由其與經傳諸子關係推論：由敘錄與曾序（案：指曾鞏〈說苑序〉）知說苑之文凡合乎晏子者，皆悉說苑采諸晏子，非晏子采自說苑也。蓋晏子成書於戰國末期，左傳孟子之後，韓詩之前與？

7.由注疏節引晏子之文與今本不同推論：不僅唐宋學者注疏所知見之本，與今書迥異，即兩漢如淮南論衡引晏子者，亦與現行俗本之文字不同，可知今書非唐宋晏子之舊，而尤非先秦之完壁，後人意改之處，想或不免。㊾

第一點由篇目命題推論，並舉《論語》、《孟子》、《老子》、《莊子》、《荀子》、《韓非子》、《呂氏春秋》、《韓詩外傳》、《淮南鴻烈》等書以爲證。此豈非義例第一條所謂期求「文合經傳者」之旨耶？今見其不合「經傳」之旨，則疑之也宜，因其如成書先秦，則書中題篇理應採先秦體式，今不然，足見書經後人變亂，蓋揆諸古書，絕無此各篇之中分章不一，章首錄當文之小目，每目數字，多寡莫定，多者有二十字以上，少亦不下十數字之先例者也。

由第二點得知是書之篇章分合錯綜，足見後人竄亂之跡，故得以義例第二與第三、五等條，定其眞僞。蓋第二條雖僅能會通思想，不足以考校眞僞，然則會合第三、五條或其餘各條，亦足以徵實辨僞。

由第三點知其深符梁起超《古書眞僞及其年代》中之辨僞方法：「從思想上辨別：（子）從思想系統和傳授家法辨別（丑）從思想和時代的關係辨別。」㊿如諫上第二十二章言及景公伐宋，遇二丈夫立而怒。晏子占爲非泰山之神，乃宋之先祖湯與伊尹，諷公散師以平宋，易行而續好。㊿文見載於瑣語，事純屬乎無稽，陳仁錫以爲寓言㊿，此豈非從思想系統上辨別者耶？亦深合義例第六則之旨：凡先賢所述，得爲旁證之資。

第四點「由豫言將來推論」，則其「豫言」或因爲「傳聞異辭」，或因爲「重言重意」，或不合劉向〈晏子敘錄〉及班固〈藝文志〉之所稱述，故可以義例七、八之旨辨其眞僞。

第五點「由重言重意推論」，則正合義例八「凡晏子重言重意篇目，必傳聞異辭，可就其辭義之最備者，擇取其一」之旨。

第六點「由其與經傳諸子關係推論」，正合義例一、二之旨。蓋「文合經傳」，則可信以爲眞；「文合晚周諸子」，因書出並世，可藉此會通其思想而推論之。如高亨〈晏子春秋的寫作時代〉以《晏子》與《古文瑣語》、《墨子》、《荀子》、《呂氏春秋》作比較會通，而證成《晏子》作於戰國。㊿

第七點「由注疏節引」推論，正合義例之第四、五則之旨。蓋古注所見，乃唐前舊本；類書所引，乃當世舊本，並皆去古未遠，故可據此以徵其實，而推論之。

綜上所述，可知《晏子春秋．眞僞考》之所疑者，皆能言之成理，而又持之有故。故云：

今書仿元刻本，既非宋槧舊列，又與先秦載籍不同，吾人欲以今議古，搜討其作者及著述年代，徒增困惑而已，明乎此，則知晏子之年代事跡，僅可粗知大略，實不容鑿求，若更據其中之記事以讀古史，則尤易致誤矣。㊹

若此「不鑿求」、「不致誤」，持「義例」以「會通」者，可謂論斷謹愼也。

(四)、論證周備

古史辨學在討論問題及推衍解說之過程中，常犯斷章取義，過渡推衍，捨棄證據，妄言論說之弊，故常顯現論證上之偏頗與匱乏。晚進數十年來，考訂古籍眞僞之論文頗能糾正其弊，如張以仁〈論國語與左傳的關係〉，其章節目次如下爲：

壹、對前人論證的綜述與批評

貳、《國語》與《左傳》非一書之化分

1. 著作態度的不同。

2. 同述一事而史實有差異。

(1)時的差異（二十六例）

(2)地（包括國名）的差異（十四例）

(3)人的差異（三八例）

(4)事的差異（一一五例）

3.《國語》有而《左傳》無以及二書全同部份

(1)《國語》有而《左傳》無者（七六例）

(2)《國》與《左》二書全同者（七六例）

4.從《史記》上有關《國》《左》的材料以證二書非一書之化分。

(1)同於《國語》而異於《左傳》的同前

(2)同於《左傳》而異於《國語》的同前

(3)記述同一故事而其內容兼取《國》《左》二書的（一七例）

5.有關二書不同之旁證。

6.結論㊺。

從此篇目之章節，足以顯示作者考慮問題與探索是非，已達十分完整與周備之境地，可謂面面俱到，處處慮及。《晏子春秋．眞僞考》雖非考辨本書與它書之關係，然可視爲「晏子春秋眞與僞之關係考辨」，今述《晏子春秋．眞僞考》之章節，以與前述之章節作一比較，而明其論證之周備焉。

壹、諸家成說。

貳、眞僞商榷。

一、由篇目命題推論。

二、由篇章分合推論。

三、由思想矛盾推論。

四、由豫言將來推論。

五、由重言重意推論。

六、由其與經傳諸子關係推論。

七、由注疏節引晏子之文與今本不同推論。

叄、結　論㊻。

此「諸家成說」正「對前人論證的綜述與批評」之旨，蓋二家並有「綜述」之意，唯前者將其所批評之意見，多寄託或敘述於「貳」、「叄」節之中，後者則逕作綜述與批評；「由篇目命題提論」即「同述一事而史實有差異」之旨，唯前者意謂「如《晏子春秋》爲先秦時代作品，何得與其時代有不同之篇目命題方式，且差異若斯之大耶？」，後者則就史實之差異論述；「由篇章分合推論」亦正「同述一事而史實有差異」之旨，唯前者意謂「既同述一事，何得或置前或置後，錯綜竄亂若斯耶？」，後者意謂「同述一史事，而史實有所差異之處」；「由思想矛盾推論」亦正「著作態度的不同」之旨，蓋前者意謂「編者失於剪裁，以致同一書中前後思想矛盾」，後者意謂「作者勇於著述，唯態度不同，以致文字、風格有異。」；「由豫言將來推論」正「從《史記》上有關《國語》《左傳》的材料以證二書非一書之分」之旨，蓋前者可知其事涉身後，又依託不經，必不出於《齊史》，後者可知《史記》既各有所取，則二書必分別爲二，絕非一書之化分可知，猶如前者既敘身前、又敘身後之事，必爲二人之事，絕非一人之化身可知；「由重言重意推論」正「《國語》有而《左傳》無以及二書全同部分」之旨，蓋前者可觀其顚倒複沓之處，可知其非出一人之手，後者可明二書之有同有異，亦可見其非出一人之手。因《晏子春秋》之有眞與僞之問題，或係後人博采經志，傳聞異辭，有以致之也，猶如《國語》與《左傳》之有同與異，實非一書之化分，蓋二人博採史事，分別記敘，有以致之也。「由其與經傳諸子關係推論」、「由注疏節引晏子之文與今本不同推論」正「有關二書不同之旁證」之旨，蓋前者足以明是書有後人意改之跡，可作爲眞僞考辨之資，後者足以因有關二書不同之旁證，證明其非由一書之化分，唯前者可作爲直接之明證，後者僅爲間接之旁證耳。

綜上所述，可知《晏子春秋．眞僞考》既與〈論國語與左傳的關係〉之章節分述有共同之意旨焉，且後者已經鄭良樹先生證其論辨周備⑰，則吾人亦可謂前者論證周備者也。

三、結論

《晏子春秋．眞僞考》析論何以稱是篇之作也，態度平實耶？蓋不用「丐辭」妄斷是非，而用「三段式」之羅輯推論；不用「思想線索」論證書之眞僞，導致立論兩說皆可從之困境，猶如一把兩面鋒之劍，兩邊皆可割，而用「思想矛盾」以去僞存眞；不用「引例」以論斷成書之年代，以致造成誤用臆說，而用「引異」以明是書之可疑，若此皆不隨意妄斷，故可謂平實者矣。何以謂其方法嚴密？

蓋首創八則義例，而此八則義例與今人所謂之「校勘」八法及古今聖哲之「辨僞學」足以互相發明，而又能前後輝映，相得益彰者也。何以謂其論斷謹慎者耶？蓋所提七點眞僞之商榷，不僅與各則義例相互呼應，考之於事實，亦多持之有故，而又言之成理者也。何以謂之論證周備耶？蓋見其所述之章節篇目，由大而小，由古而今；有正、有反；有成說，有己見；有比較，有分析；有商榷，有推論，可謂面面俱到，句句實言，語語近眞，字字有據者也。

【註　釋】

① 鄭良樹《僞書通考》〈代序〉（臺北，學生書局，民國七十三年六月），頁二十。

② 《中國古史研究》（臺北，明倫出版社，民國五十九年）第六冊，頁三八七至三八九。

③ 王師更生《晏子春秋研究》（臺北，文史哲出版社，民國六十五年二月），頁四一至四二。

④ 《論語注疏》（臺北，藝文印書館，民國六十五年五月），頁一三七。

⑤ 同註二，頁三九○。

⑥ 同註二，頁三九一。

⑦ 同註二，頁三九一。

⑧ 同註三，頁四七。

⑨ 吳則虞《晏子春秋集釋》（臺北，鼎文書局，民國六十一），頁三二一至三二二。

⑩同註九，頁三八七。
⑪同註二，頁四〇一。
⑫同註二，頁四〇一。
⑬同註二，頁四〇一。
⑭同註一，頁二十。
⑮同註二，頁四〇二。
⑯同註二，頁四〇三。
⑰陳奇猷《呂氏春秋校釋》（臺北，華正書局，七十四年八月），頁一〇〇三。
⑱同註十七，頁七三一至七三二。
⑲同註三，頁六三。
⑳同註九，頁三九〇。
㉑唐．歐陽詢《藝文類聚．二十五》（臺北，木鐸編輯室，民國六十五年六月），頁四五三。
㉒宋．李昉《太平御覽》（臺北，大化書局，民國六十六年九月），頁一七四四。
㉓同註九，頁三九一。
㉔唐白居易《白孔六帖》（臺北，新興書局，民國五十八年五月），頁三六一。
㉕同註九，頁三九一。

㉖同註九，頁四八〇。
㉗同註九，頁四八〇。
㉘同註九，頁四九三。
㉙孫詒讓《墨子閒話》（臺北，加瑪印刷製版有限公司，未著出版年月），卷九，頁四一至四二。
㉚同註一，頁三十八。
㉛同註三，頁七一至七二。
㉜應裕康、王忠林《治學方法》（高雄，復文圖書出版社，八十一年二月），頁一九三至二一三。
㉝同註三，頁七三。
㉞明胡應麟《四部正譌》（臺北，華聯出版社，民國五十七年六月）頁七六。
㉟同註三四，頁七六。
㊱同註三四，頁七六。
㊲同註三四，頁七六。
㊳同註三四，頁七六。
㊴同註三四，頁七六。
㊵同註三四，頁七七。
㊶同註三四，頁七七。

㊷同註三四，頁七六。
㊸同註三四，頁七七。
㊹梁啓超《中國歷史研究法》（上海，商務印書館，民國十四年六月），頁一五七。
㊺高本漢《考證中國古書眞僞之方法》王靜如譯，刊於中央研究院《歷史語言研究所集刊》第二卷第三期。
㊻同註三一，頁二九五。
㊼同註一，頁四十至四二。
㊽同註一，頁四五。
㊾同註三，頁四一至六三。
㊿同註三二，頁二九三。
51同註九，頁八〇至八一。
52陳仁錫《諸子奇賞晏子眉批》。
53同註一，頁一一九一至一二〇一。
54同註三，頁六六。
55同註一，頁四七至四八。
56同註三，頁四一至六三。
57同註十四，頁四七至四九。

山水知音——《柳宗元散文研讀》導覽

顏瑞芳

提要

《柳宗元散文研讀》在編排體例上，充分掌握教師教學與學生學習的需要；在批評方法上，化用劉勰的「六觀」之法來分析柳文；尤其賞析文字本身，不僅具有深邃的見解，而且具有強烈的藝術性和感染力，是老師精研《文心雕龍》、國文教學、文章學等學問功力的總展現。欲一窺永州山水之佳勝、汲取子厚散文的精髓，不可不讀此書。

關鍵字：柳宗元、散文、選讀

一

「音實難知，知實難逢，逢其知音，千載其一乎！」子厚卒後，距今已近一千兩百年，其間之品評、研究資料，亦足以充箱照軫，汗牛充棟矣，然或緣於學術偏見，或牽於意識型態，或囿於個人好尙，許多無謂的褒言貶辭，如唾沫與脂粉橫飛，早已把宗元其人其文，弄得面目模糊。眞能由知人論世而論文章，研精幾微、抉發幽旨以發揚顯露柳文之眞精神，還子厚之眞面目者，吾師《柳宗元散文研讀》，實可謂子厚之知音矣！

二

《柳宗元散文研讀》分書影、序例、導言、選讀、附錄五部份。書影收子厚畫像、石刻及宋刻鄭定本、影印元刊本兩種，足爲思慕感發之資；序例條列著述因緣與各部要旨，標舉全書體例；附錄則收有〈研究柳宗元散文參考資料類列〉等，爲有心研究柳文者提供寶貴之資訊。全書主體則爲導言與選讀，前者爲綜合之「研」究，後者爲單篇之選「讀」，此所以書名「研讀」也！

「導言」長達七萬言，是博採衆說、去蕪存菁，進而推倒依傍，建立獨到見解的精議博論。內容由柳宗元家世、生平、思想、與古文運動之關係，進而論其文學主張、散文藝術、散文成就，最後比較韓、柳兩家散文之造詣。尤其文學主張以下各節，更是剖析精當，籠罩群言。如論子厚之文學主張，則歸納文者以明道，文以行爲本、道假辭而明，爲文皆有法四綱；論子厚散文藝術，則分風格、結構、語言三路：先拈出柳文「沉鬱凝斂，冷峻峭拔」的整體風格，再析論個別作品所表現淒幽的情調，憤激的色彩、冷峻的特質、富有詩的意境、含蓄深婉的形式、突兀奇峭的筆法等不同風貌；其次，標舉柳文結構上布局嚴謹、巧設文眼、連貫性和完整性、靈活多樣、曲折起伏等五項特色；最後，從語言方面分析柳文峻潔、勁峭、精麗、生動傳神的特質。論子厚散文成就，則一方面強調其在文體改革上山水遊記和寓言的重要成就，另一方面指出柳文在藝術技巧上善於敘事、注重描繪、筆法獨特、結構奇變、行文峻潔、多用諷刺的高度成就。論韓柳兩家散文造詣之比較，則折衷古今揚韓抑柳、揚柳抑韓、韓柳並稱三種觀點，肯定韓、柳是「唐代散文史上的兩顆明星」，兩家散文具相似傾向和同等地位，也各具特色，其相同處在於㈠內容充實、形式完美，㈡說理透闢、敘事生動，㈢嚴於筆法、重視組織結構，㈣具有卓越的語言藝術；而差別處則是在淵源、風格、構思行文的差異、體裁樣式上的各有所長。這些精闢論點，透過實例的印證，顯得圓融周到，具有強烈的說服力。

值得一提的是，在「導言」的論述中，遇有意義模糊的詞彙或術語，便隨時加以釐清，使讀者有更清晰的觀念，諸如：

> 所謂意境，是指作者的主觀感情，和客觀景物交相作用而形成的藝術境界。這在柳宗元的遊記中是經常出現的。他的遊記在寫景時往往融入他遭貶後抑鬱憂憤的心態，所以好寫清幽之景，冷寂之美。（頁五二）

> 諷諭是指託物寄興，借事喻理，把某一種感情、某一個道理，寄寓在對人物、事件的敘寫之中，用曲折、隱微的方式加以表達。這種諷諭的特點，在他的寓言散文和寓言辭賦，甚至雜文、遊記、傳

記中，都表現得非常明顯。（頁五三）

象徵是通過具體形象，表現與之相似思想、感情的表現手法或藝術特色，這在柳文中經常有所體現。如〈始得西山宴遊記〉在描寫了西山壯美的景色後，刻意地點上這一句：「然後知是山之特出，不與培塿爲類。」此處刻畫的高大雄偉、獨立不群，小土丘根本無法與其相比的西山，顯然是種象徵，其中寄託了不與腐朽落後勢力同流合污，保持高尚節操的不屈精神。（頁五四）

意境、諷諭、象徵等批評用語，原本並不易爲初學者所理解，透過定義解說和引例印證，無疑可以使人更能走進柳文豐富而深廣的內涵，提昇鑑賞的能力。此外，對於結構（頁五六）、轉折（頁六三）、諷刺（頁八三）、死法與活法（頁九十）等，也都有類似的解析。這和那些喜歡賣弄詞彙，墮讀者於五里霧中的買辦式品評，顯然大異其趣。

三

「選讀」從柳宗元傳世的五百多篇散文中，選出議論文五篇：〈桐葉封弟辯〉、〈送薛存義序〉、〈答韋中立論師道書〉、〈賀進士王參元失火書〉、〈捕蛇者說〉；傳記文三篇：〈宋清傳〉、〈種樹郭橐駝傳〉、〈童區寄傳〉；遊記文十篇：《永州八記》、〈遊黃溪記〉、〈柳州山水近治可遊者記〉；寓言文四篇：《三戒》、〈蝜蝂傳〉。論說文五篇包括辯、序、書、說各體。傳記文三篇分別記藥商、種樹者、牧童，皆屬市井小民之傳記，兼有史傳、政論、寓言特點，是柳文中相當特殊的體類，也是繼韓愈〈圬者王承福傳〉後重要的傳記作品。遊記和寓言更是柳宗元散文中成就最突出者，「選讀」二十二篇中，遊記即居十篇，幾佔半數，相形之下，寓言的份量似乎稍弱。

「選讀」之前，有各類文體概說，總論子厚該體文章的創作概況與藝術成就。「正文」之上有細注，以言簡意賅的文字，說明當段大意；「正文」之後，依序是「解題」、「注釋」與「賞析」。解題係據題解義，或說明主旨，或解析體裁，或考證寫作時間，或明辨章法布局，尤其在闡發幽旨、辨析章法上，更是慧眼獨具，令人嘆服，以〈賀進士王參元失火書〉爲例：

> 聞友人失火而賀，眞是奇事。這封信立意奇、構思亦奇，作者自創一段議論，用詼諧的語氣，說出一番令人深思的道理。
>
> 文章構思的線索是這樣的：王參元乃一富貴子弟，本爲「多能」之士，只因家有積財，士人爲避納賄之嫌，便不敢稱道其人，使他才不外現，仕進無門。如今大火燒盡了他家的財物固然可驚、可惜，但隨著也滌蕩了參元求官行賄的嫌疑，使他的眞才得以顯露，因而仕進有望，自然可喜可賀。……
>
> 看起來，作者是在冷靜地訴說他何以「將弔而更賀」的理由，實際上卻表現了他的滿腔憂憤。從他的說明可以看出，才高如王參元者，竟因家有積財而不能爲世所用，耿直如柳宗元者，竟因避謗而不敢稱人之善，「公道難明，而世之多嫌」可以想見。另一方面，也可以看出當時士子行賄以求仕進的社會風氣確實嚴重，以至家饒財貨，才高而上進者皆有瓜李之嫌。在信中作

者愈是把王參元家中失火說得可喜可賀，就愈覺得他對上述社會弊病的揭露和抨擊更有力量。

這樣看來，此信雖然筆調輕鬆，快語驚人，詼諧有趣，但究其內容深意，卻隱含著沉痛的哀思。

這段解題尋繹作者構思之線索、剖析篇章之結構，進而直探作者為文之良苦用心，鈎深抉隱，將作者埋藏於詼諧字句背後的滿腔憂憤和盤托出。這樣精到洽浹的「解題」，的確是古今柳文讀本所未曾見的。

「賞析」和「解題」有互補與輝映之功，而論述則更為詳盡，內容大致是化用劉勰《文心雕龍》「將閱文情，先標六觀」之法，從布局、修辭、通變、語言、材料、聲調等方面，進行剖情析采。尤其章法布局的分析，更是各篇賞析的重點，如析論〈桐葉封弟辯〉云：「全文分為四段：首段，作者用極簡潔的筆法敘述了這個故事，立起辯難攻擊的標的。第二段，於首段中找出破綻，就一『戲』字往復駁辯。先總提一筆『吾意不然』，承上啓下，表明自己有不同的看法，再用分進合擊的筆法，就『當封』『不當封』兩面夾攻；接下去進一步據理駁斥，指出君王言行，在於得當。下面第三段，又分三層解剖，辯明周公不可能讓成王落實桐葉封弟這句戲言上。最後，斷定『相葉封弟』事，非周公所作，故不可信。末段，宕開一筆，用『或曰：封唐叔，史佚成之。』這兩句話，說明這個傳說產生的原因，同時又達到回顧開頭，總結全篇的效果。」將該文曲折變化、波瀾疊出，而又具強烈邏輯性、批駁力的布局特色，作精要的勾勒。

「通變」的探討，有助於瞭解文章的歷史定位，從通古變今的觀察中，掌握作品的傳承與開創性質。在〈宋清傳〉賞析中，便清楚分析柳宗元傳記文的通變軌跡：「司馬遷著《史記》，首創本紀、世家、列傳等專記人物一生事迹的體例。凡社會地位不及本紀、世家規格，而又於當世有豐功偉績，或較大影響者，均在入傳範圍之內。……他（柳宗元）的傳記文字不同於《史記》諸傳。他大多取材於當世之下層階級，傳主皆爲市井小民或普遍百姓，甚而微不足道的動物，不是那些名動內外，影響一時之達官貴人。……這些小傳，大多短小而集中，只突出某一種言行，某一種層面，或某一個片段，而不及其他。行文不枝不蔓，沒有史傳文的那些固定程式，更不要求像它們那樣作全面而詳實的鋪叙。在叙寫過程中，他往往喜歡借題發揮，以各種方式明諷暗刺。如此一來，他的傳記文便與傳統傳記文字有了明顯地差異，而成爲藝術性極高的諷刺散文中的妙品。」指出其來自史傳，而又不拘泥於史傳之固定程式與傳主對象，使兩漢以降日漸僵化的史傳文峰廻路轉，蛻變成爲洋溢生命力的傳記寓言。

再看「賞析」中「語言」分析的精彩，以〈鈷鉧潭記〉爲例：

柳宗元的語言風格，近於他所追慕的太史公之「峻潔」。……〈鈷鉧潭記〉確實是一篇骨氣凜凜的作品，而它的語言也正體現出這些特點，如用一個「齧」字，把水勢之凶猛刻劃得極爲傳神，充分顯示了作者煉字析詞的功力。「環」、「懸」二語，有如兔起鶻落，簡勁飛動，捶字不可謂不堅。「予樂而如其言」以下，是全文情緒發展的高潮，這時語言的變化也更加豐富多彩。其句式奇偶相間，長短迭用，參差錯落，有如急節繁點，一路傾下。駢散夾雜，高低起伏。「檻」、「潭」、「然」瀏然相續，琅琅上口。「崇」、「延」、「行」、「高」、「墜」、「

高」、「迴」等詞語表達的意念低昂舛節，若抗若墜。更重要的是，作者將以上種種因素混合運用，構成一種意斷而氣連，氣轉而意不轉的局面。全篇以一個疑問句收尾，更顯得精神飽滿，語氣矯健。文末的疑問語氣詞「也歟」，與前半部分末尾的兩個「焉」字遙相呼應，使全文氣韻流貫，通體皆活。

由捶煉字詞，到句式的奇偶、駢散，進而分析詞語所表達意念的低昂舛節，再而引領讀者揣摹「意斷而氣連，氣轉而意不轉」由語言、語意、語氣交融運轉的妙境，最後拈出文末「非茲潭也歟！」疑問語氣詞「也歟」，與首段「有樹環焉，有泉懸焉」兩肯定語氣詞「焉」的呼應關係，所形成「氣韻流貫，通體皆活」的效果。這樣精密而有層次的剖析，充分印證宗元散文「峻潔」、「簡勁」的語言藝術，也使讀者眞正能窺探柳文的宗廟之美百官之富。

四

《柳宗元散文研讀》，在衆多柳文選本中，正如西山卓立於培塿。其一，就編排體例言，老師是國文教學專家，所著《國文教學新論》早爲士林推重，而《柳》書和已出版的《韓愈散文研讀》、《歐陽修散文研讀》同是老師擔任中學教師進修班「唐宋八家散文研究」上課講義的擴充，既精研教學原理與方法，又有長期教學實務相印證，因此全書的編排體例，能充分掌握教師教學與學生（讀者）學習的需要，如「解題」以引發研讀動機，「注釋」提供自學輔導，「賞析」進行深究與鑑賞，而前有「導言」引領讀者進入柳文世界，後有「研究資料類列」鋪架起由「選讀」邁向「研究」的橋樑，眞可謂識周鑒遠，體例恢宏了。

其二，就作品分析言，老師是《文心雕龍》專家，因此能將劉勰的批評理論與方法化用自如，尤其以「六觀」之法，從位體、置辭、通變、奇正、事義、宮商等方面披文入情，剖析章法布局、推敲眼字與助詞、追索文體源流、琢磨文氣與音節。用中國最偉大的文學思想家劉勰的文學理論，來分析散文史上傑出作家柳宗元的作品，彷彿將五世紀末葉和九世紀初期的兩大文壇巨人，一同邀請到二十世紀的文學講堂，豈不是一番歷史的盛事？這樣的賞析方式，自然和那些摭拾隻字片言，雜引各家成說以掩飾自家淺陋的選本有著天壤之別。

其三，就行文措辭言，老師是文章學家，也是文章家，因此，分析柳宗元散文作品的文字本身即優美的文學作品。當我們讀到：「大山像不屈的壯士，發出陣陣吼聲；弱草像窈窕的少女，在狂風中俯仰回旋；紅花綠葉則像一群陡然受驚的兒女，睜大眼睛東張西望，不知所措。溪水也像被吵醒的蟄龍，咆哮奔騰。等到風聲漸細，它才喘息著緩緩躲進幽深的洞穴中去。此時，回視溪谷上下，餘風拂拂，花香瀰漫，樹木草叢搖擺未已。……在這一刹那間，我們突然感覺到，袁家渴那靜靜流著的溪水，那默然兀立水中的石頭，那無聲無息生長在每個角落的花草、樹木，原都蘊含著自我的情感和性格。整個袁家渴，似乎隱藏著一種深邃的意志和魅力。」（〈袁家渴記〉賞析）感覺自己好像跌進袁家渴的懷抱，領受它的怒吼與哀愁。這段如詩似畫的描繪，其實是「每風自四山而下，振動大木，掩苒衆草，紛者爲文用心的再創作。

紅駭綠，蓊葧香氣，衝濤旋瀨，退貯谿谷，搖颺葳蕤，與時推移。」一段的生發，也可說是掌握原作

五

摩挲著幾年前旁聽老師講授柳文的講義，深覺那鐵勒銀鈎、一筆不苟的字畫，正是老師治學精謹的最佳代言。以〈送薛存義序〉篇題爲例，講義原採較常見的〈送薛存義之任序〉，書中則根據陳景雲《柳集點勘》的說法改爲〈送薛存義序〉。這種追求完美、勤嚴不輟的精神，的確是吾輩門人小子研讀老師大作之餘，所當奮發興起，師法學習的。

附錄一：民國八十年老師在中學教師夜間進修班講授「唐宋八大家文」之講義

13.

送薛存義之任序

本文是作者在永州送別同鄉好友薛存義時寫，實際上是一篇政治評論。文中揭露當時政風敗壞，官箴不良，提出「官爲民役」的主張，由此可以看出作者的政治理想。

河東薛存義將行，柳子載肉於俎，崇酒於觴，追而送之江之滸，飲食之。且告曰：「凡吏于土者，若知其職乎？蓋民之役，非以役民而已也。凡民之食於土者，出其什一，傭乎吏，使司平於我也。今我受其直，怠其事者，天下皆然。豈唯怠之，又從而盜之。向使傭一夫於家，受若直，怠若事，又盜若貨器，則必甚怒而黜罰之矣。以今天下多類此而民莫敢肆其怒與黜罰，何哉？勢不同也。勢不同而理同，如吾民何！有達於理者，得不恐而畏乎！」

存義假令零陵二年矣。蚤作而夜思，勤力而勞心，訟者平，賦者均，老弱無懷詐暴憎。其爲不虛取直也的矣，其知恐而畏也審矣。

吾賤且辱，不得與考績幽明之說②；於其往也，故賞以酒肉而重之以辭。

唐順之云：「子厚此序，文辭淳正，雅不及退之；至於格雄絕，亦退之所不及。」顏迴瀾評云：「此篇文勢圓轉，如珠走盤，略無滯礙，論吏者乃民之役，非以役民，議論透闢。」金聖歎評云：「無多十數句，看似筆勢如蛇，夭矯不就捕。」

柳宗元許多散文篇幅都在幾百字至一、二千字之間，但內容十分深刻雋永，表現出言簡意賅，語短情長，精能無匹的特色。像「送薛存義之任序」，通篇只用了二百四十個字，就把作者自己對為官理民的精闢見解，和他對當時政治現實的深刻批判，全部揭露無遺。

清人劉熙載在「藝概．文概」中，將本文和韓愈的「送董邵南遊河北序」相提並論，說它「可謂精能之至」。甚麼是「精能」？所謂「精能」概指精深獨到之意，內容上既有獨到處，文字上亦寫得透闢感人。現在依此觀點來分析通篇的寫作藝術。

這篇序文在章法上，採取先議後敘，前判後美。於正反相形中，極其鮮明地顯示了作者對為官理民的意見。在遣詞造句上，首段用寥寥幾筆敘送行情況，點醒題面。其中「追而送之」四字，寫出送行的急切，不直言友情，而友情之深厚自見。次段提出官吏職責問題，是文章的主題部分。先提出「官為民役」的觀點，接著以現實生活中官吏對百姓的嘴臉是「受其直，怠其事」，「又從而盜之」，來兩相映照，然後再以「傭一夫於家」而遭「怠之」「盜之」，「則必甚怒而黜罰之」，作為比喻，繼而文勢又一轉，指出因為「勢」「位」不同，人民「莫敢肆其怒與黜罰」，最後，則說「勢不同而理同」，行文至此，真可以令在位為官者心生警惕。三段贊揚薛存義為民操勞，所得了「訟者平，賦者均，老弱無懷詐暴憎」的政績。這實際上是把「官為民役」主張的具體化。文末，說明餞行和贈言的原因，以收束全文。

本文篇幅雖短，但自「且告曰」以後，集中筆墨抨擊那些「受其直，怠其事」的官吏醜形，筆法極盡變化之能事。如「豈唯怠之，又從盜之」，用的是層層深入的推進法，「向使傭一夫於家，受若直，怠若事，又盜若貨器，則必甚怒而黜罰之矣。」用的是形象比喻的借形法，「以今天下多類此，而民莫敢肆其怒與黜罰。」

附錄二：文史哲出版《柳宗元散文研讀》中〈送薛存義序〉篇題採陳景雲說

(二) 送薛存義序㊀

首言作者情深意厚，為薛存義餞行。

河東薛存義㊁將行，柳子載肉於俎，崇酒於觴㊂，追而送之江之滸㊃，飲食之㊄。

次段論官吏為民公僕，應當服務人民，而不能役使人民的道理。

且告曰：「凡吏於土者，若知其職乎㊅？蓋民之役，非以役民而已也㊆。凡民之食於土者，出其十一傭乎吏㊇，使司平於我也㊈。今我受其直怠其事者，天下皆然㊉。豈惟(十一)怠之，又從而盜之。向使傭一夫於家(十二)，受若直，怠若事，又盜若貨器(十三)，則必甚怒而黜罰(十四)之矣。今天下多類此，而民莫敢肆其怒(十五)與黜罰者何哉？勢不同(十六)也。勢不同而理同，如吾民何(十七)？有達於理者，得不恐而畏乎！」

三段言薛存義為官清正，是「官為民役，非以役民」的典型。

存義假令零陵(十八)二年矣。蚤作而夜思(十九)，勤力而勞心。訟者平，賦者均(二十)，老弱無懷詐暴憎(二一)，其為不虛取直也的矣(二二)，其知恐而畏也審(二三)矣。

末段作者訴說貶官後的積憤，並說明寫作本文的原因。

吾賤且辱(二四)，不得與考績幽明之說(二五)；於其往也，故賞以酒肉而重之以辭(二六)。

【解　題】

這篇贈序有兩層意思。一是提出官吏乃人民的僕人，他們拿了人民的錢，就應當認眞替人民辦事；反之，人民就有理由黜罰他們。凡為官者，都應牢記這個道理。作者說當時「受其直」而「怠其事」，「又從而盜之」的官吏天下皆是。這番話揭露了中唐時期吏治的敗壞，也直接表達了作者對這種不平現象的憤懣。二是稱贊薛存義為官勤謹，政績優良，是個不白拿俸祿，明白人民可以黜罰懶官、貪官道理的人。兩層意思，緊相關合。文章借送薛存義作正面立論，又用正面立論來襯托薛存義的為人。其中開門見山，為使所說道理更加顯豁，又借譬喻進一步發揮，因而文中觀點鮮明突出。何焯說：「此序詞稍偏激，孟子雖發露，猶自得其平」（《義門讀書記》）。這話倒從另一方面反映了本文筆鋒犀利的特點。再者，文章雖短，而結構嚴密；語句轉接自然，使得「文勢圓轉，如珠走盤，略無滯礙」（見明鍾惺《山曉閣選唐大家柳柳州全集》卷一〈評柳文〉）。

【注　釋】

㊀ **送薛存義序**　薛存義，河東（今山西永濟）人，柳宗元的同鄉，曾在永州零陵（今屬湖南省）任代理縣令，離職時，柳宗元送他這篇序。序，古代文體。題一作〈送薛存義之任序〉。陳景雲《柳集點勘》：「一本題中無『之任』二字為是。文中言『假令零陵二年』，則非初之官也。觀篇末『不得與考績幽明之說』，蓋惜其去官而送之。」陳說是。

讀重修增訂《國文教學新論》有感並慶

王師更生壽

呂武志

提要

本論文闡揚　王師更生重修增訂《國文教學新論》之作，是能上承章微穎老夫子之道，繼志述事，發皇光大。故論其體系之完備、方法之精賅、學養之深厚與切合實際需要，都戛戛獨造而值得一表；至於在國文教學的過程、活動設計、媒體，及國文教師的素養等方面之看法，更特具慧眼卓識而別開生面。綜合觀之，可以說既發揚了傳統的國文教學思想，又吸收了西方的教育理論實證，為「教無定法，確有定型」做了良好的體現。如今喜逢　王師七十嵩壽，化育桃李滿天下，裁成後進五十年，有感而特撰為此文，以明　吾師教書孜孜，誨人不倦之摯懷深心；以慶　吾師之道能傳薪、德有可欽、學益日新、壽福緜緜而令人欣。

關鍵詞：國文教學、王更生。

從前劉向作《新序》、桓譚作《新論》；本諸先賢述造之意，於當代論國文教學而以「新」名書者，王師更生應該是第一人。推「國文」之學，其大而國家歷史文化的發皇，小而一己個人修持的輔導，舉凡食、衣、住、行、育、樂，莫不與之息息相關，是以民國締造之前，可以括一切學術；及民國成立之後，西風東漸，廢科舉，興學堂，國語文單獨設科，然後才與歷史、地理、公民、英、數、理、化、美、勞等科劃然分疆。是以「國文」者，舊學也，舊學而能以新精神、新方法、新系統來加以研究、分析、歸納，使教師如何教？學生如何學？變成一門專家之學問，不正是有志復興中華文化，振救我國族之賢者所黽力而當為？是以古人說：「周雖舊邦，其命維新。」今人講：「舊學商量加邃密，新知培養轉深沉。」更公吾師之闡揚舊學，日新其業，又那裏是無心者之所為呢？

回顧民國三十九年，當政府播遷來臺，正是教育學術界還處在一片荒漠之際，章微穎老夫子講授「中學國文教材教法」於師大；並總結前人研究經驗，凝聚個人教學心得，寫成了《怎樣教國文》一書，然後寶島的國文教學才在艱苦的環境下重燃生機。民國五十九年，老夫子手著的《中學國文教學法》正式問世，更為國文教學的理論與實證，奠定了不拔的基業，樹立了研究的豐碑。此後如出版於民國六十六年李金城的《中學國文教學論衡》、王明通的《中學國文教學法之研究》、六十七年蔡崇名的《中學國文教材及教學法》、七十年黃師錦鋐的《中學國文教材教法》、七十五年陳師品卿的《國文教材教法》、八十年陳師滿銘的《國文教學論叢》、八十二年張師學波的《中學國文教學理論研究》，這些著作，在時間上雖然前後相距二三十年，在特色上也異采紛呈，各具卓識，而綜其精神內涵、組織結構，莫不是從老夫子心血澆灌的《中學國文教學法》脫胎而出。是可以慶國文教學之道也有歸，而傳薪有其人也。

回首民國五十五年九月，黃師錦鋐以擬赴日本九州大學進修，向章老夫子請示可否？及所遺課程如何處理？老夫子告以「『國文教材教法』可請王更生接替。」當時已經開學，黃師心急如焚，乃請更生師儘速面見老夫子。第二天上午十點，秋高氣爽，萬里無雲，王師找到老夫子在新生南路的寓所。踏進客廳，但見兩把破竹椅，一張舊茶几，陳設十分簡陋。聽完稟告，章老夫子一邊咳嗽，一邊拖著蹣跚的病體，移到書桌旁，從厚厚的一大疊資料中，抽出一本手著《中學國文教學法》蘭臺書局初印的講義。一邊翻著，一邊拉著更生師的手說：「這是我教課手邊自用的一本書，就送給你好了！上面印刷錯字很多，我都用鉛筆校改批在眉頭了！」入座後，沉思了一會兒，又挺直虛弱的身子說：「要救中國，必先正人心；要正人心，必先息邪說；要息邪說，必先興復國故之學；而國故之學，總以孔孟思想爲依歸。」這一番提耳婉順的諄諄之教，猶如繞樑餘音，不到一年半，章老夫子便溘然長逝了！於今思之，雖空留惆悵；而對當時年方壯盛的王師來說，卻油然興起一股無比弘毅的承擔，而胸中激動莫名。是以越十餘年，鑽研學術理論，並結合自己豐富的國文教學經驗，於民國七十一年鑄成《國文教學新論》，迭經十餘次再版，到八十六年又重修增訂，其慨嘆舊學陵遲，欲以改進國文教學爲手段，遂拯救國族文化之目的，充分發揮「苟日新、日日新、又日新」的敬業精神，又那裏是無心者之所爲呢？是可以慶章老夫子之道也有歸，而傳薪得其人也。

章老夫子之書凡分六章二十三節，附錄有二，兩百二十三頁，約十六萬字，王師曾推崇「其思想之純正，措辭之中肯，行文之樸實，說理之詳備，宛如慈母之教子，平易親切，讀者得而玩索，可謂光嶽氣完，爲之坐忘尙不自覺也。」①然而時移勢易，在教育體制迭有更張，及教材教法備受西學衝擊而改變的情況下，畢竟無法全然滿足現況的需要。是以王師發憤述作，進而重修增訂的《國文教學新論》演爲十一章七十二節，附錄十五，四百三十四頁，垂三十二萬言。其篇幅之倍於老夫子舊作，固不待言。至於體系之完備、方法之精賅、學養之深厚與切合實際需要，更值得一表。論其體系，王師自言：

首章「緒論」，旨在使學者認識「國文教學」之內涵，爲以下實際教學預留地步。其次各章依國高中課程標準，分「國文教學」爲四大類，即「範文教學」、「作文教學」、「課外閱讀教學」、「書法教學」。四類彼此連環，缺一不可。……書前「代序」「知本明法論作文」，旨在說明當前「國文教學」的重點工作。蓋自聯考將作文成績提高後，一般任課教師，於「國文教學」時多以如何加強學生寫作能力爲首事。遂在正課之外，搜集資料，講求作法。似以爲文章作法，除「範文教學」外另有秘笈。其實文章作法之本，就在「範文教學」；如果「範文教學」失敗，還想提高學生作文能力，終如望空打卦，勞而無功。……書末「附錄」有十五，前九項爲有關之教育法令，次三項爲國文課程標準。第十三項是教育人員服務信條，此雖爲全國教育學會通過之文件，無法令上之拘束力，但身爲教師者，自應準此爲獻心獻身，從事教育之基本原則，拳拳服膺，守而勿失。十四、十五兩項爲書目，其中尤以第十四項「國文教師最低限度之參考書及工具書目錄」，特別具有重要性。蓋「凡事豫則立，不豫則廢」，「國文教學」之內容，至高無極，至廣無涯，天文、地理、音樂、美術、科技、建築，可說大而天地之外，細而拳石之內，無不與「國文教學」息息相關。所以教師應備之基本書目、略讀書目，以及參考書目、工具書目，皆當知所選擇，酌購備用，爲實際教學之參考。又書中每章多列附表，……務期理論與實際配合，學術與經驗溝通，俾讀者不但知其然，並進而知其所以然。②

其章節之綱舉目張，包羅無遺，所以說是體系完備者一也，論其方法，王師說：

生爲中國人，不可不學習本國語文，學習本國語文，尤不可不知學習之法，而學習之法，端賴學校國文教師之存養與誘導。韓愈云：「古之學者必有師，師者，所以傳道、受業、解惑也。人非生而知之者，孰能無惑？惑而不從師，其爲惑也終不解矣。」爲師之道，既以傳道、受業、解惑爲能事，則如何傳道？如何受業？如何解惑？以及所傳何道？所受何業？所解何惑？然後始傳所當傳，受所當受，解所當解，獲致事半功倍之教學效益。其間道理至密，方法至夥。教師如不能熟知此理此法而隨機變化，甚或誤以此爲雕蟲小技而剛愎自用，此不僅惑不足解，業不足受，甚而道亦不足傳，師尤不足尊矣。③

又曾在論「國文教學必須講求方法」一節云：

教學的基本要求，是希望在數年或十數年的有限時間內，運用最經濟、最便捷而有效的方法，使每個學生都能體認和掌握人類用幾千年方才完成的認知所累積的最基本、最起碼的知識技能和生活規律。同時，又必須進一步踩在歷史的肩膀上，促進其身心健全發展，以涵養德、智、體、群、美五育均衡的完美人格。所以教學工作的重要性、複雜性、科學性、創造性和藝術性，便決定了教學方法的重要性、複雜性、科學性、創造性和藝術性。毫無疑問的，如果以之和其他行業相比，則從事教育事業的教師們，更應特別講究教學方法，特別重視教學方法。其個中原因，在於其他行業大多關切人的外形，而教育關注的卻是人的心靈。所以人能不能成爲一個堂堂正正的人，就要看教師如何運用教學方法，去進行教學以爲斷。譬如同樣講授崔瑗的〈座右銘〉，有的教師根據正文後面的「題解」、「作者」、「注釋」、「問題與討論」，利用「行爲目標教學法」，以升學需要爲目標，鍼對課文的內容，提示考試重點，列出具體答案，舉行定期測驗，以爲如此已盡國文教學的能事。另外有的教師卻不受「行爲目標教學法」所限，巧於運用討論、欣賞、講述、對話、分析、比較，將教材先化整爲零，再化零爲整，啓發學生思辯的能力，開拓學生學習的領域；並充分利用援古證今，和古爲今用的方法，促使學生心領神會，遨遊於作者的內心世界，而暗自潛移默化。如此，雖不言或少言升學考試，而升學考試之道，自然會獲致滿意的效果。所以從教與學的關係來看，教師起著主導作用。學校教育的成功與否，主要取決於家庭的配合、教師的學養和教學的方法。人或以爲教學方法，只是一種技巧、一種形式，並沒有甚麼高深的學問；還有人以爲教學的方法，只是一種教學方式，一種花樣或一種手段，沒有深入研究的必要。事實上，這都是膚淺而偏頗之見。有這種想法的人，犯了一個嚴重的錯誤，那就是把方法的著力點，完全放在書本上，卻忽視了讀書的人。事實上方法的本身就是學問，且涉及很多相關的學問，它是實際教學經驗的結晶，是教師和學生爲了完成教學任務，共同採用的手段和方式。④

這種精金美玉一般的讜論，直能振聾發聵，所以說是方法精賅者二也。論其學養，王師曾言：

蓋「國文教學」非僅民國以來八十年間之事，乃爲我五千年傳統文化之結晶。目前大中小學國語文教材中，每一個方塊文字，每一篇單篇文章，每一首精鍊詩詞，不僅表現了現代中國人的脈動，更跳躍著大漢民族的心聲。因爲沒有過去，就沒有現在；沒有現在，就沒有未來。現在是過去與未來的橋樑。所以我們要創造未來，同時更要懲前毖後，以古爲鑑；高瞻遠矚，以現在爲歸。因此「國文教學」必須使傳統與現代相結合，肯定學術與實用的雙重價值，才能負起復興中華文化的使命，完成加強民族精神的任務。本書於此點特加留意，故凡所持論，皆上溯經典，中通百家，下及現代。經典爲我思想之驪淵，生活的矩矱，從事「國文教學」者，如不通曉經典，則不知中國文化之源流尚屬事小，甚而因爲不知所爲何事，以至數典忘本，茲事體甚大。禮記云：「物有本末，事有終始，知所先後，則近道矣！」「傳統與現代結合」，是我們「國文教學」之本。夫「本立而道生」，大本既立，則大道可行，大道可行，自然不偏不倚，明庶物，察人倫，使中和位育之崇高理想，藉「國文教學」得以圓滿達成矣。⑤

故於立論上，莫不有根有柢；取材上，也兼融並包，擷取前人成說之長，所以說是學養深厚者三也。論其切合實際需要，王師強調：

任何學科之理論與方法，均必須切乎實際需要。未有不切乎實際之理論，尚能傳世而不朽者；更何況「國文」爲當前各級學校共設之科目，「教學」爲時下正在進行之實務，由實務歸納而成理論，因理論以推動實務，則理論與實務爲從事教學之雙翼，其關係之密切至爲顯然。本書乃繼各家著作而後成，居於推行中華文化復興運動、加強民族精神教育，以及提高學生寫作能力之呼聲甚囂塵上之際，尤加應以適合實際教學之需要，做爲發微闡幽之中心議題。全書每章皆就此等關係問題，作廣泛而深入的探討，陳義務期高遠而不流於空洞，步驟務求切實而不落於庸俗。⑥

其斟酌現況，反覆推考，使理論不致於架空，所以說是充分切合實際需要者四也。有此四端，所以較之前述各家之作，又戛戛獨造。細察其具體獨到之心得，例如：一、在國文教學的過程方面，王師認爲：範文教學過程，依據學習心理的分析，循序漸進，由淺入深，由簡而繁，由易而難，是確切不變的原則。範文的字詞是「點」，語句是「線」，全文主旨是「面」，範文教學過程，就在由點的解釋，到線的聯繫，進而達到全面結合；使整個範文教學不致偏枯、失調，成爲一個生動活潑的有機體。因而他便依照此一理論，擬定教學過程的細節，概分爲「準備活動」、「發展活動」、「綜合活動」與「追踪活動」。「準備活動」中包括教師研究教材、把握教學重點、決定教學目的、搜集教學資料、擬訂教學計劃、指導學生預習等；「發展活動」中含有考查學生對舊教材的學習效果、新課文的預習作業，與解釋題文、介紹作者生平、分段閱讀課文、處理生難詞語、讀講課文；「綜合活動」中含有深究鑑賞、誦讀、問題與討論；「追踪活動」中含有督導學生複習、考查學習成效，以作爲補救教學的依據。這種周密的剖析與設想，使國文教學過程的內涵更加完備。二、在國文教學的活動設計方面，王師主張「單元教學活動設計，是教師實際從事教學的依憑；但教案與教法是互爲因果的，當教法改變時，教案即隨之更張。世界上沒有一成不變的教法，自亦無一成不變的教案。教案既隨教法的改變而改變，足證有怎樣的教法，必有怎樣的教案。」⑦王師因而特設〈單元教學活動設計（即教案編製）之研究〉專章，指出晚近臺灣通行的國文教學方法有四種，即「傳統國文教學法」、「魏軾國語文教學法」、「行爲目標教學法」和「實用國文教學法」。並根據目前最通行的「行爲目標教學法」，於提供「國文科單元教學活動設計範式」之前，附列「範文教學過程的適用原則及教法簡表」，和「範文教學的實施要領及注意事項簡表」，使教師在編製教案之時，能確立教學目標、教學原則、教學方法、和掌握實施要領、了解注意事項；而避免理論和實際脫節，產生扞格難行之感。三、在國文教學的媒體方面，王師特設〈教具製作與使用之研究〉一章，文中分爲「教具的意義與功用」、「教具的種類」、「教具製作的步驟」、「教具製作的原則」、「教具運用的原則」、「揭示教具的方法」、「充實教具內容的方法」數節。談到「教具」與「國文教學」的關係時，王師說：「教師教學時，必須酌量配合教具和資料，才可使學生由觀察、比較、參考、討論、分析以及運用等活動，學到國文教師所欲傳遞的文化素材，確切實在地加以吸收運用；並從而涵養學生的氣質，達成國文教學的理想目標。」⑧這種合理引進西方的「教育工學」，技巧地融入中國的傳統理論，可以使學習活動變得更加生動活潑，也使國文教學更具成效。四、在國文教師的素養方面，王師強調身爲國文教師者，由於所負責任的重大，必須具備三大素養。其「學問知能」，應當含括「本科的知能」和「相關學科的知能」；其「性情修養」，應當含括「清晰的頭腦」、「中和的態度」、「弘毅的願力」和「進修的意志」；其「教學技能」，應當含括「深入淺出的表達力」、「觸類旁通的領悟力」、「分析綜合的組織力」和「迅速工整的工作力」；然後才能勝任愉快，不落人後。綜合王師在這四個方面的慧眼特識，可說已對傳統國文教學法做了系統性的歸納，並配合社會現況的需要，適當吸收西方的教學理論，爲「教無定法，確有定型」做了良好的體現。《禮記．學記》云：「善歌者使人繼其聲；善教者使人繼其志。」王師之繼志述事，發皇光大，使章老夫子之道得以傳薪，而其學緜緜日新者，又那裏是無心者之所爲呢？

我因而冥想王師在長達半世紀的國文教學中，一直孜孜不倦、甘之如飴，其用心到底何在呢？我苦思不得及解；及一睹去年六月出版的《國文教學面面觀》（內收十九篇論文），才恍然大悟。王師在〈自序〉回憶大半輩子曲折坎坷的教書生涯時說：

> 我自民國三十八年（西元一九四九年）九月，從事國語文教學工作以來，由小學而中學、而職校、而專科，最後步入大學和研究所的殿堂，回顧這以往四十七年的漫長歷程，它充滿了荊棘，也

充滿了希望；充滿了歲月的試煉，也充滿了成功的喜悅。尤其當我面對學生不同的成長過程時，那兒童們的天眞活潑、少年們的好勇鬥狠、青年們的熱血蓬勃、大學生們的意氣風發，爲了因勢利導，滿足他們在不同階段的需求，我只有以國語文教學爲著力點，踏著古聖先賢的足跡，辛勤不懈地去筆耕墨耘，口講指畫；從來不計名利得失，不問是非評議；面向無以數計的學子，毫不吝嗇地撒下我滿懷的光熱與希望！⑨

「毫不吝嗇地撒下滿懷的光熱與希望！」是的，如果不是老師的光與熱，又那裏能爲學生燃起希望呢？不管是路上的荊棘，還是歲月的試煉，乃至窮途困頓潦倒，王師一直牢牢地把學生捧在手掌心，放在第一位，沒有溺愛與驕縱，而是無限的關懷與策勵。不止一次，師母抱怨老師愛護門生超過自己的子女；不止一次，師妹抗議老師疼惜她們不如課堂上的學子；不止一次，老師用生命中的點點滴滴，筆耕墨耘，口講指畫，來經營教育的園地，灌溉民族的新秀，來散布經師的德澤，表現人師的風範，來印證在他心目中：「學統」之更重於「血統」。這個「統」，是來自於孔孟古聖先賢之道，而傳其薪於章老夫子之手澤與教誨。章老夫子遠矣！而我們這些後生晚輩仍如親炙其光與熱者，是可以慶更公吾師之道、之德、之學、之壽；是可以慶我們這些後生晚輩之何其有福。如今，拜讀過《國文教學新論》的教師們遍布在全國的山之巓、水之湄；上過王師「國文教材教法」的學生也經常圍繞在他身邊問東問西；上完「教學實習」的同學更即將依依不捨地離開校園。他們有的像暗夜的火把，正忙於點燃青少年的心燈；有的像旱地的秧苗，正渴望上天普降甘霖；有的像愁苦的遊子，正黯然於背井離鄉；可以確信的是，未來他們都會像春天的燕子，不斷地帶著希望飛回來。這一切，不正足以彰顯王師垂五十年之教書孜孜，誨人不倦；其道能傳薪、德有可欽、學益日新、壽福緜緜而令人欣。於今喜逢更公吾師壽臻耄耋，《新論》重修，就讓有志國文教學的同道好友，及能深體吾師一生之摯懷深心的故舊門生⑩，共聚華堂，三舉其杯，來同心歡慶吧！

【附註】

① 見重修增訂《國文教學新論》，頁四三二。明文書局出版。
② 同註①，頁四二八。
③ 同註①，頁四二七。
④ 見〈臺灣「國文教學法」研究概述〉，頁七。發表於《人文及社會學科教學通訊》七卷三期，民國八十五年十月。
⑤ 同註①，頁四三〇。
⑥ 同註①，頁四三三。
⑦ 同註④，頁十四。
⑧ 同註①，頁一七二。
⑨ 見《國文教學面面觀·自序》，頁一。國立臺灣師範大學中等教育輔導委員會印行。

⑩前省教育廳熊督學智銳先生爲更生師的摯友。民國七十一年，方《國文教學新論》梓行之初，王師特寄一本求教。不久，熊督學函賜「讀後感」，其內容共計六點。王師爲紀念好友熱忱，又誌感懷數行，一併貼於自用書本之末頁。數月前，我以協助王師校勘重修增訂本鉛印錯譌，幸而得見手稿，熊督學之筆迹清瘦挺拔，更生師之書法亦剛勁俊秀，兩相輝映，朱墨爛然。特抄錄並影其眞迹於此，以證熊氏之知音及吾師之用心也。

讀後感

①以理論闡述爲經脈，以實務探究爲鵠的，本枝明備，言簡意賅，允稱大家巨製。
②徵引宏富，足證涉獵閱歷之淵博；巨細無遺，尤見思慮識見之精到。而其援經典、稱師法、明根柢，既不掠美前賢，亦復當仁不讓，此等處最見工力與分寸。
③各章分之自成體系，合之則成專書，雖云經營七年，乃若成於一夕。此固事前擘畫周密有以致之，而其臨事不苟、徹始徹終之精誠，尤爲成此大業之主因。
④愛國家、愛國文、愛國文教師、愛青年學生，一片赤忱宏願，充溢字裡行間。是書生本色，是知識分子典型。
⑤年有新作，年有新成就，是教書不忘讀書，讀書不忘著書，似此敬業樂業，創業成業之精神，

最爲令人敬畏。

⑥全書標點符號頗多差誤，此則校印之失，在所難免，有待再版時補正。

智鋭　七一、五、廿六、閱畢並識。

書中紅筆鈎畫及錯別字訂正，皆智鋭兄校勘所得，余書成後寄智鋭兄賜正，一週後將校書寄還，特謄錄一過，並誌種切，以見好友之熱忱，令人難忘也。

更生記於七十一年五月廿九日夜十時。

讀後感

一、以理論闡述為經脈，以實務探究為鵠的，本校所備，言簡意賅，允稱大家巨製。

二、徵引宏富，足證學識閱歷之淵博；巨細無遺，尤見思慮識見之精到。而其據經典、稽師法、明根柢，既不掠美前賢，亦復當仁不讓，此皆其最見工力與分寸。

三、各章分之自成體系，合之則成專書，雖云經營七年，乃若成於一夕。此固事前醞釀周密有以致之，而其臨事不苟、徹始徹終之精誠，尤為成此大業之主因。

四、愛國家、愛國文、愛國文教師、愛青年學生之一片赤忱宏願，充溢字裡行間。是書之本色，是知識分子之典型。

五、年有新作，年有新成就，是教書不忘讀書、教書不忘著書。

，似此敬業樂業、創業成業之精神，最為令人敬畏。

因全書標點符號頗多差誤，此則排印之失，在所難免，有待再版時補正。

智銳　七一、五、廿六、鳳華謹識。

書中記筆鉤畫及錯別字訂正，皆智銳兄校勘所得，余書成後，寄智銳兄囑正，通讀後將校書寄還，特據錄一過，並誌種切，以見好友之熱忱，令人難忘也。　更生記於七十一年五月廿八日夜十時。

王師更生《文心雕龍》研究論著輯要

顏賢正

提要

王師更生有系統的研究劉勰《文心雕龍》至今已逾二十年，已發表之著作甚多，內容至為豐富，多所創見。為使後學知其研究《文心雕龍》之用心與成果，茲彙整其有關劉勰《文心雕龍》研究篇目，計專書十種、學位論文指導十一篇、單篇文章五十三篇略作摘錄簡介，並依其發表日期順序，輯要成文，以利探索，兼觀其奧。

關鍵詞：劉勰、文心雕龍、研究論著

凡例

一、本輯要收載民國五十八年十一月至八十六年四月，王師更生有關劉勰及《文心雕龍》研究之著作。

二、本輯內容分成專書、論文指導及單篇文章三大項目，各項之著作以出版年月爲序，依次排列，並略作摘錄簡介。

三、專書著錄，依次爲：書名、出版年月、頁數、出版機構等四項。
四、論文指導著錄，依次爲：論文名、出版年月、頁數、研究生名、研究所名等五項。
五、單篇文章著錄，依次爲：篇名、出版年月、頁次、刊名卷期等四項。

一、專書

(一)《文心雕龍》研究

民國六十五三月　四四〇頁　文史哲出版社

本書共有十四章，分別爲緒論、梁劉彥和先生年譜、文心雕龍史志著錄得失平議、文心雕龍板本考略、文心雕龍之美學、文心雕龍之經學、文心雕龍之史學、文心雕龍之子學、文心雕龍之文體論、文心雕龍風格論、文心雕龍風骨論、文心雕龍聲律論、文心雕龍批評論、文心雕龍在中國文學史上之地位。文前有自《唐寫本》至明萬曆鍾惺輯《金閶擁萬堂本文心雕龍》板本書影共十二種。在十四章內，依性質第一章緒論是將歷來研究《文心雕龍》之成果，以及今後深入探討之途徑，作通盤性的整理和鳥瞰。第五章《文心雕龍》之美學起至第十三章《文心雕龍》批評論止爲本論，就文心雕龍內容及其美學、經學、史學、子學、文體、風格、風骨、聲律、批評等，分綱別門，探源竟委，以抉發彥和文論之妙諦。而第二、三、四、十四等章節爲附論，主要研究彥和其人其書之相關問題，如身世、史志著錄、板本流布、文史評介等。本書始稿於民國五十八年秋，至六十四年底殺青。而書中〈文心雕龍聲律論〉，曾載於五十八年十一月《中山學術文化集刊》第四集。〈文心雕龍風骨論〉，載於六十年十一月《中山學術文化集刊》第八期。〈文心雕龍之史學〉，載於六十二年五月《德明學報》創刊號。〈梁劉彥和先生年譜〉，曾以初稿，刊載於六十二年六月臺灣師範大學《國文學報》第二期。〈文心雕龍之子學〉，載於六十二年九月《教育與文化》第四〇七期。〈緒論〉，曾以〈文心雕龍研究之回顧與前瞻〉爲標題，連載於六十三年六、七月份《中華文化復興月刊》。〈文心雕龍之經學〉，曾以〈文心雕龍中的經學思想〉爲名，載於六十四年五、六月出版之《暢流半月刊》。〈文心雕龍在中國文學史上之地位〉，載於六十四年六月臺灣師範大學之《師大學報》第二十期。

(二)《文心雕龍》導讀

民國六十六年三月　九十九頁　華正書局出版

本書內容分正文和附錄，文前有自序。正文共有十個單元，分別爲：《文心雕龍》的作者、《文心雕龍》的性質、《文心雕龍》的寫作背景、《文心雕龍》的成書年代、《文心雕龍》的內容組織、《文心雕龍》的重要版本、《文心雕龍》的研讀方法（上）、《文心雕龍》的研讀方法（下）、《文心雕龍》學發展的趨向、《文心雕龍》參考用書簡介。另有附錄：近六十年來文心雕龍研究總結，該文曾以《六十年來文心雕龍研究概觀》：載於六十三年三月《中華文化月刊》第七卷三期。在本書正文的十個單元有幾個特點：1.先介紹作者的生平，再分敘《文心雕龍》之性質、寫作背景、成書年代、內容組織、重要版本、研讀方法與發展趨勢，由外到內，有條不紊。2.本書鎔意裁詞上，盡量淺白，使初學之士易於瞭解，循序漸進。3.書中論述有據，平實切要，言不盡意之處，另製圖表，在文圖相對照下，更可以簡馭繁。4.研讀方法，特分上、下兩篇敘述，上篇側重抉發劉勰行文運思的脈絡；下篇闡明研讀的進階重點，藉法則的領導，可達全面的認知。5.《文心雕龍》的研究，至近代始成為世界之顯學，有關今後發展的趨向，和當前學者研究的動態，當為愛好此學者所當知，是以專設一篇，「近六十年來文心雕龍研究總結」，附於書末，俾讀者鑑往察來，確實發揮引導性的作用。6.對參考用書之介紹，自黃氏《札記》，到更生師的《文心雕龍研究》共十四種，每本皆列舉其優點、用法和出版處所，以利找尋閱讀。

㈢重修增訂《文心雕龍》研究

民國六十八年五月　四七〇頁　文史哲出版社

民國六十六年《文心雕龍研究》出版後，有感書內行文措詞不一，章節安排欠妥，遂進行重修增訂。修訂後全書共十一章，分別為：緒論、梁劉彥和先生年譜、《文心雕龍》板本考、《文心雕龍》之美學、《文心雕龍》之史學、《文心雕龍》之子學、《文心雕龍》文原論、《文心雕龍》文體論、《文心雕龍》文術論、《文心雕龍》文評論、結論：《文心雕龍》在中國文學史上之地位。

本次增訂，將原書第六章〈文心雕龍之經學〉，改為〈文心雕龍文原論〉，並移於史學、子學之後，以正本清源。原書第十章《文心雕龍》風格論、第十一章《文心雕龍》風骨論、第十二章《文心雕龍》聲律論經刪除後，作〈文心雕龍文術論〉補之，以綜述劉彥和文學創作之理論體系與實際。而經改寫後的第五章《文心雕龍》之美學，內容更豐富，字數亦由七千字增加到三萬五千字。第八章《文心雕龍》文體論，除敘事說理較原來倍增外，又附列〈文心雕龍文體分類一覽表〉，計二十篇一百七十九類，可謂承上啓下，集我國文類之大成。第四章《文心雕龍》板本考，原曾考得手鈔本九種、刻本十八種、評註本十三種、校本二十種，今續廣事搜求，輯得選本十二種，補足後，《文心雕龍》板本至今可知者，要不外乎此矣。

《重修增訂本文心雕龍研究》的最大特色，是掌握了《文心雕龍》「爲文用心」的精神。把文原論、文體論、文術論、文評論，像四支擎天的玉柱，先架設在全書的主體部位，構成研究的中堅。接著陳述其美學、史學及子學。藉美學的認知，可以逆推作者劉彥和文藝哲學的眞象，藉著史學和子學的關係，可以略窺劉彥和納史、子以入文學領域的胸襟與膽識。至於在板本書影中，王惟儉《訓故本》與日本享保十六年岡白駒《校正句讀本》，原照不清，經重新拍攝印製後，已甚清楚。

(四)《文心雕龍范註》駁正

民國六十八年十一月　一〇四頁　華正書局

本書所稱范註係指民國十四年由天津新懋印書館印行的范文瀾先生《文心雕龍註》。范氏以六年的時間，參考三百五十多種資料而成此註本。惟文中仍有一些缺失，是以作《范註駁正》。本書共有四大部分。1.范註成書經過。2.范註內容析例。3.范註文心駁正。4.結論。而范註內容析例與范註文心駁正，尤爲本論文的重心。

(五)《文心雕龍》研究論文選粹

民國六十九年九月　六八四頁　育民出版社

本書係將各界研究《文心雕龍》，並已發表在各刊物之論文集結成書，總共選出三十八篇分別爲：

一、史傳類

二、通論類

七、文評類

八、雜纂類

4.《文心》與《文賦》之關係……………………………………劉之仁
5.劉勰、鍾嶸二家的詩觀……………………………………車柱環

(六)《文心雕龍》讀本

上篇　民國七十三年　三月　四八八頁
下篇　民國七十二年十一月　四四三頁　文史哲出版社

本《讀本》十卷五十篇，一遵彥和爲文用心之初衷，分全書爲上、下二篇。每篇除「篇題」外，先以細字「解題」，次以大字錄「正文」，再以黑體字作「註釋」，註釋之後有「語譯」，末列「集評」，並將「問題討論與練習」殿於全篇之後。正文眉上以細字加注「段落大意」，前後系聯，上下一體，足供初學或研究者所需用。本書下篇最後有附錄：1.劉勰著作兩篇。2.劉勰傳。3.《文心雕龍》重要傳本。4.劉勰《文心雕龍》考評。

(七)重修增訂《文心雕龍》導讀

民國七十七年三月　一七一頁　華正書局

此次重修增訂，在篇目方面：由原來的十章增爲十三章，內容方面：增加了〈文心雕龍之美〉和〈研讀文心雕龍預修科目的商榷〉，附錄方面：新增〈最近國內外研究文心雕龍概況〉。新版的目次爲：「文心雕龍導讀」原序、重修增訂版「文心雕龍導讀」序。一、劉勰其人其事。二、《文心雕龍》是本怎樣的書。三、劉勰所處的時代背景。四、《文心雕龍》成書的年代。五、《文心雕龍》的內容組織。六、

《文心雕龍》的重要版本。七、《文心雕龍》的行文之美。八研讀《文心雕龍》的方法（上）。九研讀《文心雕龍》的方法（下）。十、研讀《文心雕龍》預修科目的商榷。土、《文心雕龍》發展的新趨勢。圭、《文心雕龍》參考用書簡介。圭附錄：1.近六十年（一九一三—一九七三）來《文心雕龍》研究總結。2.最近（一九七四—一九八七）國內外研究《文心雕龍》概況。

(八)文心雕龍新論

民國八十年五月　三五五頁　文史哲出版社

本書內容共有十四篇，分別爲：1.劉勰《文心雕龍》結構的完整性。2.劉勰文體分類學的基據。3.劉勰的風格論。4.劉勰的風骨論。5.劉勰的聲律論。6.劉勰文學批評的理論與實際。7.《文心雕龍》成書年代及其相關問題。8.《文心雕龍》史志著錄得失平議。9.王應麟和辛處信《文心雕龍注》關係之探測。10.日藏明刊本王惟儉《文心雕龍訓故》之評價。11.范文瀾《文心雕龍註》駁議。12.《文心雕龍》在國文教學上的適應性。13.臺灣「文心雕龍學」的研究與展望。14.附錄

本書係收錄了民國七十年以後所發表的單篇文章。此十三篇論文，依性質大抵可分成四組：一—六篇爲第一組，係對《文心雕龍》的系統結構和內容，作深入研究。七—八篇爲第二組，專門考訂著錄及成書時間的問題。九—十一篇爲第三組，在探測其存佚與駁議得失。十二—十三篇爲第四組，前者爲強調《文心雕龍》理論與實際結合的價值所在，期使《文心雕龍》能紮根於國文教學上；而後者是對臺灣光復後四十年來「文心雕龍學」的研究作一巡禮，以凸顯《文心雕龍》研究的本土性。

(九)《文心雕龍》選讀

民國八十三年十月　五一七頁　巨流圖書公司

本書係專爲適應大學中文系及愛好文心雕龍者而編。本書共選出：序志、原道、宗經、辨騷、明詩、神思、體性、通變、情采、鎔裁、章句、比興、夸飾、附會、時序、物色、知音等十七篇文章。本書編選體例爲：1.選例2.書影3.代序4.選文5.附錄。所選文章，每篇於篇題之後，首列「解題」，次爲正文，次爲注釋、集評、賞析、圖解。

(十)中國古代文學理論的秘寶……………《文心雕龍》

民國八十四年七月　三三八頁　黎明文化事業公司

本書係應黎明文化公司出版一套新知識叢書文學思想類書籍而作。本書目次爲：書影：唐寫本《文心雕龍》殘卷宗經第三；總序；卷頭的話；一、緒論：揭開劉勰及其《文心雕龍》的面紗；二、駕馭群篇的序志；三、樞紐全局的文學本原論；四、囿別區分的文學體裁論；五、剖情析采的文學創作論；六、崇替褒貶的文學鑑賞論；七、結論；八、附錄：1.本書作者《文心雕龍》研究著作年表。2.研讀劉勰《文心雕龍》參考資料舉要。

二、論文指導

(一)博士論文

1.劉勰《文心雕龍》與經學　民國七十八年五月　二四〇頁　蔡宗陽　國立臺灣師範大學國文研究所

本論文由王師更生及黃錦鋐先生共同指導。本論文內容共十章，第一章緒論：回顧歷來研究《文心雕龍》之梗概，並期能探研《文心雕龍》與經學之關係。第二章劉勰之生平與著作：從劉勰家世、生平、著作，探討其與經學之關係。第三章《文心雕龍》之寫作背景與成書經過。第四章劉勰對經典之體認：分別自經典之義用、孔子與經典之關係二端，觀劉勰對經典學以致用之概況。第五章《文心雕龍》之撰述與經典之關係：從寫作動機、全書結構、援用經文、遣詞造句四方面，析論其與經學之關係。第六章劉勰文原論與經典。第七章劉勰文體論與經典。第八章劉勰文術論與經典。第九章劉勰文評論與經典。第十章結論：劉勰於經典式微、佛老並興之世、文風淫麗之時猶能揭徵聖宗經之纛，作正末歸本之吼，確實可貴。

2.《文心雕龍》「道沿聖以垂文」之研究　民國八十一年七月　二一八頁　張秀烈　國立臺灣師範大學國文研究所

本論文共六章，分別爲：第一章緒論。第二章「文之樞紐」的結構：略述文之樞紐五篇之內容與其彼此間的關係。第三章原道心以敷章：先以張衡靈憲篇的天文學思想，澄清道的淵源與涵義，以之作爲探討劉勰原道的背景；次以劉勰文的概念論文學起源論；再以「文之爲德」來論文學功用論；最後以自然思想來綜論《文心雕龍》全書的自然文學觀。第四章論文必徵於聖：由「聖」與「徵聖」的意涵，辨明〈徵聖〉與〈宗經〉的區別，並特別凸顯聖人「陶鑄性情」之理，而後再論聖文的特色及「徵聖」與文學創作的關係。第五章窺聖必宗於經：首先討論劉勰對經典的看法；次言經典的文學性；並進一步論述經典與文學體裁的關係；再探究「文能宗經，體有六義」中六義的內容與意義；最後再綜論經典與文學創作的關係。第六章結論。

3. **劉勰與鍾嶸的詩論比較研究** 民國八十四年十月 二九三頁 朴泰德 國立臺灣師範大學國文研究所

本論文由王師更生與蔡宗陽先生共同指導。全文共分爲六章：第一章緒論。第二章劉勰與鍾嶸論詩體之比較：敘述兩人對四、五言詩體、樂府詩、五言詩起源的觀點。第三章劉勰與鍾嶸詩歌創作理論之比較：分述二人的情采觀、風骨觀、才學觀、形似觀。第四章劉勰與鍾嶸詩歌創作技巧之比較：分述二人在詩歌創作的比興觀、聲律觀、事類觀。第五章劉勰與鍾嶸詩評之比較：二人對於上品詩人：古詩、曹植、劉楨、王粲、阮籍、陸機、潘岳、張協、左思。中品詩人：曹丕、嵇康、張華、何晏、孫楚、王讚、張翰、應璩、陸雲、曹攄、劉琨、盧諶、郭璞、袁宏。下品詩人：曹操、曹叡、徐幹、阮瑀、應瑒、張載、傅玄、傅咸、繆襲、夏侯湛、孫綽、殷仲文、謝混。就其人與詩篇之詩評比較。第六章結論。

4. **劉勰《文心雕龍》文體論研究** 民國八十六年十二月 劉渼 國立臺灣大學國文研究所

本論文至八十六年四月底已將全文綱目細節定稿，內容亦撰寫過半，可望於八十六年底印出，故亦一併收入。其內容爲：第一章緒論：包括研究動機、研究範圍、研究方法、研究價值。第二章魏晉南北朝文化背景：名法通脫、談玄風氣、佛學盛行、自覺。第三章《文心雕龍》文體論的淵源：濫觴於群經、兩漢文體觀念的形成、魏晉南北朝文體分類專著的出現。第四章《文心雕龍》文體論的內容：

(1)原始以表末—探源、表末

(2)釋名以章義—釋名：依經以立名目、以訓詁方式釋文體名稱、釋名有本、正名實。

—章義：依經傳古籍以訓義、依緯書以訓義、以訓字的引申義爲文體名稱的基本定義、章義有本。

(3)選文以造篇—選文：優劣互見、肯定模仿。

—定篇：有首唱之功、有冠冕之譽。

(4)敷理以舉統—體委說、體用兼備

第五章《文心雕龍》文體論的特色

(1)選體的特色：時效性、普遍性

(2)分體的特色：標準多重，層次分明；篇次分合，架構嚴謹。

(3)論體的特色：善用方法；以文學觀點論述各體文章。

第六章《文心雕龍》文體論的價值

(1)文體論在全書的重要地位

(2)文體論中的實際批評內涵
(3)文體論中的文藝美學理論
(4)文體論對國文教學的貢獻
(5)文體論對前代文論的集成

第七章《文心雕龍》文體論的影響

(1)對文論的影響
(2)對史評的影響
(3)對總集編纂與序說的影響

第八章結　論

(二)碩士論文

1.**《文心雕龍》述先秦兩漢諸子考** 民國七十二年五月 二〇六頁 顏賢正 私立東吳大學中國文學研究所

本論文爲更生師第一篇指導的學位論文。本文旨在探討《文心雕龍》引述先秦兩漢諸子之文辭，以究彥和論文造語之本。所錄先秦兩漢諸子分別爲：孟子、荀子、老子、莊子、列子、管子、商君書、韓非子、呂氏春秋、法言、淮南子、論衡等十二家。本論文寫作體例，首列文心雕龍原文，次爲所述子書原文，再次爲按語。按語之內容，首述諸子原文之本意，次言文心雕龍引述之用意、運用之方法，並比較其異同。本文後有附錄：《文心雕龍》述秦漢諸子考《文心雕龍》原文及秦漢諸子篇目對照表。

2.《文心雕龍》與佛教之關係　民國七十四年五月　一二七頁　方元珍　私立中國文化大學中國文學研究所

本論文共有七章，分別爲：第一章劉彥和生平與佛教之關係。第二章劉彥和論文之時代背景，先言劉彥和之生平、著作、時代背景。第三章《文心雕龍》文原論與佛教之關係。第四章《文心雕龍》文體論與佛教之關係。第五章《文心雕龍》文術論與佛教之關係。第六章《文心雕龍》文評論與佛教之關係，以上四章係循《文心雕龍》之綱領毛目，以探原竟委，撥尋指歸，闡明各論與佛教之關係。第七章結論。

3.《文心雕龍》對後世文論之影響　民國七十四年十一月　三〇二頁　陳素英　私立東吳大學中國文學研究所

全文共有四章，但第一章前有緒論，第四章之後有結論。第一章爲劉勰文原論對後世文論之影響：以宗經爲脈絡，探討文論思想之影響。第二章劉勰文體論對後世文論之影響：係由文筆兼重、駢散兼宗、分類辨體方面，探討文體觀念，及分類方法之影響。第三章劉勰創作論對後世文論之影響：乃由創作理論、創作技巧方面探討其影響。第四章劉勰批評論對後世文論之影響：由批評之素養、態度、準的方面，探討對批評家之影響。結論：係根據以上各章節分析，歸納出四點結果。

4.《文心雕龍》〈時序篇〉研究　民國七十九年五月　一六七頁　呂立德　國立高雄師範大學國文研究所

本論文共分六章：第一章緒論。第二章文變染乎世情：論述帝王愛好、社會治亂、學術思想影響文風之概況。第三章興廢繫乎時序：言唐虞以迄劉宋，因時代嬗遞而造成各代文學興廢之眞象。第四章由本篇觀劉勰對時君之論評：探討彥和對時君之評論，其方式有單論、合論、缺而不論。第五章由本篇觀劉勰文心成書之時間：以爲成書於齊末之說較可信。第六章結論：說明本篇於文心批評論之地位，及其對後世文論之影響。

5.**黃侃及其《文心雕龍札記》之研究**　民國八十五年六月　三八六頁　魏素足　國立臺灣師範大學國文研究所

本論文共有九章，另文前有黃侃先生像及書影、自序。文後附錄黃侃生平及著作年表。至於論文內容：第一章緒論。第二章作者研究：探討黃侃家世生平、師承交遊、學術著作。第三章《文心雕龍札記》的成書：敘述其寫作背景、成書經過、版本考異。第四章《文心雕龍札記》的理論淵源。第五章《文心雕龍札記》的寫作體例。第六章《文心雕龍札記》的內容。第七章《文心雕龍札記》的缺點。第八章《文心雕龍札記》的成就及影響。第九章結論。

6.**劉勰《文心雕龍》之審美觀**　民國八十五年七月　三四九頁　吳玉如　國立臺灣師範大學國文研究所

本論文共分六章，第一章緒論。第二章劉勰審美觀的思想基礎：探討劉勰的自然思想與宗經思想。第三章劉勰審美觀的準則：自《文心雕龍》思想體系中，抽繹出銜華佩實、風清骨峻與餘味曲包等三個重要審美準則，以體現劉勰的審美觀。第四章劉勰審美觀的表達方式。第五章劉勰審美觀的實際例證：以《楚辭》爲例，突顯劉勰審美觀的價值。第六章結論。

7.《文心雕龍》黃注紀評研究　民國八十六年六月　二四〇頁　溫光華　國立臺灣師範大學國文研究所

本論文共分九章，第一章緒論。第二章黃、紀二家傳略，略述黃叔琳與紀昀的生平事蹟。第三章黃注紀評之成書、刊行與版本。第四章黃注紀評之體例。第五章黃注紀評之特色。第六章黃注紀評之成就。第七章黃注紀評之缺失。第八章黃注紀評之影響。第九章結論。

三、單篇文章

1.《文心雕龍》聲律論　民國五十八年十一月　六三三—六五一頁　《中山學術文化集刊》第四期

本文後收入〈文心雕龍研究第十二章〉。本文內容有：1.概說。2.彥和對歷代聲律說的承襲：文氣說、音聲迭代說、自然音律論、四聲八病說專門著述。3.彥和在聲律方面的發現：由內聽以審和律、節聲韻以避吃文、明和韻以調宮商、切正韻以求清切、養氣以節神理。4.與《文心雕龍》聲律論的相關問題。5.結語。

2.《文心雕龍》風骨論　民國六十年十一月　六七一—七〇八頁　《中山學術文化集刊》第八期

本文收入〈文心雕龍研究第十一章〉。本文內容爲：1.前言。2.從風骨的異說談起。3.風骨的確解：以辭爲風，志即骨者、以辭采爲風，事義爲骨者，以辭爲風，義實爲骨者、有從風骨生成以釋者、有自風骨徵驗以釋者、有由風骨比較以釋者。4.論風骨設篇的主要因素。5.如何使文章風清骨峻：鎔鑄經典、翔集子史、洞曉情變、曲昭文體、務盈守氣、捶字堅實、結響凝鍊。6.六朝風骨的評估。7.結語。

3. **梁劉彥和先生年譜稿**　民國六十二年四月　二九一—三二一頁　臺灣師範大學《國文學報》第二期

本文收入《文心雕龍研究第二章》。全文內容：1.譜前：有東莞劉氏世系表。2.年譜：自宋孝武帝大明八年（西元四六四）甲辰劉勰一歲起至梁武帝普通三年（西元五二二年）壬寅劉勰五九歲出家止。3.譜後：〈梁書劉勰傳〉節錄、〈南史劉勰傳〉、〈劉毓崧通誼堂集書文心雕龍後〉、〈范文瀾劉彥和身世考略〉。

4. **《文心雕龍史傳篇》的考察**　民國六十二年五月　一七一—一八〇頁　《德明學報》第一期

本文收入〈文心雕龍研究第七章〉。內容爲：1.史官建置與史學演進。2.闡明史著的義例。3.揚搉史書的利病。4.依經附聖的思想。5.史家責任與著述目的。6.學以練事的強調。7.史料的整理與鑑別。8.綜論史法四原則：史料整理、史料選取、行文敘事、謀篇布局。9.結語

5. **《文心雕龍》之子學**　民國六十二年九月　四一—四四頁　《教育與文化》四〇七期

本文收入〈文心雕龍研究第八章〉。內容爲：1.本文寫作的基本動因。2.諸子及其著述。3.彥和對先秦子學的重大發現：彥和論諸子學術之演進，除兼採各家分類之長外，更具有三點卓見：客觀的疑古態度、證兩漢爲子學變遷的重大關鍵、正本歸源的宗經思想。4.先秦諸子與文學。5.結語。

6. **興膳宏《日譯本文心雕龍》評介**　民國六十三年三月　六—七頁　《學粹》十一卷一期

在日本昭和四三年（西元一九六八年、民國五十七年）由筑摩書房出版一套世界古典文全集，全

集共五十種，而《文心雕龍》被選入爲第廿五種。《文心雕龍》全部五十篇則由興膳宏先生翻成日文，此亦是首次《文心雕龍》被翻成日文在日本發行。除《文心雕龍》正文外，他亦於卷末附有兩萬多字有關彥和及《文心雕龍》的解說。附錄尚有〈歷代主要作家略傳〉、〈文心雕龍略年表及索引〉。王師認爲興膳宏先生的譯本的特點是：在每篇分段，興膳君有大刀闊斧的調整，當有前修未精，後學轉精的優點；在文字註釋上，採每句必注，每註間或有釋，以探語源；每篇第一個註解，說明一篇作意，很能把握一篇的要旨。

7.《文心雕龍》版本考　民國六十三年三月　《中央圖書館館刊》七卷　一、二期

本文收入〈文心雕龍研究第三、四章〉。本文考得1.《文心雕龍》手鈔本九種：《唐寫殘卷》、《永樂大典本十卷》、《清文淵閣四庫全書本》、《清文淵閣四庫全書黃叔琳輯註本》、《季振宜藏鈔本》、《瞿鏞藏舊鈔本》、《張誕嘉藏鈔本》、《陳溰藏鈔本》、《清謹軒藍格舊鈔本》。2.單刻本：自阮華山宋本至清末湖北崇文書局本共十八種。3.評註本：自宋辛處信注本至民國十三年（西元一九二四）掃葉山房石印本共十三種。4.校本：自謝兆申校本至傅增湘校本共二十種。

8.六十年來《文心雕龍》研究概觀　民國六十三年三月　七—十四頁　《中華文化復興月刊》七卷　三期

本文收入〈文心雕龍導讀附錄〉內。全文內容爲：1.前言。2.研究角度的轉變。3.搖籃時期的幾部名著：黃侃《文心雕龍札記》、范文瀾《文心雕龍註》、張立齋《文心雕龍注訂》。4.抗戰前後期《文心雕龍》的研究：楊明照《文心雕龍校注》及劉永濟《文心雕龍校釋》爲《文心雕龍》研究的兩

朵奇葩。5.《文心雕龍》在臺灣：敘述自民國三十九年至五十九年《文心雕龍》研究概況。6.爲政治目的扼殺文論思想的大陸地區。7.海外《文心雕龍》研究的拓荒者：敘述香港、美國地區《文心雕龍》研究情形。8.日本方面《文心雕龍》研究名家。9.有關《文心雕龍》兩個古本的說明：對唐寫本《文心雕龍殘卷》及明弘治甲子《馮允中手抄本》之說明。10.結論。

9.《文心雕龍》研究的回顧與前瞻（上）　民國六十三年六月　一—十四頁《中華文化復興月刊》七卷六期

《文心雕龍》研究的回顧與前瞻（下）　民國六十三年七月　七〇—七五頁《中華文化復興月刊》七卷七期

本文亦收入〈文心雕龍研究第一章緒論〉。全文內容爲：1.前言：略論《文心雕龍》在中國文學批評史上之地位。2.《文心雕龍》研究的回顧：深得文理，常陳几案的時代、類聚群分，被後學所徵引、《唐寫文心雕龍殘卷》的眞象、從辛處信說到黃注紀評、認祖歸宗的一個重要版本、各家校本的來龍去脈。3.《文心雕龍》研究角度的轉變：古典文論的先驅、綜合研究與分科研究、打開國際學術市場的幾位拓荒者、《文心雕龍》的普及工作。4.《文心雕龍》研究的瞻望及其應循之途徑：校勘整理、注釋解說、文論闡揚、翻譯（外文）及白話、資料集結、比較研究。

10.六十年來《文心雕龍》之研究　民國六十四年五月　四五三—五一〇頁　正中書局出版「六十年來的國學」第五冊

本文分四部分敘述：1.前言：《文心雕龍》作者與品評、古今學界研究《文心雕龍》之情形、作者對本文寫作之剪裁與期望、資料來源與匡補。2.六十年來《文心雕龍》研究之著述簡介：分時間別及地區別敘述，內容與〈六十年來文心雕龍研究概觀〉所敘相同。3.結論：總論本編之分類內容：文學本原論之著述共十九篇、文學體裁論九篇、文學創作論廿四篇、文學批評十四篇、劉勰生平事蹟十篇、版本考證十三篇、《文心雕龍》辭義廿四篇、《文心雕龍》索引著述三篇、《文心雕龍》譯述五篇、有關《文心雕龍》其他著述廿八篇。4.附註。

11.**《文心雕龍》中的經學思想（上）**　民國六十四年五月　十二—十六頁　《暢流半月刊》五一卷　七期

《文心雕龍》中的經學思想（中）　民國六十四年六月　五二—五三頁　《暢流半月刊》五一卷　八期

《文心雕龍》中的經學思想（下）　民國六十四年六月　廿六—廿九頁　《暢流半月刊》五一卷　九期

本篇連載收入〈文心雕龍研究第六章文心雕龍之經學〉。本文內容有：1.讚聖述經的寫作動機。2.百川匯海的宗經篇。3.以衛道爲主的正緯與辨騷。4.由五經衍生的文體論。5.依經樹則的修辭觀：可從其神思至總術二十篇中看出。6.從經學出發的批評理則。7.劉彥和是古文經家。8.結語：經學是《文心雕龍》的大動脈、彥和受我國儒家正統思想影響、經學思想建立在六朝文弊的條件上、文心雕龍是一部批評文學、彥和爲古文經家。

12.**《文心雕龍》在中國文學史上之地位**　民國六十四年六月　六一—七三頁　《臺灣師範大學學報》二〇期

本文收入〈文心雕龍研究第十四章〉。全文內容爲：1.研究緣起。2.歷來各家文學史、文學批評史對《文心雕龍》五十篇之分類。3.各文學史談《文心雕龍》持論的要旨。4.文學史載劉勰著《文心雕龍》的動機。5.《文心雕龍》成書與佛教。6.《文心雕龍》的缺點。7.研讀《文心雕龍》之門徑。8.《文心雕龍》對學術界的影響。9.《文心雕龍》的評價。10.結語。

13. **文評中的子書，子書中的文評** 民國六十五年一月 書評書目 三三期

我國歷來圖書目錄將《文心雕龍》的著錄歸類頗為分歧，如〈隋書經籍志〉將它列入總集、《郡齋讀書志》則入別集類、《四庫全書薈要》入集部、《文淵閣書目》入個人文集、《行人司書目》入古文類、《菉竹堂書目》入子部雜家類、〈新唐書藝文志〉入文史類、《國史經籍志》入詩文評類。因由歷代著錄可知，對《文心雕龍》的內容並未甚解。而民國以後的學者，又牽拘於西洋習用的名辭，說它是一部「文學評論」專著。而實際上，經反覆揣摩，仔細商量，愈覺得《文心雕龍》乃「文評中的子書，子書中的文評」。

14. **讀《文心雕龍》劄記——學兼中印、出入儒釋** 民國六十五年二月 五一—五三頁 《書評書目》三四期

本文主要敘述劉勰早年曾幫釋僧佑整理佛教經典，如出《三藏記》、《世界記》、《釋迦譜》、《法苑記》、《弘明集》等，使其奠立學貫中印之基石。而以上經典整理定稿後，便述造以儒家思想為主的《文心雕龍》巨著。

15. **《文心雕龍》成書年代及其相關問題** 民國六十五年四月 七一—七三頁 《中華文化復興月刊》九卷

劉勰著《文心雕龍》，自己並未明言成書年代，以致後人衆說紛云，更生師據各種資料歸納：劉勰《文心雕龍》成書於南齊之末，和帝中興元、二年之間（西元五〇一至五〇二年）。其次由劉勰定林寺校經和他感夢述作《文心雕龍》的前後關係，推定《文心雕龍》必是定稿於第一次校經之後，劉勰對佛教的信仰尚未堅深以前。

16. 如何研讀《文心雕龍》　民國六十五年四月　一九－二三頁　《學粹》十八卷　一、二期

本文內提出研讀《文心雕龍》的門徑，大要不外兩方面，一是《文心雕龍》本文五十篇的研讀順序和方法；二是研讀《文心雕龍》的重要參考資料。在研讀方法上，《文心雕龍》十卷五十篇，可分成五個類別：第一類概論－序志篇；第二類文學本原論－原道、徵聖、宗經、正緯、辨騷；第三類文學體裁論－由明詩至書記共二十篇；第四類文學創作論－由神思至總術共二十篇；第五類文學批評論－時序、才略、知音、程器等。而在參考資料方面介紹了黃侃《文心雕龍札記》、《范文瀾註增訂本》、楊明照的《校注拾遺》、劉永濟的《校釋》、王利器的《新書》、李景濚的《新解》及更生師的《文心雕龍研究》等七種資料。

17. 當代《文心雕龍》著作述評　民國六十五年十二月　二〇七－二五六　《中國學術年刊》一期

《中國學術年刊》係由國立臺灣師範大學國文研究所畢業同學會發行。本文評述著作上起民國八年（西元一九一九）黃侃的《札記》，下至六十三年李曰剛《文心雕龍斠釋講義》，計二十六種。大

致依原作出版之先後爲序，首錄書名及作者姓氏，間敘各家簡歷，與該書出版或增訂之經過。至於原作之序例、跋語，有與原著旨趣相通者，亦擇要收於當篇之末。

18.**《文心雕龍》在中國古典文學批評上的價值** 民國六十六年二月 三八—四五頁 《幼獅月刊》四五卷二期

本文共分五節敘述《文心雕龍》在中國古典文學批評上的價值。其內容爲：1.前言：略論《文心雕龍》作者及其成書背景。2.《文心雕龍》對我國古典文論的承襲。3.《文心雕龍》對當世文論的矯正。4.《文心雕龍》對後代學術界的影響。5.結論：概述《文心雕龍》研究近況，及其在中國古典文學批評上的價值。

19.**《文心雕龍》之美學** 民國六十六年五月 一一九—一五二頁 《幼獅學誌》十四卷二期

本文收入《重修增訂文心雕龍研究第四章》。全文內容有：1.美學與《文心雕龍》。2.藝術的架構：思想的統一性、理論的完整性、字句的對稱性、敘事的遞進性、語調的感染性、結構的綿密性、音韻的和諧性。3.美學的基礎：美學與自然、美學與群經、美學與道德。4.能量的涵藏：靈感與想像才氣與學習。5.情意的表出：標三準以立意、討字句以安章、綜附會以謀篇、本比興以烘托、用夸飾以傳神、會隱秀以抒情、據事類以明理、因聲律以和諧。6.美感的回顧。

20.**《文心雕龍》述《詩經》考** 民國六十六年六月 一五九—一八六頁 《國文學報》六期

劉勰著《文心雕龍》，彌綸群言，有同乎舊談、有異乎前論。而群經載籍，更爲彥和文論之奧府。是以振葉循根，探其造語之本，撰《文心雕龍述詩經考》。彥和引詩，大判條例，1.彥和以騷由詩出，詩雅騷麗，詩正騷奇，後世文學之蛻變，均以詩騷為依歸。2.彥和說詩，義探《毛傳鄭箋》。3.彥和取詩衡文，亦間有突破《毛傳鄭箋》，自創新說者。4.彥和引詩用字，凡不與經合者，多以後起俗字代古體正寫。5.凡彥和曰「詩云」，或「某某之詩云」，皆照原文迻錄，一字不更。

21. 沈著「文心雕龍批評論發微」序

民國六十六年六月　九九—一〇〇頁　《中華文化復興月刊》十卷六期　又收入《文心雕龍新論》的附錄內

《文心雕龍批評論發微》係沈謙先生在臺灣師大國文研究所的碩士論文。更生師在其論文經由聯經出版公司印行時為序。序文中稱：民國以來研究《文心雕龍》發表的論文至少有二百二十篇以上，單行著作也近三十種。但在衆多著作中，加以分類比較，研究《文心雕龍》批評論，又以專書名世的沈謙君的《文心雕龍批評論發微》，可說是前所未有。該書共分五章，一百五十五面，約八萬言。

22. 《文心雕龍研究論文提要》前言

民國六十六年七月十六日　《出版與研究》三期第三版

《文心雕龍研究論文提要》原本收得文心雕龍研究論文，就性質言，括分七類，計史傳類十五篇、通論類三十篇、文原類廿六篇、文體類十一篇、文術類四一篇、文評類十七篇、雜纂類七〇篇，共二一〇篇。作者方面，去其重複，得一三五位。論文發表期間，自民國紀元前至民國六十六年，計七十餘年。而作品發表地區，包括臺灣、大陸、香港、日本、美國、南韓。不過本論文集最後仍然沒有印行問世。

23.日藏明刊本王惟儉「文心雕龍訓故」之評價　民國六十七年三月　四五—四九頁《幼獅月刊》四七卷三期

王惟儉《文心雕龍訓故》，成書明神宗萬曆三十七年（西元一六〇九年）。王師經《東洋學文獻目錄》，得知日本京都大學漢文部藏有該部十卷之原刻，在民國六十四年，特託人翻攝寄至，遂作此文。王師認爲《訓故本》之價值至少有三：1.版本方面：在文心雕龍傳本上，固不足與唐人草書殘卷相提並論，但方之元、明舊槧，亦勢必有其不朽之地位。2.注釋方面：今之學者欲知彥和持論大體，或明代學者對《文心雕龍》研究之眞象，本書自有其高度的參考價值。3.校勘方面：《訓故本》乃繼元本之精華而考訂，全書五十篇中，其精言奧義，可供參考取資者，不下數十百條。

24.「文心雕龍之創作論」序　民國六十七年四月　四—一〇頁　文史哲出版社印「文心雕龍之創作論」內

亦收入《文心雕龍新論》的附錄內

《文心雕龍創作論》係黃春貴先生在臺灣師範大學的碩士論文。王師在其論文由文史哲出版社印行作此序文。序文中云：觀黃君《文心雕龍之創作論》，除緒論與結論外，全文共四章十六節六十四目。其第一章論文章之組織，下分謀篇、裁章、造句、用字。第二章論文章之修辭，下分比興、夸飾、用典、隱秀。第三章論文章之內質，下分思想、情感、想像、氣力。第四章論文章之外象，下分聲律、辭采、對偶、風格。而每節之下，又以兩句八字，對文成目。作者從文章的組織、修辭、內質、外象四部分，去貫通情采，條分縷析，括盡創作論二十篇的精義，解決了剖情析采方面的若干困擾，足見其攀重若輕，有獨具的匠心。

25.《文心雕龍》「文體論」析例　民國六十七年六月　六〇—七六頁　東吳大學《文史學報》第三號

本文收入〈重修增訂文心雕龍研究第八章〉。內容有：1.前言。2.彥和文體論的思想淵源。3.文體論二十篇的基本架構。4.文體論二十篇的成規定例：分別談論各種文體的區別、關係、共同淵源、附論、風尚。5.彥和運思行文的方法。6.結語：文體論它應該獲有與文原論、創作論、批評論等同樣的地位。文後有附表：1.五經與後世各種文體關係系統圖。2.文體論二十篇所涵文章體類統計一覽表。

26.《文心雕龍》述《書經》考　民國六十七年九月　九九—一三四頁　孔孟學報三六期

本文旨在考證《文心雕龍》與《書經》之關係。《文心雕龍》全書五十篇，引用書經以說理者，其顯而可見者爲一百二十四條。第究其用，約略可言：有紬繹經旨，以徵文體之用者、有語本經典，爲文體下定義者、有約文用事，以證古史者、有明引經文，以徵文體淵源者、有引經以論文理者、有引經以說明爲文之用心者。

27.試探《文心雕龍》在「國文教學」的適應性　民國六十七年十二月　四三—五一頁　幼獅月刊四八卷六期

本文主要內容有：1.前言：運用《文心雕龍》的理論，印證到國文教學方面。試想從國文教學的內涵、作者生平、文體源流、創作法則、深究鑑賞等五方面，試探《文心雕龍》的適應性。2.《文心雕龍》與國文教學內涵的比較。3.《文心雕龍》對知人論世的啓發。4.《文心雕龍》爲解釋題文的參考。5.《文心雕龍》有指導文章作法的功能。6.《文心雕龍》可作深究鑑賞的準據。7.結語。

28.**《文心雕龍》導讀**　民國六十八年四月　七四三—七六三頁（下冊）　康橋出版社印　國學導讀叢編

為使社會大衆能對中國文化的精華，國學的重要範圍及其內容有概略而正確的瞭解，民國六十八年四月由康橋出版事業公司印行了一套分上、下兩冊的〈國學導讀叢編〉，而王師亦應邀撰寫《文心雕龍導讀》。本文內容為1.《文心雕龍》的作者介紹。2.《文心雕龍》的全書特性。3.《文心雕龍》的內容結構。4.《文心雕龍》的研讀方法：包括細讀〈序志篇〉；從史學識見上去觀察；由卷二至卷五共二十篇，是文體論；由卷六至卷九為文術論，最後則屬文評論。5.結語。6.重要參考書錄：共舉出七種。

29.**劉彥和文學創作之理論體系與實際**　民國六十八年六月　五五—一〇〇頁　《國文學報》八期

本文收入〈重修增訂文心雕龍研究第九章〉。內容有：1.前言。2.三點基本認識：第一、《文心雕龍》的分類；第二、《文心雕龍》的完整性；第三、《文心雕龍》的獨創性。3.重要的理論：由以上三點認識，再從理論與實際探討眞象：徵聖宗經的思想、內容形式並重、才氣學習的兼顧、主觀客觀的聯繫。4.創作的體系：附有彥和文學創作理論體系圖及說明。5.實際的規範：如何控引情源、如何制勝文苑。6.結語。

30.**《文心雕龍》的完整性**　民國六十八年十二月十八日　《民衆日報・學術周刊》

本文係於民衆日報的「學術周刊」專欄，以「王仰和」之名發表，「仰和」或當為「景仰彥和」

之意吧。本文共分五大節，其內容爲：1.簡述《文心雕龍》作品之由來。2.敘述《文心雕龍》十卷五十篇中，前二十五篇之性質與內容，以第一卷五篇爲文原論；卷二至卷五的二十篇爲文學體裁論，或簡稱爲文體論。3.敘述下篇二十五篇之內容結構，可分成三部份。第一部份由卷六至卷九，爲文學創作論，簡稱「文術論」。卷十的前四篇爲文學批評論，簡稱「文評論」。4.敘述序志篇之宗旨爲全書之緒論。5.結語：《文心雕龍》全書的結構，由文原論而文體論而文術論而文評論而緒論，各論之間的承接，以及篇題與內容的配合，眞乃釐然有序，絲毫不紊，若不是事前經過縝密的安排，斷不及此。文後附有《文心雕龍》內容架構圖：將五十篇之分類及各篇分屬於各類之關係詳加分列，讓讀者一目瞭然。

31.**《文心雕龍》述《論語》考**　民國六十九年四月　一五五—一七二頁　《孔孟學報》三九期

本文在考證《文心雕龍》與《論語》之關係。彥和著《文心》其遣辭造語，援《論語》以爲立說之根據者，全書共有五十四條。而其取事用辭，有引用字面，而含意微別者；有合兩章之文，撮而引之者；有陶鎔經旨，自鑄偉辭者；有化用原句，襯托文理者；有引夫子自傷之言，反證緯書亂眞者；有調整字面，以徵故實者；有略施點染，以喻精深者；有雜揉論語之文，而造語更加圓熟者；有參互經傳，取其菁華者；有引其文，而不取其義者；其他尚有直引、有縮節、有截取、有旁推，變化之多，令人目不暇給。

32.**《文心雕龍註》駁議**　民國六十九年五月　六〇—六九頁　《中華文化復興月刊》十三卷　五期

本文在指出《文心雕龍范註》的錯誤之處。文中指出錯誤之處有三：1.資料採輯未備：包括彥和年譜、板本、敘錄、遺著。2.體例書寫不當：包括觀點不獨立、篇旨體例不一、行文無統一、稱謂不一致、引書未明其原。3.立說態度乖繆：排列順序錯誤、不辨是非、組織體系毫無根據。4.結語。

33.**辨騷（選註）** 民國六十九年七月廿六日 一－八頁 《國語日報副刊古今文選》新四七九期

國語日報於每個月的第四個星期六都出版「古今文選」副刊，所選文章皆爲歷代名著。本篇選註之方式爲正文、作者及解題、註釋、翻譯，而全文皆有注音，以利一般讀者閱讀與參考。

34.**《文心雕龍》述《孟子》考** 民國六十九年九月廿八日 一九一－二〇四頁 《孔孟學報》四〇期

本文在考證《文心雕龍》與《孟子》之關係。通計全書引用《孟子》之處共廿五條，其中有讚聖述經者；有考訂體裁者；有開示作法者；有屬辭比事者；內容甚富，不勝暇接。

35.**知音（選註）** 民國六十九年十一月廿六日 一－八頁 《國語日報副刊古今文選》新四八八期

本文亦爲單篇選註文章，註釋方式分四部分：正文、作者、作者及題解、註釋、翻譯。

36.**徵聖宗經的文學論** 民國七十年七月 四八－五四頁 《孔孟月刊》十九卷 十一期

本文以彥和云：「天道難聞，猶或鑽仰，文章可見，胡寧勿思？若徵聖立言，則文其庶矣！」此不但替以往中國文學尋回了原祖，亦給後世中國文學的流變找到了維繫的紐帶。王師遂在本文內從文學本原、思想、體裁、創作、批評等五方面，分別探討中國文學「徵聖宗經」的特質。

37.**簡論劉勰及其《文心雕龍》** 民國七十四年六月五日 一〇五－一三〇頁 《國文學報》十四期

由於有不少青年朋友，爲了探討我國古典文學的奧妙，但感到《文心雕龍》文字艱深難解，爲此，王師將其體會撰述此文，以供參考。其內容有：1.《文心雕龍》的作者。2.《文心雕龍》的命名。3.《文心雕龍》的特質。4.《文心雕龍》的結構。5.《文心雕龍》的觀點。6.《文心雕龍》的脈絡。7.《文心雕龍》的文章。8.《文心雕龍》的研讀順序。9.《文心雕龍》的重要書錄。

38.《文心雕龍》的文學觀　民國七十四年八月　五〇—五六頁　《孔孟月刊》廿三卷　一二期

本文在探討彥和《文心》之文學觀，其內容有：1.劉勰所處的時代背景。2.《文心雕龍》成書的體認：包括《文心雕龍》是傳統與當代文化結合下的產物、《文心雕龍》五十篇是首尾圓合，體系一貫，牽一髮而動全身的著作、《文心》是我國文學理論之經典，亦是文學上傑出作品、彥和著《文心》之目的在以文學濟世、《文心》之文學理論可作爲文學通變之借鏡。3.《文心雕龍》的觀點：宗經的文學觀、自然的文學觀、通變的文學觀、情采的文學觀。4.結語：《文心雕龍》提出文論體系，爲千年萬世的中國文學找到本源。

39.《文心雕龍》與國文教學　民國七十四年十月　一二九—一三四頁　《中國國學》十三期

本文內容有：1.劉彥和其人其書。2.揭開《文心雕龍》的面紗。3.兩點可以連成一直線：《文心雕龍》與國文教學互有關係。4.從國文教學內涵方面看：彥和的文學觀與衛道精神，和高中國文課程標準的教學內涵：範文教學、課外閱讀教學、習作教學、書法教學，有異曲同工的本質。5.從知人論世方面看：可發揮國文教學指導功能。6.從解釋題文方面看：有追根討葉，思轉自圓之效。7.從文章作法方面看：與國文教學中的習作教學互爲一體。8.從深究鑑賞方面看：借用《文心雕龍》的六觀鑑賞作品，有客觀合理之解說。9.結語。

40.**淺探劉勰文學批評的理論與實際** 民國七十六年五月 二九—三四頁 《中華文化復興月刊》二〇卷 五期

本文在介紹彥和文學批評之思想與論點，內容有：1.中國文學的兩個特點：折中的文學定義、文學的流變與學術相終始。2.透視《文心雕龍》的結構：全書五十篇的結構，可分五大類：文學思想、文學體裁、文學創作、文學批評及序言。3.劉勰的文學批評理論：其批評理論大致保留在〈時序〉、〈才略〉、〈知音〉、〈程器〉四篇中。4.劉勰的文學批評方法：平時的學養及臨文的六觀。5.劉勰《文心雕龍》批評方法的應用。6.結語。

41.**王應麟和辛處信《文心雕龍注》關係之研究** 民國七十七年五月 一七三—一九五頁 臺灣學生書局印 中國古典文學研究會主編《文心雕龍綜論》

本文分七節：1.研究緣起。2.辛處信《文心雕龍注》在宋元時期公私書目的著錄情形。3.鄭樵《通志》、《宋史·藝文志》編纂時間及其依據資料的考察。4.王應麟和辛處信《文心雕龍注》。5.《困學紀聞》中援用《文心雕龍》及所附「原注」的眞相。6.所謂「原注」即辛處信《文心雕龍注》之研究。7.最後的話王師分別從引書慣例、詞義、行文及寫作體例四方面，證明「原注」就是辛處信《文心雕龍》的佚文。

42.**最近（一九七四—一九八七）國內外《文心雕龍》研究概觀** 民國七十七年六月五日 二〇三—二

二二頁　《國文學報》十七期

本文係繼民國六十三年三月《近六十年來文心雕龍研究概觀》後，所作各方學者有關《文心雕龍》研究著作敘述。所有資料分爲七大類：1.《文心雕龍》在世界百科全書中的地位。2.《文心雕龍》研究在中華民國臺灣：計有專門著作十一種，單篇論文三十二篇。3.《文心雕龍》研究在中國大陸：計有專門著作廿一種，單篇論文四十五篇。4.《文心雕龍》在日本。5.《文心雕龍》在韓國。6.《文心雕龍》在歐美。7.《文心雕龍》在蘇俄。

43. 論劉勰「文體分類學」的基據　民國七十七年六月　一—十四頁　《國立編譯館館刊》十七卷　一期

本文在探討彥和對文體分類所作之依據理論。全文內容有：1.前言。2.幾個文學觀念的演進。3.劉勰文體分類學中所涉及的體類。4.劉勰文體分類學的基據：採歷代學者的成說、汲取當代文論的精華、當代通行的文體、以作品內容與形式的結合、以現實生活的反映、以作品性質與功能，作爲文體分類的基據。5.結論。

44. 臺灣《文心雕龍》學的研究與展望　民國七十八年三月廿八日　二五七—二八〇頁　《孔孟學報》五七期

本文敘述民國三十八年（西元一九四九）至七十七年（西元一九八八年）間臺灣地區研究《文心雕龍》的學者所作專門著作及單篇論文之情形。全文內容爲：1.前言。2.《文心雕龍》學的成長過程：分初期、中期、近期、晚期。3.《文心雕龍》學研究的具體成就：研究形式上分單篇性、比較性、綜合性；研究內容上，循劉勰本身史傳及《文心雕龍》全書兩方面發展。4.《文心雕龍》學研究的展望：

培養正確觀念、充實研究內容、加強學科聯繫、培養接棒人才、成立專門組織、搜集相關資料。5.結論：當前《文心雕龍》學面臨的隱憂。

45.李曰剛先生及其《文心雕龍斠詮》 民國七十九年六月 八八—九一頁《文風雜誌》五〇期

本文爲紀念李曰剛先生辭世五週年而作。文內除追述李曰剛先生的種種事蹟外，特敘述李先生的重要著作：《文心雕龍斠詮》。該書原爲李先生在臺灣師範大學國文系之講義，後經整理，交由國立編譯館印行，全書分上下兩大冊。王師以爲此書除具有李先生自述的「眞」、「善」、「美」外，在結構方面，規模恢廓，有創新氣象；在內容方面，體備多方，有實用價值；在選材方面，籠罩古今，有豐富材料；在態度方面，折衷各家，有客觀立場等四大特點。

46.牟著《文心雕龍後集》序 民國七十九年七月 牟世金《文心雕龍後集》內

大陸《文心雕龍》學者牟世金先生所著《雕龍後集》印行問世，王師應其夫人趙璧清女士之邀作序。文中敘述王師與牟先生交往情形，其云：「我最早知道世金先生的大名，是在一九七三年四月，看到由中國語文學社編印的《中國文學批評研究論文集匯編》第二集《文心雕龍研究專號》中，轉載《文史哲雙月刊》一九六二年陸侃如、牟世金合寫的《文心雕龍序志譯注》。以後友人藉旅美返臺，道經香港之便，代購文昌書局出版的《劉勰論創作》，此書也是陸侃如、牟世金兩位合著。一九八五年八月我在香港擔任客座教授，搜集不少大陸學者們的著作，其中最令我愛不忍釋的，是牟世金先生一九八〇年十月完稿，一九八三年五月由北京新華書店發行的《雕龍集》，書中兩組十一篇論文，篇篇都具有創發性：特別是《文心雕龍理論體系初探》一文，議論精闢，膽識過人，對先生泛起衷心的景仰，思一見爲快！一九八六年五月，在我滯港期間，中文大學黃維樑教授有大陸之旅，由廣州寄來山東大學出版社發行的世金先生力作《臺灣文心雕龍研究鳥瞰》，書中第七七頁把我寫的《文心雕龍研究》列爲臺灣七種論著之首；並率直地說：『此人（王更生）是臺灣龍學界的重要人物。』……

一九八八年十一月十一日至十五日，「《文心雕龍》國際研討會」由廣州暨南大學主辦，在珠島賓館召開，我本擬與會，並寫了一篇《臺灣文心雕龍學的研究與展望》準備發表，想不到當時臺灣方面尚未開放到可以赴大陸從事學術交流的程度，以至事到臨頭，未能成行。事後，收到香港大學陳耀南教授的來信，和中文大學黃維樑教授在《星島日報》十一月廿一日刊出的專欄《三思篇》，才知道世金先生偕夫人趙璧清女士抱病赴會，終因我的缺席，使原本期盼已久的二龍珠島之晤未能實現。

去歲十月十九日收到趙璧清女士八九年九月三日發自濟南山東大學的來信，方知世金先生已於六月十九日因病辭世，今年二月六日，也就是農曆的正月十一日，我遠從臺灣專程來弔祭這位志同道合永未謀面的知音；當時白雪映窗，落葉打階，朔風伴著酷寒，面對遺照，抆淚相視，眞有百感交集，莫知所云之痛！

世金先生的《雕龍後集》就要出版了，璧清女士希望我能爲此書說幾句話，以慰英靈於九泉。事實上，世金先生的道德學問，以及對黨國教育的忠愛，早已蜚聲中外，騰播士林，用不到再多贊一辭。所以我特別將我和世金先生因「龍學」而相知，因相知而對世金先生景仰的微忱，公諸同好。這也正合

「世遠莫見其面，覘文輒知其心」的意思吧！

王更生序於臺灣師範大學國文研究所　一九九〇年七月七日晨

47.**「龍學」研究在臺灣**　民國八十年五月　二〇五—二二四頁　文史哲出版社《文心雕龍國際學術研討會論文集》

本文係於一九九一年五月在日本九州大學「九州中國學會」國際會議時所作二十分鐘特別演講資料。本文內容有：1.龍學研究的回顧。2.龍學研究的成果：包括彥和史傳方面、注釋校勘方面、文原論方面、文體論方面、文術論方面、文評論方面、資料彙整方面。3.龍學研究的前瞻。4.結論。文後附有：臺灣「文心雕龍學」研究專門著作總表，錄有六十四種有關《文心雕龍》專門著作。

48.**馮著《文心雕龍詞典》序**　民國八十一年十二日　馮春田著《文心雕龍詞典》內

本文係作於民國八十一年（西元一九九二年）十二月五日，當時大陸學者馮春田先生有意在臺灣發行其所著《文心雕龍詞典》，而請王師作序，惟至目前此書尚未在臺發行。至於本書內容及王師與馮先生交往情行，序文云：「民國七十九年（一九九〇）春節，我乘返鄉探親之便到濟南，在山東大學已故中文系主任牟世金先生府得晤馮春田先生……

先生受業於龍學家陸侃如、牟世金二先生之門，尤得牟氏治學心法。其於山東大學修習碩士學位時，獨好劉勰《文心雕龍》之學，並以《文心雕龍術語通釋》，得師長青睞而嶄露頭角。繼而又著《文心雕龍釋義》，被時賢譽爲「取材豐富，發前人所未發。」對「促進龍學研究，做出一定貢獻。」

八〇年秋（一九九一），先生《文心雕龍詞語通釋》問世，……他借用我國古今文字、音韻、訓詁，和語法、語意、詞彙學方面的成規定例，來考察《文心雕龍》的語源、出典；並拿它和《文心雕龍》前期、同期與晚期的相同作品，參互勘驗，成此一部多達千頁，言近百萬的皇皇巨著。……今年（一九九二）八月，……晤馮氏夫婦於濟南南郊賓館，次日，邀我至其家進餐，……觥籌間談到《文心雕龍詞典》在臺發行事。最近，先生將《詞典》文稿郵寄來臺，披覽一過，發覺此稿固以《通釋》爲底本，但經過重新調整後，無論在編輯體例、條目分類、引書引說、比較論斷等各方面，較之前作，條理尤加密備，態度尤見客觀，取材尤求精富，解說尤爲正確。同時，有些地方幾乎完全推翻前論，有些雖然修訂不多，但一字增減，精神全出，頗富畫龍點睛之妙。」

49. **「龍學」研究在隋唐**　民國八十三年四月　一—廿一頁　中正大學主辦印行《六朝隋唐文學研討會論文集》

本文係在由中正大學中文系、所主辦「六朝隋唐文學研討會」所發表的論文。全文內容爲：1.前言。2.顏之推《家訓》與《文心雕龍》。3.初唐史學家與《文心雕龍》。4.唐寫敦煌遺書與《文心雕龍》。5.劉知幾《史通》與《文心雕龍》。6.各家注疏與《文心雕龍》。7.空海《文鏡秘府論》與《文心雕龍》。8.結論。

50. **「文心雕龍學」在臺灣**　民國八十四年五月　二九—三三頁　上海書店出版社印《文心雕龍學綜覽》

本文資料曾在一九九一年五月在日本九州大學「九州中國學會」發表，因此內容概要可參考第四七篇。

51.《文心雕龍》研究論文摘編補遺（一）

民國八十四年五月 二八二—二八六頁 上海書店出版社印《文心雕龍學綜覽》

《文心雕龍綜覽》內有〈文心雕龍研究論文摘編〉一章，王師就臺灣方面的研究論文作補遺（一）及補遺（二）。在補遺（一）中共選十六篇文章並略作簡介，分別爲：

1. 劉勰的創作論……………………廖蔚卿
2. 《文心雕龍》的文體論……………徐復觀
3. 劉勰的文學觀……………………張　嚴
4. 《文心雕龍》質疑…………………王夢鷗
5. 劉勰的文學批評論………………杜松柏
6. 空海《文鏡秘府論》與《文心雕龍》的關係…黃錦鋐
7. 《文心雕龍》體例考辨……………廉永英
8. 《文心雕龍原道篇》的綜合思想……周宏然
9. 《文心雕龍》的文論體系…………沈　謙
10. 劉勰文藝思想以佛學爲根柢辨……潘重規
11. 從〈養氣篇〉大旨論《文心雕龍》文學思想之純正性及其缺陷……………陳　拱

52.《文心雕龍》研究論文摘編補遺（二）　民國八十四年五月　二八七—二九四頁　上海書店出版社印《文心雕龍學綜覽》

本文收錄三十四篇，分別爲：

功能……………………………………………………江寶釵

53.**劉勰是個什麼家？** 民國八十五年六月 八二—八六頁 《北京大學學報》一九九六年 二期

劉勰是什麼家？文中分別1.從彥和家世方面，看劉勰與傳統文化的關係。2.從政治方面，看劉勰的窮達與操守。3.從社會方面，看劉勰對風末氣衰的看法。4.從學術方面，看劉勰正末歸本的主張。而根據以上的考察，以爲劉勰具有五個特點：1.對民族文化的認同。2.徵聖宗經的思想體系。3.文學濟世的偉大抱負。4.騁績垂文的高尙風骨。5.折衷古今的卓越眼光，因此尊稱劉勰爲「文學思想家」，才能得其爲文用心之「眞」和「全」。

王師更生《文心雕龍》研究以外其他著述簡介

魏素足　馮永敏

壹、前　言

王師更生自民國三十八年播遷寶島，定居海嶠，學術研究和教學，桃李遍天下，著作傳海外。尤其是在《文心雕龍》研究上的成果豐碩，享譽海內外，事實上，王師除在《文心雕龍》研究傾注心血之外，更勤劬不輟，學涉多方，潛心研究，著述宏富廣博。是以本文繼嚴學正學長《王師更生劉勰文心雕龍研究論著輯要》後，收集整理王師更生其他著述，自民國四十一年來臺所發表之作品起，以迄於今之各類著述作一簡介。以下依所蒐集之作品，分為專著與單篇著述兩類說明之。

貳、專　著

在專著方面依其內容範圍，分為文化、諸子、文學、教育、雜論等幾類。

一、文化

中國文化概論

民國五十七海天出版社出版。此書因應五年制專科課程講授所需，爲便學者總攬上下數千年我國文化精義，全書以事實理論爲經，時間敘述爲緯，並分爲經濟、政治、學術、社會等章節列述，同時前有緒論，論敘中華文化之特質，末附中華文化復興運動，申述未來努力之方向。由於學術之變與政通，爲探源索委，是以各章之中於學術思想言之特詳。至於倫理道德與社會相關，則附於社會一章論述。

二、諸子

賈誼學述三篇

民國五十八年瑞安林景伊先生六秩華誕紀念集出版。全書共分三編：前編內容主要重在紀傳，以張其行事之跡。包括四節：一賈誼傳略；二賈誼年表證補，附賈誼後嗣考；三賈誼學術傳授，附賈誼新書引書說；四賈誼著述錄存。後編主要論述其經世之志及辭賦價值與地位。內容分爲兩節：一新書內容汲要；二賈誼辭賦評估。餘編主要考校其著述之實，內容有：一賈誼新書板本考；二賈誼新書校勘記。其後又增刪前編第二節，並更名爲〈重定賈誼年表附賈誼後嗣考〉，發表於民國六十七年六月師大國文學報第七期。

晏子春秋研究

此書是王師於民國五十五年撰寫之碩士論文，其後於民國六十五年二月文史哲出版社出版。有鑑於晏子春秋一書，古無善本，訛誤殘缺，眞僞雜出，甚至忽子忽史，時儒時墨，異說紛雜。是以爲補綴絕學，董理國故，撢研古道，本書凡分六章，輔以知人論世，考辨、比較、歸納、分析諸法除緒論外，首敘晏子傳略，後附年表，以觀其生平行誼。次辨其著作眞僞，設客問以息群疑。三究明其所屬學派，確立其學術地位。四抽繹晏子春秋本文精蘊，整理其學術思想。五割情析采，闡明其寫作體式、筆法變化。

籀廎學記——孫詒讓先生之生平及其學術

此書是王師於民國六十一年四月撰寫之博士論文，共二冊，文史哲出版社出版。清末民初，孫詒讓先生爲有清一代樸學之殿，且其著述精密宏博，經、子、小學、甲骨、金石、斠讎、目錄諸學，均能推陳出新，卓具創意，而研究方法亦別開新紀元，望重當代，啓發後學。是以對孫詒讓之生平及其學術，作一通盤研究，俾爲後來留心孫氏之學者，開一先路。本書凡分十章，除首章導言外，貳章以下依次論述孫氏之生平、經學、子學、甲骨學、金石學、文字學、斠讎學、目錄學等，書末附錄有二：孫詒讓先生著述經眼錄和論文寫作參考書目。

晏子春秋今註今譯

民國七十六年八月臺灣商務印書館出版。本書係應中華文化復興運動委員會、國立編譯館之邀撰寫。全書正文以吳則虞晏子春秋集釋爲藍本，注釋則參考孫星衍音義，張純一校注，鄒太華逸箋爲主，亦間或採擇其他注本。每章首述章旨，次注原文。但爲便讀者觀瀾索源，進而索其神，通其微，是以書前附晏子像、書影、劉向晏子敘錄，以及晏子傳略、晏子春秋眞僞考，晏子所屬學派論等。書末附錄亦有三：一爲晏子年表，二爲晏子春秋現存板本知見錄，三爲晏子春秋箋校書目輯要。

陸賈　賈誼

民國六十七年六月臺灣商務印書館出版。二書爲中華文化復興運動推行委員會主編「中國歷代思想家」之第八冊。《陸賈》一書中，首先探討陸賈籍貫、生卒年月以及生平事功。其次，考訂其著作及其思想特色、人生哲學、政治主張等。最後說明陸賈啓蒙之影響，並於篇末提示多種研究陸賈之學術門徑與參考資料，以助學者深探之參鏡。

《賈誼》一書中，內容凡分五節：壹、不平凡的際遇，主要爲賈誼傳略。貳、青黃不接的時代，爲其時代背景。叁、治國安邦的思想，集中說明其經世之志。肆、賈誼傳世的作品，主要介紹新書與辭賦內容與成就。伍、參考用書的簡介，以利學者進一步研究。

另外，《陸賈》一書，曾以〈陸賈及其學術思想之探究〉之名，於民國六十六年六月曾先發表於師大學報第二十二期。其後又見於民國六十九年九月中華文化復興月刊第十三卷，第九期，內容略有增刪，並更名爲〈漢初學術思想界先驅──陸賈〉。

至於《賈誼》一書，曾摘錄書中兩節內容，以〈救世愛國的少年賈誼〉，於民國六十九年八月發表於中華文化復興月刊第十三卷第八期。

三、文　學

在文學類中，又可分爲概論與散文兩種。

(一)概論

三民主義文藝的創作原理

此書見於民國七十二年七月中央文物供應社出版。全書秉持作家寫作必定「有一個具體而微的原理原則，作命筆爲文時的南鍼。」是以全書對國父孫中山先生之三民主義文藝創作原理作深入而廣泛的探討，並肯定三民主義文藝創作原理，即是中華民族傳統的文藝創作原理。首章前言，記明作意。二章論三民主義與文藝創作二者密不可分的關係。三章敘述我國文藝發展的特點。四章闡明三民主義之文藝創作原理，乃在「仁愛」二字，而具體表現則在「倫理」、「民主」、「科學」。五章則研究三民主義文藝創作原理的多面性，分別就民族性、傳統性、群衆性、寫實性、地域性、藝術性等六個角度觀察三民主義文藝創作原理的特質。末則爲結論，後附重要參考書目。

中國文學的本源

民國七十七年十一月臺灣學生書局出版，此書有鑒於功利主義盛行，西方文化入侵日繁，當代文學無論在內容及形式上皆嚴重偏離中國傳統精神，故自學術觀點，爲我民族文學得本源活水——即經典，期能再振民族文學的偉業，重新開創出屬於中國文學的新局。全書共分九章，首章揭櫫經典爲中國文學的本源；次則探討經典的內涵及其文學成份；三則說明經典在中國文學發展中的韌性。四至七章則分別說明經典對於中國文學思想、中國文學體裁、中國文學創作、中國文學批評等的影響。第八章指陳中國文學如何向經典認同之方法；末章則剖陳中國文學前途的展望。

中國文學講話

民國七十九年七月三民書局出版。本書原名中國文學探源，七十三年九月至七十四年十月在臺北軍中（今改稱漢書）廣播電台文藝橋節目中播出，後增刪改寫，並於國語日報少年版分期刊出，民國七十九年結集出版。全書打破以往文學史運用通史筆法，以時代先後爲序，循政治興衰，將中國一脈相仿的各體文學支解，難見其面貌，全書以文體爲主，共分爲韻文、散文、駢文、小說、戲曲、文學批評等六部，凡六十六章。每部之前，介紹文體的名義、起源、流變、和敘述內容與安排重點，以便讀者掌握各類文體的脈絡，全面掌握文學之變。縱則表現時序及源流變迀的軌跡，橫則以作家，作品及文風興盛爲主兩相交織，期將中國五千年來文學風貌，濃縮於一卷之中，展現其不朽光彩。

㈡散文

韓愈散文研讀

民國八十二年十一月文史哲出版社出版。本書針對唐宋八大家個別作品作深入研究。全書爲勾勒出韓愈散文清晰脈絡，尤重理論與作品兼顧並濟，參照印證。書前附書影五幀；書中「導言」部分，計有〈韓愈的籍貫與家世〉、〈韓愈的生平事跡〉、〈韓愈與唐代古文運動〉、〈韓愈的文學主張〉、〈韓愈的散文〉，以及〈韓愈在中國文學史上的地位和影響〉等六單元。在「選讀」部分，則依體裁分類計有二十篇並附說明；正文各段之上有分段要旨，後有解題、注釋、賞析。同時，爲便研究需要，書末附錄有：新舊《唐書・韓愈傳》、李翺〈韓文公行狀〉、皇甫湜〈韓文公墓誌銘〉，以及研究韓愈散文參考資料類列、本書作者已出版著作年表等。

柳宗元散文研讀

民國八十三年七月文史哲出版社出版。本書爲眞實反映柳宗元散文成就，書中「導言」部分分述柳氏家世、生平、思想，與古文運動的關係、文學主張、散文藝術、散文成就，以及韓柳兩家在散文造詣上的比較。在「選讀」部分依體裁分類，共得二十二篇，正文上有分段要旨，後有題解、賞析，爲全書重心所在。此外，書前附書影六幀。書末附錄有五：一、柳宗元簡譜；二、新舊《唐書・柳宗元傳》；三、柳宗元祭銘；四、柳宗元文集敘錄；五、研究柳宗散文參考資料類列等。

歐陽修散文研讀

民國八十五年五月文史哲出版社出版。本書「導言」部分以歐陽修散文爲主，然後由生平事跡，到散文的藝術成就，分項鋪陳，擇要析論。在「選讀」部分依體裁分類，計有二十一篇，後有題解、注釋、賞析。書前附書影九幀。書末附錄有八：一、歐陽修家族世系及其年譜；二、歐陽修史傳；三、歐陽修行狀；四、歐陽修諡誥；五、歐陽修墓誌銘並序；六、歐陽文忠公神道碑；七、歐陽修祭文；八、研究歐陽修散文參考資料類列等。

四、教育

國文教學新論

民國七十五年四月明文書局出版。國文教學之理論與實務，實爲教師必備條件，「人能弘道，非道弘人」爲使教師篤行踐履提昇國文教學境界，成此一書。書前「知本明法論作文」代序，旨在說明當前國文教學的重點工作，末有出版後記，自述著述因由及研究之成果。其中內容則有十一章七十二節，約二十五萬言；由「教師對國文教學之認識」，到「書法教學」，其間如「課前預習」、「題文與作者生平介紹」、「讀講過程」、「深究鑑賞」、「教學活動設計」「教具製作與使用」、「作文指引與批改」、「課外閱讀」等一一設爲專題，深入探討，書末附錄十種，偏重實用。

國文教學面面觀

民國八十五年六月國立臺灣師範大學中等教育輔導委員會出版。本書爲王師更生平日教學及研究所得，共收有關國文教學單篇論文十九篇，由理論出發，以實際經驗印證，依其內容性質分爲五大類，即教材教法、作文教學、美讀教學、媒體教學、雜纂等，深入淺出介紹國文教學現今之概況及提示解決之道，末則附有著作年表。

五、雜　著

孝園尊者——戴傳賢傳

民國六十七年十二月近代中國出版社出版。本書以七分歷史、三分文藝爲寫作原則，內容凡分十章。首章爲戴氏生平行誼，自其家庭世系，以迄病歿，將其六十年遭際分節列述，以備讀者觀其大略。貳章以下，記述戴氏與革命領袖的過從，考試院長任內的建樹，外交成就，記者生涯和服邊柔遠的策略，師表人倫的教澤，以及學術上的造詣等。書前附珍貴照片四幀，末列重要參考書目三十五種。

我國的國名　我們的國旗　我們的國歌　我們的國徽與國花

民國七十年三月中央文物供應社出版。本套叢書共分四單元，每單元自成一書。國名、國旗、國歌、國徽與國花爲國家重典，爲廣事流傳，故著爲專書。在撰述上，以時間敘述爲經，主題論證爲緯，主題與史實相互融合，期使人人知之深，愛之切。

叁、單篇著述

在單篇著述方面，依其性質、內容等，分爲經子、佛學、文學、教育、雜論等幾類。

一、經子

歷代左傳學

本文發表於民國七十一年六月中國國學術年刊第四期。後又於民國七十三年十月在中國國學第十二期刊載，題目則更為〈春秋左傳問題淺探〉。其中論述，側重於先秦以迄民國《左傳》的研究發展，並增損補苴劉申叔《經學教科書》之論述。全篇依次論述如下：一、《左傳》與春秋關係問題；二、《左傳》的作者問題；三、《左傳》的來源問題；四、《左傳》的發展問題；五、《左傳》的價值問題；六、結論。

桓公九合諸侯不以兵車考

本文發表於民國五十一年四月公教智識周刊。全文以《論語・憲問》云：「桓公九合諸侯不以兵車」一條，證析管仲相桓公，霸諸侯，共計衣裳會九，兵車之會三，以見「九合」，朱熹註「糾合諸侯」之說，實不足採證。

從論語探究孔子的天道思想

本文一名〈孔子之宇宙論及其影響〉，發表於民國五十一年十二月公教智識周刊；又見於民國五十八年三月德明青年第九期；再略作增刪，並更名為〈從論語蠡測孔子的天道思想〉刊載於民國六十九年九月孔孟月刊十九卷一期。文中首先揭櫫孔子之宇宙論、人生論、智識論三大中心，繼而就政治、倫理、教育、正名等之學說，印證其中心理論，並從其中探究具體實踐步驟。

孔孟學說之要義

本文見於民國六十年十一月德明青年二十期。全文開宗明義闡明孔孟學說以知命爲其理論中心；其次以倫理、政治、教育三者，條陳孔孟學說原理；又次以學思並重、執兩用中兩途經說明孔孟理論實踐步驟，足使治學、治事殊途同歸；最後論明內聖外王、修己安人爲孔門終極人生理想。

從論語看孔子的交友論

本文見於民國六十八年九月孔孟月刊第十八卷一期。本文類輯《論語》二十篇中，孔子與弟子討論交友的心法，並加以探析。其內容分爲：一、正名；二、觀人的方法；三、擇友的標準；四、交友的途徑；五、結論。

跋李公煥箋注陶淵明集

本文見於民國五十六年三月德明青年第一期。全文分從一、五孝傳及集聖賢群輔錄上下；二、八儒、三墨；三、歸田園居——第六首；四、問來使一首；五、四時詩等，據以考校辨析李公煥氏校本以陽休之轉因昭明太子本，以及其中眞僞和後人竄亂者，辨證李氏校本非原刻之舊，若就李氏本汰僞存眞，則陶淵明詩文之眞象，庶幾可得。

孫詒讓先生著述經眼錄

本文發表於民國六十一年六月國文學報第一期。本篇特於孫詒讓先生百二十四歲誕辰時，爲發揚其學術，參校各家，詳考孫詒讓著述而成。文章分爲五個部分：㈠先生著述經手刊布並有傳本可案者。㈡

先生著述經後人蒐輯代爲刊行者。㈢先生所著之未刊或已刊而未見刻本者。㈣他人著述經先生補校勘者。㈤疑非先生自著爲時人誤署者。總計共得孫氏所著凡三六種。

賈誼春秋左氏承傳考

本文見於民國六十七年四月孔孟學報三十五期。全篇以賈誼爲主軸，春秋爲依據，以見兩漢儒學傳經之大致，其中並附列賈誼師承圖表及賈誼春秋左氏傳授圖表。在內容方面，先說明賈誼於漢初學術界之地位及其影響。其次釐析賈誼對春秋左氏之繼承。最後闡明賈誼對春秋左氏的傳授。

賈誼著述存佚考

本文發表於民國六十七年六月中國學術年刊第二期。全文就賈誼著述如：新書、辭賦、傳、制，分別考述，各附解說，以明賈誼著述之體要。文末並附賈誼著述總表，以備研究者取資參用。

晏子春秋現存板本見知錄

民國七十三年六月發表於國文學報十三期。王師於民國五十五年發表《晏子春秋研究》碩士論文後，於第三章第二節「晏子春秋板本考」續有所得，再行補訂前作。文中詳訂臺灣目前尚可知見之晏子春秋板本，約二十種。並於各本之下詳列目錄，雕版年月、行款、鈐記、出處存佚等，以備學界研究參鏡之用。

洛神賦與七步詩

本文見於民國五十二年三月公教智識周刊。文中從歷史文獻及各家筆記，深明此二文著述本意，並爲曹植辯誣。其內容第一部分，先考證洛神賦非感甄之作，論定世說新語所載爲稗官之說，不足採信。第二部分由年代、封號等考定七步詩亦非曹植所作。

談讀書必略識字

本文發表於民國五十六年十月靜修女中校刊五十三期。全文分三篇，先從寫作文章、閱覽書籍、翻譯著述三方面談讀書略識字之意義。次從文字發展歷程、構造與運用、藝術價值三方面論述我國文字的特色。末則以讀書識字之重要性，以及提示研究文字著作和學習語文的課外讀物等作結。

本校高一忠孝兩班學生作文錯字的統計報告

本文見於民國五十六年靜修女中校刊。全文探討學生作文錯字之因及其統計量表，內容除前言外，有經過、檢討、附記等。

釋日

本文見於民國四十八年元月師大夜間部特刊。文中釋「日」之形體以及其衍生字「是」字之意，以窺文字與天文之關係。

釋家

本文見於民國四十九年五月師大人文學報。文中釋「家」字形、音、義之確解，以批駁許慎說文解字對「家」字之解說籠統而不易索解，段注因之而淹沒其眞義，梁啓超讀書亦不深究之誤。

偏旁考原

本文見於民國五十一年五月文風。本文辨正國字形體，以揭其正體，糾舉俗訛，其中論列凡四十一部首，四百五十一字。

標準字體建議初稿的商榷

本文見於民國五十八年五月師大人文學報創刊七周年。「中國文字研究會」曾於四十七年九月出版〈標準字體建議初稿〉。本文即針對初稿中，或體例有可商榷者，或書寫錯誤者，擇而錄之。文末則有一、字源；二、流變；三、兼書俗體三方面建議，以供學界參考。

國字新詮

本文見於民國五十一年六月國語日報語文周刊六九九期。其內容分別論析「達」、「隆」、「最」三字來源，形體以及眞形本義。

孫詒讓與契文舉例

本文見於民國六十五年三月國語日報書和人第二八三期。全文內容分爲：一、孫氏生平概述；二、〈契文舉例〉成書經過；三、〈契文舉例〉的新評價。

劉鶚與鐵雲藏龜

本文見於民國六十一年六月學粹第十四卷四期。甲骨之研析著作，實劉氏鐵雲藏龜肇其端。故全文先述及劉鶚發現龜版，與鐵雲藏龜六冊成書經過。以下依次分五方面論述：一、劉鶚所識之甲骨文字；二、劉鶚之其他發現；三、鐵雲藏龜之違誤；四、鐵雲藏龜之板本與考釋；五、鐵雲藏龜以外其他龜板；六、結語。

二、佛學

蘊業轉識說之考察

本文見於民國五十八年十一月德明青年第十二期。有鑑於佛學萬法，認識精闢，說法隱微，且多為心理方面修習工夫，人若不能內觀返照，終入所知與煩惱障中。是以全文內容：先釋五蘊，次昌諸業，再就轉識成智之理，闡述五蘊皆空，六塵非有，達極樂境之途。

陳那三支因明論的分析與研究

本文見於民國六十三年六月國文學報第三期。因明學即印度辨眞之學，但自宋以降，後學寖微，學界之研究與應用甚少。是以為闡明其人其學，全文內容分為四節論述：一、陳那的生平及其著述；二、陳那的三支因明論；三、三支因明論的作用；四、結語。

三、文學

舊詩作法新談㈠㈡㈢㈣

本文見於民國五十六年五月至五十八年六月，陸續刊載於德明青年第二、三、六及十一期。全文內容如下：一、卷頭語，論述本文寫作旨趣、詩與人生的關係。二、詩的源流，闡明詩的起源及其流變，兼論民間文學歌謠。三、詩的體式，闡述詩之古近體體例、特色及其作法。四、詩的結構，分布局、句法、字形三方面說明。

詩品總論

本文見於民國五十八年師大詩學集刊。文中之「詩品」，即指風格而言。爲闡明詩之鑑賞方法，全篇內容分爲六節論述，一、詩品出乎人品；二、鑑賞必本風格；三、歷代品詩之體例；四、作品風格之形成；五、綜觀評詩之品類；六、結論。

讀二南雜記

本文見於師大青年。二南係屬純文學作品，是以文中兼採新舊各家之說，論析二南爲民間情歌，質樸熱情，奔放洋溢，異乎雅頌。全文分從：一、感情充沛；二、音韻和諧；三、詞句簡賅；四、寓義深刻；五、質疑舉隅等五節疏證，以見二南之藝術性與感染性，及其永恆不朽之文學價值。

才富八斗的曹子建

本文見於民國五十二年三月公教智識周刊。文中詳述曹子建時代背景、生平行誼，以及其文學成就與地位。

賈誼及其辭賦

本文見於民國六十五年二月中原文獻第八卷二期。文分兩部分，前半部簡介賈誼；後半部說明賈誼辭賦述作及其特色。

小說的鼻祖干令昇

本文見於民國六十五年四月中原文獻第八卷四期。文中首先介紹干令昇爲人，其次說明小說起源，與干寶搜神記內容簡介。

魏晉六朝文論佚書鉤沉

本文分兩部分刊登，前部分見於民國六十七年六月學粹二十卷三期。後一部分發表於民國六十八年六月幼獅學誌十五卷三期。前一部分收集四種；後一部分收集有六種。內容中詳考文論之作者、作品出處、存佚等。

晏子春秋及其散文特色

本文見於民國七十三年四月孔孟學報四十七期。全文內容分兩部分探討，在晏子春秋方面，闡明晏子的生平事蹟、晏子春秋的眞僞、晏子春秋內容分類，後人研究晏子春秋的成果。在晏子春秋散文方面則從思想、體裁及作法三方面析論晏子春秋散文的特色。

中國文學批評概論

本文見於民國七十一年十二月中國文學講話㈠概說之部。全文分五節：壹、前言；貳、中國有沒有文學批評；叁、中國文學批評的基點；肆、中國文學批評發展的兩條路線；伍、結語，總結出中國文學批評的三大特色：一、中國沒有純粹文學批評家，卻有文學理論家。二、中國學者以作品爲焦點，思想爲焦距，非作品之附庸，卻受思想之局限。三、中國學者受傳統治學影響，以解釋性批評獨擅勝場。

二招真偽及其寫作特色

本文見於民國七十年中國文學講話㈡周代文學。全篇首先考訂屈賦篇目，次辨析二招作者，繼而從體製、結構、想像、布局、筆法、造語、意境等七方面，詳析招魂、大招寫作特色，以見其局勢恢宏、設想奇異、措辭險怪，色彩瑰麗，開漢賦鋪排先聲，非屈原，不易構此傑作。

歐陽修

本文見於民國七十五年中國文學講話㈦兩宋文學。本文主要論述歐陽修散文特色及其在文學史上之地位。全文分五節：一、生平事略；二、與北宋古文運動；三、散文作品；四、散文造詣；五、在文學史上之地位。

曾　鞏

本文見於民國七十五年中國文學講話㈦兩宋文學。本文在論述曾鞏散文特色，及其在文學史上之地位。內容分爲五節：一、生平事蹟；二、與歐陽修散文之關係；三、散文特色；四、對桐城派之影響；五、在文學史上之地位。

遼金元散文

本文見於民國七十五年中國文學講話㈧遼金元文學。爲探明遼金元時代散文概況，內容分爲四節加以闡明：一、黑暗時代的來臨；二、荒陋的學術園地；三、幾顆閃耀的散文家；四、結論。

論中國散文之藝術特徵

本文見於民國七十六年三月教學與研究第九期。全文從六個層面探討中國散文藝術特徵：一曰形象、二曰眞實性、三曰散體性、四曰多樣性、五曰音樂性、六曰整體性。所謂形象性，有三大特點：首先是具體與生動；其次具有概括性；第三是感染力。所謂眞實性，係指情眞意眞事眞而言。所謂散整性有兩點體現：一是樸素，一是簡潔。所謂多樣性，係指散文題材而言。所謂音樂性指字句、音節、節奏感而言。所謂整體性則指文章結構、章法技巧而言。

簡論我國散文的立體、命名與定義

本發表於民國七十六年七月孔孟月刊二十五卷十一期。其中內容是就立體、命名、定義等重點加以論析，經過爬梳整理，可知中國散文的立體，在魏晉時代正式和韻文分庭抗禮。中國散文的命名，是爲有別於韻文，駢文而設。至於中國散文的定義的擬定則以廣狹爲準，同時兼綜中西文學特質與理論。

論我國古今散文文體分合之價值原則及方法

本文見於民國七十六年九月孔孟學報五十四期。全篇分六節論析。一、文體之重要與緣起。二、文體分類之價値，分從政治、源流、寫作、教學四方面觀察。三、文體分類之基本原則有四：㈠內容與形式；㈡與社會生活之關係；㈢時代性與穩定性；㈣規律性與相對性。四、古代文體分類之發展與檢討。五、現代散文體類分合之商榷，主張以表現手法與應用範圍結合爲原則，分記敘性散文、說理性散文、應用性散文。六、結論。

曾鞏的〈墨池記〉

本文見於民國八十一年二月國文天地七卷九期。全文以此文章爲例證，闡述曾鞏之文壇地位。文中先從曾鞏的生平說起，其次說明墨池記寫作的背景，又次當析墨池記，再次論及墨池記與雜記體，最後是後世學者墨池記評語選粹。

唐宋八大家及其散文藝術

本文見於民國七十八年二月中國學術年刊第十期。本文在論述唐宋八大家之散文價値，並冀望以八大家之創作經驗豐富現代文學內涵。文中先言唐宋八大家名稱由來；次論散文集結經過；又次言八大家與唐宋古文運動之關係；再次說明八大家在散文藝術之成就以及後世學者之評論。

唐宋八大家的散文（上・下）

本文分別見於民國七十八年二月、三月國語日報書和人第六一五、六一六期。全文分四節論述：壹、概說，解釋何謂「古文」、「唐宋古文運動」。貳、唐宋八大家的創作理論，分從基本修養、用功節奏、文章內容、寫作方法說明之。叁、散文寫作藝巧：包括形象生動、性情眞實、選材精當、構思新穎、語言簡練、結構謹嚴、整齊和諧。肆、結語。

唐宋散文作家與古文運動

本文見於民國七十八年三月中華文化復興月刊二十二卷三期。全篇分七節：一、前言；二、古文與散文，從文體形式與內容實質上證析古文與散文相同。三唐宋散文作家的分類，其根據原則爲：㈠唐代散文作家以韓柳爲中心，㈡宋代散文以歐陽修爲重點。四、唐代散文作家介紹。五、新古文運動的三大問題探討。六、宋代散文作家介紹。七、結論。

中國文學的音樂性

本文見於民國七十八年八月孔孟月刊二十七卷十二期。全文爲說明中國文學的音樂性，內容分爲六方面：一、詩歌的起源；二、詩樂舞三者一體；三、中國文學演變過程；四、文學作品的內容；五、文學作品的形式；六、文學理論的說法等加以分析和證明。

詩的特質和走向——從古典到現代

本文發表於民國八十一年六月國文天地八卷一期。本文爲找出新詩發展方向，是以分四節論述：首先從起源、成果、作家等說明中國是詩的大國。其次從性質、形式、押韻、風格等探究詩是個什麼文體。又次從詩抒發情感和美化人生論述爲何要學詩。再次就豐富的想像、動人的情感、高尚的意境、精煉的文字、和諧的節奏、合理的組織等六項分析詩的特質。最後論明臺灣未來新詩走向。

魏晉南北朝散文研究的重要性

本文見於民國八十三年十一月魏晉南北朝文學論集文史哲出版社出版。全篇首先揭櫫研究魏晉南北朝散文的必要性。再就研究重點深入剖析，並揭示五點明確研究方向：㈠背景的研究，㈡作品的研究，㈢流派的研究，㈣對文壇影響的研究，㈤其他。最後申明研究者應確立的觀念、態度等。

開拓中國古代文學理論的新局——從整理「文話」談起

本文發表於上海學術月刊一九九四年第四期。文中探討如何系統性整理和研究散文文話。全篇內容分爲：一、文話的性質，二、文話的發表，三、解開文心雕龍的包袱，四、汲取文話活水，以完成一部劃時代的文學理論研究成果。

四、教育

(一)任教國小時期：

論學校教育社會教育家庭教育的連環性

本文見於民國四十一年三月國教季刊五期。乃民國四十一年宜蘭縣教育論文比賽第一名作品，時王師任教於宜蘭南安國小。內容旨在闡述學校、家庭、社會三者密不可分的關係，以國民教育爲討論主體，一一舉出實例印證，以達「學校家庭化，教育社會化」之目標，則家庭幸福，國家富強，社會進步必有可期。

怎樣教兒童參加團體比賽

本文見於民國四十一年九月國教季刊六、七期。全篇首先探討兒童在學校之表現何以會優於在家庭之因，基於愛動、愛玩乃是兒童正常發育的象徵，故學校應常舉辦團體比賽，其次則說明團體比賽之優點及取材原則、比賽的具體方式。

怎麼養成兒童愛國觀念

本文見於民國四十二年十月國教月刊二〇、二一期。全文主在提倡愛國觀念之養成乃在不斷反覆呈現，尤其在兒童時期，可塑性極強，更應積極培養。以下列舉切實可行之法，強調應由基礎國民教育做起，以學校爲核心，教師爲動力，造成時勢，蔚爲風潮，則國家富強必定可期。

當前國校師教的新使命

本文見於民國四十五年二月國教月刊三卷二期。全文內容說明教師爲心靈的工程師，而學校更是建設社會，改造民心，糾正風之俗之重心，故欲達成心理建設之精神動員，必自小學教師本身做起，切實力行，方可團結人心，建設一個健全的社會。

漫談免試升學

本文見於民國四十五年六月國教月刊三卷六期。全文針對民國四十五年國小學生免試上初級中學一事，提出看法，內容提出免試升學仍有未見圓滿之處，就升學比率，師資充實度，休暇教育安排，教師進修問題四方面，剴切陳言。

怎樣使兒童獲得快樂

本文見於民國四十五年七月國教月刊三卷七期。全文指出物質非滿足兒童快樂之唯一因素，次則說明沒有活動就沒有快樂，故教師須更注意教學活動之進行，不可只顧及教師個人喜惡，而須以兒童生活爲活動中心，惟有教育出樂觀進取的兒童，才可促進兒童身心平衡發展，國家社會才有希望。

兒童偷竊行為的研究

本文見於民國四十五年八月、九月國教月刊三卷八、九期。全文針對兒童偷竊行爲，探討其偷竊動機，以及社會教育的失當導致兒童心理不健全，並以本身經驗提出處理方法及教師應具備之觀念，提倡教師應集合社會力量，爲教養下一代努力付出。

㈡任教中學時期：

樹林中學教務工作紀實

本文見於民國四十二年教育輔導月刊四卷八期。全篇記錄民國四十二年度樹林中學教務推行之工作，首言教務工作者之目標，再則論及工作計劃之實施要點，分爲民族精神教育改革方案實施，生產勞動教育實施，課程調整實施，補充教材之編制四方面而論。

㈢任教大專時期：

一年來訓導工作的檢討與前瞻

本文見於民國五十六年三月德明青年十一期。此文乃王師擔任德明商專訓導主任時所寫。文中就訓導工作，提出具體做法，自生活倫理化、組織科學化、輔導民主化三方面著手，點出展望及期許，勉勵訓導行政工作者，共同爲理想的教育前途邁進。

書法漫談

本文見於民國五十九年三月德明青年一四期。本文旨在推廣書法之教學，就書法教學加以研究，首言字體之發展，次則簡介碑帖之辨與名碑法帖，再則介紹歷代書家與書風不同，末則提出練習書法之方法及所需工具。

我如何講授中國文化基本教材

本文見於民國五十九年六月德明青年十五期。全文就教學所得，從以下幾方面，如參考用書之選擇，及講授之原則，輔以經解經，文學訓釋，義理推演等教法，期使引發學生對中國文化正確認識與興趣。

發揚德明精神

本文見於民國六十一年六月德明青年二十三期。全文乃王師為勉勵民國六十一年應屆畢業生所寫。文中提出德明精神乃在——篤信好學，期望德明青年走向社會的同時，亦邁向理想境界。

我們以敦品勵學為學校慶

本文見於民國六十一年十一月德明青年二四期。全文為慶祝民國六十一年德明行政管理專科學校第八週年校慶紀念日而作。文中提出「敦品勵學」四字，與衆人共勉，並期許切實篤行以發揮校慶眞實意義。

付出光熱的代價，創造輝煌的成績

本文見於民國六十二年一月德明青年二五期。全文針對學生考試成績及出缺席紀錄，提出檢討及改進之道，勸勉教師爲人師要因材施教，學生應對自己負責，喚起自覺，建立自信，達成自愛目標，而家長也應負起責任及義務，教育子女。在全體師生密切溝通，付出光熱代價中，創造明天更輝煌的成績。

青年創業的基礎

本文見於民國六十二年六月德明青年二九期。此文乃是針對應屆畢業生所作虔誠的叮嚀及祝福，勉勵學生要有服從的修養，合作的精神，養成勤勞的習慣，要有恆心、正義感，亦保爲大衆服務之心，方可前途無量。

㈣大學任教時期：

花蓮縣國鳳國中，「國文教學」參觀剪影

本文見於民國六十八年二月中等教育第三十一卷一期。本文爲王師民國六十八年率領師大夜間部國五丁班學生參觀花蓮縣國鳳國中國文教學的一篇報導文字。

編製「國文科單元教學活動設計」準備事項與注意要點

本文見於民國六十九年二月中等教育三十一卷一期。本文爲應臺北縣立永平國民中學之邀，以「行爲目標教學法」爲主題，說明國文科教案編製注意要點，末則附列「國文教學的實施要領」與「國文教學過程適用原則及教學法」兩表，以供實際編製教學活動設計時，對照參考之需。

尊師重道

本文見於民國七十年九月二十四日青年戰士報。本篇作於民國七十年教師節前夕。首論尊師，次言重道，以大陸之赤禍浩劫及自由中國對「師道」之維護發揚作比較，發出深切之心得。

美讀與國文教學法

本文見於民國七十二年十二月中等教育三十四卷五、六期。本文又收錄在「國文教學面面觀」一書。文中內容主在提倡美讀藝術，有助於國文教學，實爲教師教學之必備修養，提出美讀藝術的原則性理論，供教師參考。

我國傳統國文教學法系列——講唱教學法

本文見於民國七十四年十一月華文世界三八期。全文首先探究講唱教學的來源、定義、功用，次則提出此科教學法缺失，兼以論及教師事前的準備工作，希望此種前人的教學法，可再發揚光大。

漫談詩文吟誦的藝術

本文見於民國七十九年八月空大學訊六五期。本文首先對詩文吟誦的歷史作一回顧，次則說明詩文吟誦和中國文字之關係，再則指出臺灣詩文吟誦之流行腔調，及詩文吟誦的方法，教師於詩文吟誦前的準備工作，末則詩詞吟誦時三點要求，借由詩文吟誦的教學法，增進國文教學的方法，重新引起學生自動學習的興趣。

「知本」「有法」論作文

本文見於民國七十九年九月師大校友月刊一九三期。全篇內容重心主在闡發中學國文教師如何提高學生作文能力。文中提出知本、明法二途，知本即是由國文的範文讀講著手即爲作文之本；明法則由文題講授，作者生平，讀講課文，義旨探究，作法審辨，讀法講求等方面深入，以提高學生作文能力。

如何樹立教師的專業權威

本文見於民國八十年十一月當代青年。全文旨在闡明教育實爲國家建設之重心，而教育之成敗繫於師資之良窳，故教師如何樹立專業權威？首在打破功利主義的觀念，次則修養高尚的品德，以收潛移默化之功，再則須有精深的學養，以樹立專業權威，藉靈活的教法，以鼓勵代替塡鴨，一切由教師本身做起，以達良師興國之理想。

常態分班芻議

本文見於民國八十一年一月國文天地七卷八期。本文之寫作乃是針對國文天地舉辦「花、東地區國文教師教學疑難座談會」中，讀者提出「在常態分班下，學生程度參差不齊，教學如何兼顧程度有別的學生？」的問題所作回答，以爲將現行之學年學分制，一律改爲學分制，才可正本清原，徹底解決。

現行高級中學國文教科書編輯經過紀要

本文見於民國八十一年十月人文及社會學科教學通訊三卷三期。民國七十二年，王師擔任高級中學國文教科書編輯委員期間，就其實際編輯的經過，採取重點方式加以說明。

國中國文教材面面觀

本文見於民國八十二年四月國文天地八卷十一期。文中針對國中國文教材進行廣泛而深入的研究，分別自編輯體例，編選材料，課文體類，教材題文，作者生平，文章作法，教學方法等七方面，提出客觀看法。

從文藝欣賞看國文科《論語》選教學

本文見於民國八十二年六月國文天地九卷一期。全文首先肯定《論語》是我國第一部有文學價值語錄的散文集，再則討論《論語》成書及其課篇分章的狀況，尤其在國文科《論語》選教學應重視「文藝欣賞」，末則以國文科《論語》選教學示例，期爲國文科《論語》教學，開啓另一扇新視窗。

以論語為例，談四書之我見

本文見於民國八十二年九月孔孟月刊三二卷一期。文中先說明四書教學的現況及重要性，次則以論語爲例，談如何更新四書教學，自肯定論語文學價值出發，以感性的手法，形成分析的原則，重新體悟論語的內涵，如此方可爲書教學學開創一條新的道路。

五、雜　論

㈠時　論

完成心理建設的歷史革命

本文見於民國四十五年臺灣教育輔導月刊六卷七期。此文乃王師更生任教於臺北縣立樹林中學時，參加教師徵文的作品。文中提出心理建設就是國民精神建設，而欲完成國民精神建設，必得先由教育做起，中小學教師應運用有效教育方式，達成精神動員的目的。

新年勵志、青年報國在今朝

本文見於民國四十七年八月瑞工青年期刊六卷七期。此文為王師更生在臺北縣瑞芳工職任教時，擔任訓育組長，為校刊「瑞芳青年」所撰寫的社論。〈新年勵志〉一文主在勉勵學生要掌握時間；好好讀書。〈青年報國在今朝〉則勉勵青年，應取法革命烈士精神，不怕犧牲，擔負起救亡的大任。

甚麼是先烈的革命精神

本文見於民國五十一年三月師大行健月刊。此文為紀念青年節而做的社論，主在揭示先烈的革命精神乃是成仁取義的精神，也是中華民族傳統的歷史精神，其表現於外便是「忠恕」，涵養於內的就是「仁愛」，文中舉出清末革命為例，勉勵青年發揚先烈革命精神，緬懷革命先烈創業維艱，共赴國難。

慶祝青年節向青年們進一言

本文見於民國五十六年三月德明青年十一期。文中針對青年節紀念七十二烈士革命精神，期許青年要確立革命的人生觀，擔負時代責任，以達救亡圖存的使命。

我對於中華文化復興運動的看法

本文見於民國五十六年五月德明青年二期。全文針對民國五十五年，蔣公所倡導的中華文化復興運動所作。文中首先論及中華文化特質，其次再說明中華文化兩大思想主流，一爲孔子思想，一爲國父的三民主義，就中華文化與國運關係，如何復興，提出深入的見解。

使高山低頭，叫大海讓路——九大建設對教育學術界的啓示

本文見於民國六十三年十月中央月刊六卷十二期。本文由教育學術界角度，看政府九大建設的心得，從客觀立場，透視九大建設的經濟活動，所給予教育學術的影響。

心理建設與國家現代化

本文見於民國六十五年一月中央月刊八卷三期。全文主在提出國家現代化須以心理建設爲基礎，而心理建設的首要條件，便在恢復民族自信心，一方面要守常，另一方面要知變，不僅維護傳統文化，更須融鑄西方科技之長，才可加速國家現代化。

論當前學術研究的方向

本文見於民國六十五年五月幼獅月刊三四卷五期。文中指出學術爲國家一切建設的基礎，惟有把建設與學術聚密結合，才能保持建設成果的久大，因此學術研究應朝以下三目標發展：一爲傳統與現代相整合，二爲加速西學的漢化，三爲理論與實際打成一片，必可完成學術報國的神聖使命。

正大光明的氣象

本文見於民國六十五年六月中央月刊八卷八期。文中提出所謂「正大光明的氣象」，具體而言就是指爲人做事，心安理得，上不愧天，下不怍人，於愁煩中具有灑脫的胸懷，於暗昧處見出光明世界，而於反共復國之時，有識之士更須有此氣象，造成蓬勃奮發的精神，才會爲社會帶來更大的繁榮。

邁向全面勝利的頂峯

本文見於國六十五年九月中央月刊八卷十一期。文中指出國家興亡盛衰，與民心振靡有關，故欲邁向反共勝利頂峯，惟有靠全國軍民，以同讎敵愾決心，作獻身獻心的努力，必能突破一切難關，當可到達全面勝利的頂峯。

孝為修身立國之本

本文見於民國六十五年十一月中央月刊九卷一期。王師有感於西方物質文明與個人主義盛行，使國族文化、倫理道德蕩然無存，故呼籲社會大衆應注意孝道的實踐，這樣才可蔚成良好社會風氣，有益於中華文化的復興。

加強疏通人事管道

本文見於民國六十五年十一月一九日青年戰士報。此文刊於「百位博士談國是」單元，主旨在對當前社會時事提出建言，於文章中提到一須加強心理建設，二要疏通人事管道，創造就業機會，以爲政府施政參考。

生活合理化

本文見於民國六十五年十二月中華文化復興月刊九卷十二期。文中重點放在生活合理化乃是復興中華文化的基礎，應以倫理爲本位，由灑掃應對進退，生活細微末節做起，隨時隨地以倫理道德規範自己行爲，健全公、私德培養，生活行爲才可合理化，中華文化也才可以徹底復興。

青年守則的永恆價值

本文見於民國六十六年三月中央月刊九卷五期。本文依青年守則十二條之內涵，加以研究，肯定青年守則爲我國固有道德文化的菁華與縮影，不僅爲青年內以修己，外以治人的準則，擴而大之，更是全體國民自立立人的不二法門。

駁斥所謂「由一千八百萬臺灣人民，決定臺灣命運與前途」的謬說

本文見於民國六十九年四月青年戰士報。本文乃民國六十九年應國民黨中央黨部之邀，撰寫此文，以駁臺獨份子之謬說，主張應去除私心，和衷共濟，爲復興基地的前途及建立民主自由統一的中國，而共同努力。

建設與保衛臺澎金馬對光復大陸的關係

本文見於民國七十年三月二十五日青年戰士報。文中主張「保衛臺澎金馬，必以建設臺澎金馬爲前提，而建設臺澎金馬，又以光復大陸爲目標」的論點，由政治、外交、國防、經濟、文教、社會各

方面探討，應持續努力保衛既有的建設成果。

復興中華文化的暗礁

本文見於民國七十六年七月中華文化復興月刊二十卷七期。本文寫作乃為中華文化復興運動推行委員會成立二十週年而賀，另一方面欲檢討策勵，以喚起國人之嚮應與實踐，文中分別自社會、文化、教育、風氣四方面而論。

臺灣文化的貧血症

本文見於民國八十年五月新學識文教出版中心。全文指出臺灣社會得了「文化貧血症」，若不及時拯救，則終有一日，將會遭逢空前未有的文化危機，自家庭制度破產、崇洋心理盛行、忽視本國語文教學三方面檢討，呼籲重視文化的重要。

㈡人物類

五經無雙許叔重

本文見於民國六十五年一月中原文獻八卷一期。全文介紹許愼其人其事，由其生平而論及著作，一般世人不知其成就在說文解字一書，但其實許叔重在五經校注上亦有成就，更早於偏注群經的鄭玄。

哲人其萎，我心傷悲

本文見於民國六十五年四月，乃為程旨雲先生逝世週年紀念徵文而作。王師更生以回憶之筆，感念程旨雲老師之愛心，及過往師生相聚種種，以表哀思。

陸賈其人其事

本文見於民國六十七年五月九日中央日報十一版。本文考訂陸賈生平及著述成就，自兩使南越至計殺諸呂，晚年生活和平生著述四方面，看出他在漢初政壇及學術思想界的地位。

我所認識的李日剛先生

本文見於民國七十四年六月文訊月刊。本文爲紀念李日剛先生而作。文中由小地方著筆，點明李先生修身治學之風骨：一爲儉，二爲聖，三爲鑑，以懷念恩師，文末附有李日剛先生重要習作及編撰之教本二表，以爲參考。

戴傳賢先生的德業與事功

本文見於民國七十七年十二月近代中國。本文節錄自近代中國出版社「孝園尊者——戴傳賢傳」，以介紹表揚戴先生事功德業，以資後人敬仰效法，其中尤以先生之反共立場，始終一貫，更令後人佩服其革命精神的偉大與剛毅。

㈢其他：

古今人物談

本文見於中原文獻。文中依次介紹老萊子，弦高、許由三人之生平軼聞。

創刊辭

本文見於民國五十一年十月健行月刊。此文爲師大夜間部國文系於民國五十一年十月創辦《健行月刊》時的創刊辭。

我第一次參加同鄉會獎助學金審議會

本文見於民國六十一年一月中原文獻五卷三期。本文爲王師更生第一次參加河南同鄉會舉辦之青年活動紀錄，此次聚會主題審議同鄉會大專學生申請獎助學金資格。

我如何撰寫我的博士論文——「籀廎學記」寫作提要

本文見於民國六十二年四月中原文獻五卷四期。全文旨在說明王師更生撰寫博士論文之經過，首言寫作緣起，次則說明資料搜集，再則介紹論文內容各章標目，末則爲結論。

國文系學生必讀書籍舉要

本文見於民國六十二年九月書評書目第七期。本書目乃應國文系學生之請而擬，旨在作爲學生日後在學或畢業後教學進修的參考，內容分爲基本書目，略讀書目、參考書目及工具書四種。

中國海內外宗親組織概述

本文見於民國六十四年十月中原文獻七卷一〇期。本文本爲「中國海內外宗親文物展覽」活動而發抒個人心得，中國人對宗親組織的遺教內容介紹及蔣公對宗親組織的訓示，而肯定海內外宗親會團結反共的特色，文內亦兼論及各宗親會傳承的概況，考證翔要。

洛陽伽藍記中的白馬寺

本文見於民國六十五年三月中原文獻八卷三期。文中考證《洛陽伽藍記》中之白馬寺甚詳，且亦論述相關掌故。

師大夜讀鴻憶錄

本文爲民國六十五年六月五日，師大夜間部發行慶祝三十週年校慶特刊徵文而作，回憶於師大夜間部就學及恩師諄諄教誨之種種景況。

籌設中原文獻館緣起

本文見於民國六十五年十二月中國地方文獻學會年刊。本文爲籌設中原文獻館而做，蓋中原文獻館乃爲收藏數千年來中原之文物，以期使中原文化發揚光耀。

一年之計在於春

本文見於民國六十六年一月中央月刊九卷三期。本文乃因民國六十六年元旦有感而作，勉勵大家應緬懷祖先寶貴文化遺產以及思考國族歷史的前途命運，負起力挽狂瀾的使命，共同迎接未來考驗。

從地方文獻看汝南遺事的價値

本文見於民國六十六年十二月中國地方文獻學會年刊。本文由地方文獻的立場，對元朝王鶚所作之「汝南遺事」一書加以評論，遂肯定其足補方志之缺略，詳正史之未備，汝南遺事，實有其不可忽視的地位。

讀王編「中國歷代思想家上・下」

本文見於六十七年十一月二十八、二十九日中央日報。本文屬書評性質，對王壽南先生所編之「中國歷代思想家」一書加以評介，列出其書五大特色，分別與一貫通古今，體大慮周，二取材謹嚴，資料宏富，三守常通變，復舊創新，四合作研究，開創風氣，五學術通俗化，通俗學術化，肯定其書價值。

國旗的故事

本文見於民國七十一年五月一日青年戰士報。文中說明何謂國旗？國旗的由來及其特殊意義，並介紹和國旗相關的故事。

國旗的製作及書法

本文見於民國七十二年六月八日青年戰士報。文中旨在說明國旗的製作過程及製作規格，及分別討論國旗象徵之意義。

給浸會一群志同道合的朋友

本文乃王師更生於一九八五至一九八六年期間，任教於香港浸會學院中文系客座高級講師，於臨別前應教學發展中心之邀而寫的勵志之言。

肆、結語

王師更生走過近五十年的研究道路，刻苦自勵，深入鑽研，嚴核是非，殫力著作，數十年如一日，在經子、文學、教育等方面多所建樹。尤其在他研究中所表現出來的治學精神與治學方法，對後學者實是一筆珍貴的精神財富，值得我們借鑑與學習。

一、治學範圍

王師學域廣闊，創闢多方，且他研究的範圍，涉及的領域都有重要著述發展，看似天馬行空，但參細起來卻有其主要的研究重點，可分以下幾方面說明。

㈠**以經書、子書為根基，進行古籍的考釋和研究**。王師在師大國研所求學期間，對於晏子春秋、左傳、賈誼、陸賈、古籀、札迻等用功頗深，在經子、小學、校勘、考證等方面打下札實的基礎。他的碩、博士論文，在廣搜博覽，融合百家的基礎上，多所發明，時見精彩，給後學很大的啓迪。

㈡**文學理論和作家作品的研究**。王師在文學理論和作家作品的研究，多致力於魏晉南北朝和唐宋兩時期。他研究的起因是基於教學需要。王師在師大國文系、所開設文心雕龍、唐宋八大家、中國散文、文章學等課程，不斷吸收前哲時賢的研究成果，對相關問題，在理論上作深入探討，深思明辨，自成一家。尤其像〈開拓中國古代文學理論的新局〉、〈魏晉南北朝散文研究的重要性〉等文，通過追本溯源的考察和見微知著的分析，開陳大勢，指明方向，發人所未發，使人有了更明確的認識。

㈢**國文教材教法的研究**。王師自來臺即擔任教職，而在師大國文系亦開設國文教材教法課程，多年來培育了無數屆的學生，他十分關注教學的研究。擔任小學、中學、專科、大學教師時，各階段均有不同專題的教育專文發表。尤其在師大於國文教學課程上，致力於國文教材、教法的探討，著有《國文教學新論》、《國文教學面面觀》等專著，以及數十篇單篇文章。由於此類著述衆多，探討主題廣博精審，亦使王師成了名噪國內的國文教學專家。

王師更生研究上取徑較寬，經子集兼收，益以新知，隨時代而前進，不劃地為牢，局於一隅，把握整體，深入重點，研究問題，神思暢達，左右逢源，有所獨創。孟子云：「博學而詳說之，將以反說約也。」王師實際上走的是廣中求精，博中求專的一條治學道路。

二、治學精神

王師畢生精力成書三十多種，論文近三百多篇，成績卓著，蜚聲國內外，除顯示出他穎悟的天資和辨章學術，考鏡源流的深厚學術功力外，更顯現出他數十年如一日對學術研究抱有一份深厚的敬意與眞切的熱愛。像他憂時憂國，關心鄉邦文獻、議論時事，在《中國文學本源》中可見其深情厚意。尤其他曾創作古詩、現代詩、散文等多篇，是以撰著之〈詩的性質和走向——從古典到現代〉一文，視野廣闊，非一般面面俱到、泛泛而談者。從古代文學到當代社會，又從當代社會到古代文學，王師遨遊其間，充滿樂趣，充滿希望，其中的精神即是對研究對象抱有這份深情原意。劉師培曾說：「不以學術為適時之具，斯能自成一家之言。捨祿言學，其學斯精，以學殉時，於道乃絀。」（《〈國粹學報〉三周年祝詞》）梁任公說：「凡眞學者之態度，皆當爲學問而治學問。」（梁啓超《論清學史二種》）這兩段話正足以形容王師這種沉潛靜穆，不厭不倦的治學精神，這也是他學術研究之大樹，柯葉俊茂之所在。

三、治學方法

王師治學嚴謹，不尙空缺，反對捕風捉影，主張實事求是，講求證據。爲了解決疑難，論析問題，不惜窮源竟委，鍥而不捨，如在《晏子春秋研究》碩士論文後，再充分搜尋資料，下功夫精心研究，進行縝密分析，成〈晏子春秋現存板本見知錄〉一文；在《籀廎學記》博士論文後，再撰〈孫詒讓先生著述經眼錄〉一文，以增補舊作。又如《韓愈散文選讀》、《柳宗元散文選讀》、《歐陽修散文選讀》等著作，均是以作品印證現論，從作品中抽繹理論，入乎其內，出乎其外，經析緯論，其方法之嚴謹踏實，由此可見一斑。

另外，角度求新，於平凡中見到奇特，於舊說中闡發新意。如〈二招眞僞及其寫作特色〉、〈簡論我國散文的立體、命名與定義〉等文，通過或對比考釋、或作品的謀篇布局、藝術構思、修辭手法等方面進行了全方位的比較觀察，由於材料充實，旁搜遠紹，得出使人信服的結論，給人提供有益的啓示。這正是由於嚴謹求實的治學，才能從角度新達到見解新、立意新。

從上述關於王師治學範疇、精神、方法的分析中，我們可以清楚感受到王師矜愼不苟的爲學，實事求是的方法與百折不撓的毅力，前後一貫，持久不斷。在整理爬梳的過程中，益覺王師器質之深厚，知識之淵博，學術之精微，研究之熱忱，沁人肺腑。今年正值王師不逾矩之年，衷心祝福老師七十嵩壽如意如願，心順意順。

試論先秦史傳中的小說因素

諸海星

提要

在先秦時代，歷史和文學還沒有明顯的界限。史家經常用文學的手法來記述歷史，對這些歷史典籍，我們今天從文學的角度，稱之為「史傳文學」。中國有著悠久的史學傳統，在中國史學傳統中，先秦兩漢史傳文學由於兼具歷史和文學兩種屬性的歷史記載，不僅為後世小說的發展開拓了廣闊的題材領域，也在史書對歷史事件的實錄、環境、人物的具體細膩的描寫，為後世小說家提供了良好的敘事模式。尤其先秦時期的史傳文學，在創作方法、題材選擇、形式體制、敘事技巧、環境描寫、審美理想等方面積累了豐富的創作經驗，也給予中國古代小說的發展以深遠的影響。我們就從《逸周書》、《左傳》、《國語》、《戰國策》等先秦史傳文裏面，可以看出有些篇章不僅包含著不少小說的的素材，甚至某些歷史事件就是用小說常用的某些手法來敘述和記錄的。

然而，在先秦時期的史傳文學作品中，雖然有許多篇章接近或類似小說，但是正史不能列為小說是顯然的，就作者而言，也不是有意創作小說，但它所具有的構成現代意義的小說的諸因素，在這一時期中不斷地發展、成熟和融合，并不斷加以積累，為後世小說的初步形成準備了必要的條件是不可忽視的。

關鍵詞：先秦；史傳文學；小說因素；《逸周書》；《左傳》；《國語》；《戰國策》

一、緒言

長期以來，中國學者對中國古代小說是否淵源於史傳文學持有不同看法。衆所周知，中國古代小說的淵源一般只追溯到上古時代的神話傳說和先秦諸子的寓言故事，以及漢魏六朝的志怪、志人小說，忽略了史傳文學在中國小說史上的地位和它對後世小說的影響。從遠古到先秦時期，中國的小說觀念還沒有正式形成，具有獨特的文體特徵的小說也沒有正式產生。這個時期所產生的神話傳說、寓言故事、史傳文學，可以說是中國最早的叙事文學。它們雖然不是比較完整的小說作品，但從思想上、題材上、語言藝術的表現方法上爲後世小說的產生和發展作了多方面的準備。近年以來，有關史傳文學與中國古代小說關係的論著，一般是從漢代《史記》人物傳說的藝術特點談起的。中國古代紀傳體的開創和繁榮，無疑是司馬遷《史記》的突出功勞，但作品的叙事結構、塑造人物形象的某些方法、技巧卻是發端於先秦史傳文學的。在先秦時代，歷史和文學還沒有明顯的界限。史家經常用文學的手法來記述歷史，對這些歷史典籍，我們今天從文學的角度，稱之爲「史傳文學」。中國有著悠久的史學傳統，在中國史學傳統中，先秦史傳文學由於兼具歷史和文學兩種屬性的歷史記載，不僅爲後世小說的發展開拓了廣闊的題材領域，也在史書對歷史事件的實錄、環境、人物的具體細膩的描寫，爲後世小說家提供了良好的叙事模式。尤其先秦時期的史傳文學，在創作方法、題材選擇、形式體制、叙事技巧、環境描寫、審美理想等方面積累了豐富的創作經驗，也給予中國古代小說的發展以深遠的影響。

小說是一種綜合地運用語言藝術的各種表現手法，來塑造人物形象、反映社會現實生活的散文體的叙事性的文學體裁。在中國古代，「小說」一詞是指「小說家者流，蓋出於稗官。街談巷語，道聽途說者之所造也。」（班固《漢書・藝文志》）的瑣屑之言，與近代「小說」的概念，有相當大的區別。我們今天所理解的、所公認的在比較完全意義上的古代小說，其主要特點應該包括有生動而完整地叙述故事情節；多方面細緻入微地刻劃人物思想性格、展示人物命運；運用成熟的語言表現能力以及虛構誇張手法，來具體地描繪人物活動環境等等基本因素。因此，比起其它文學體裁來，小說更適於展現廣闊的社會生活，描述曲折生動的故事情節，表現錯綜複雜的人物關係。先秦時期的歷史著作中早已具有小說中常用的藝術手法和細節描寫。我們就從《逸周書》、《左傳》、《國語》、《戰國策》等先秦史傳文裏面，可以看出有些篇章不僅包含著不少小說的素材，甚至某些歷史事件就是用小說常用的某些手法來叙述和記錄的。

本文就試圖探討先秦史傳中的小說因素及其對後世小說的影響，以期往後對這方面的具體研究能奠定了基礎。

二、《逸周書》中的小說因素

《逸周書》，是與《尚書》性質相類的一部頗有研究價值的先秦歷史文獻匯編。《逸周書》有古今兩本。《漢書・藝文志》所載「《周書》七十一篇，周史記」爲古本，因西漢劉向說過《周書》是「周時誥誓號令也，蓋孔子所論百篇之餘也」（《漢書・藝文志》唐顏師古注引），則說孔子刪定《尚書》百篇之外，所遺棄的《尚書》有七十一篇，仍稱爲《周書》，故從東漢許慎《說文解字》開始稱之爲《逸周書》。據唐顏師古注《漢書》時說「今之存者四十五篇」，可見這部先秦史籍不爲後人所重視，漸次散佚不全。今本《逸周書》是十卷七十篇，加上〈序〉一篇共七十一篇，仍符合《漢書・藝文志》所記七十一篇之數。但其正文七十篇中除〈程寤〉、〈九開〉、〈文開〉、〈八繁〉、〈箕子〉、〈月令〉等十一篇有目無文外，實際存在的篇數五十九篇，比唐顏師古時反見增多，可見今本已有殘缺和後人增補的部分。古本《逸周書》七十一篇雖不能斷定是孔子刪定《尚書》的剩餘的部分，但歷來學者一般認爲是先秦的古籍，有一部分至遲也是戰國時代的文字。《逸周書》從《隋書・經籍志》開始曾被稱爲《汲冢周書》，則認爲今本大概是後人合舊本與西晉太康間汲冢所出土的《周書》而成，因此有了《汲冢周書》的書名。事實上，《汲冢周書》爲西晉太康二年（一說咸寧五年）汲郡人得於戰國魏安厘王冢（一說戰國魏襄王冢），而《逸周書》漢代已有古本，二書不能混同，宋代王應麟、明代楊愼等學者已有辨證，多數學者認爲稱今本《周書》爲《汲冢周書》是一種誤解。

《逸周書》內容龐雜，涉及政治、經濟、軍事、地理、哲學、禮法等多方面，各篇體例不盡一致，性質亦有不同，除少數記叙文外，多數是說理、議論之文。這部先秦古籍流傳至今，篇次錯亂，文辭費解，雖經歷代學者注釋校正，至今還很難理解。《逸周書》現存五十九篇中，四十二篇有晉五經博士孔晁注，各篇篇名都加一個「解」字。正文基本上按所記事的時代早晚篇次，歷記周文王至周武王、周公、成王、康王、穆王、厲王及靈王間約六百年的史實。

《逸周書》的一些篇章叙事細緻入微、也很具體，有一定的故事情節和細節，刻劃人物形象注重突出傳神的表情和人物個性化語言，如〈克殷〉（記周武王在牧野誓師，戰勝殷紂的過程）、〈世浮〉（記周武王滅殷後，繼續追擊殷諸侯國及以俘虜祭祀事）、〈王會〉（記四方諸侯朝見周成王的一次盛會情況）、〈太子晉〉（記周靈王的太子晉與晉大夫師曠對話時能言善辯事）、〈殷祝〉（記湯放桀立為天子的傳說故事）等篇，其叙述頗多夸飾怪誕之辭，有如傳說故事，帶有較為濃厚的文學創作性質，實含有不少的小說因素。其中〈太子晉〉是比較特殊的一篇。它記述周靈王的太子晉（周景王）是個年幼有盛德、聰明博達的神童，十五歲時顯出特異的才智。晉平公派大夫師曠去試探，問他對「古之君子」和「王侯君公」的價値及一些歷史人物的看法，師曠和他談話之後，十分驚訝，太子晉的回答使師曠連連稱善。繼而賓主入席，互相鼓瑟，賦詩明志，師曠臨行，太子晉贈以車馬。但師曠得知太子晉不願做天子，並看出了太子晉年壽不長，太子晉也自知將早死，不到三年果然死了。其中太子晉和師曠二人對話的後半部如下：

師曠磬然又稱曰：「溫恭敦敏，方德不改。聞物□□（缺二字），下學以起。尚登帝臣，乃參天子。自古誰？」

王子應之曰：「穆穆虞舜，明明赫赫。立義治律，萬物皆作。分均天財，萬物熙熙。非舜而誰能？」

師曠東躅其足曰：「善哉！善哉！」王子曰：「太師何舉足驟？」師曠曰：「天寒足躅，是以數也。」

王子曰：「請入座。」遂敷席注瑟。師曠歌〈無射〉曰：「國誠寧矣，遠極，至于北極，絕境越國，弗愁道遠。」

師曠蹶然起曰：「瞑臣請歸。」王子賜乘車四馬，曰：「太師亦善御之。」師曠對曰：「御，吾未之學也。」王子曰：「汝不為夫《詩》？《詩》：『馬之剛矣，轡之柔矣；馬亦不剛，轡亦不柔。志氣麃麃，取予不疑。』是以御之。」

師曠對曰：「瞑臣無見。與人辯也，唯耳之恃，而耳又寡聞而易窮。王子！汝將為天下宗乎？」

王子曰：「太師！何汝戲我乎？自太皞以下，至于堯舜禹，未有一姓而再有天下者。夫大當時而不伐天何可得。且吾聞汝知人年長短，告吾。」

師曠對曰：「汝聲清汗，汝色赤白，火色不壽。」

王子曰：「吾後三年，上賓于帝所。汝慎無言，□（缺一字）將及汝。」師曠歸，未及三年，告死者至。

全文寫兩個人物幾次對話，文章情節比較簡單，故事的發展很自然，結構很嚴整，有頭有尾。人物形象相當鮮明，神情畢現，步驟清晰，引人入勝，顯然已非實錄，而叙事卻帶有神異色彩，大概是出於夸飾虛構，是《逸周書》中最富於文學形象性的一篇。尤其文中師曠和太子晉的對話多用整齊韻語，語言平易流暢，互相問答，一層一層地深入而委婉，不僅有說話人神態的描繪，有故事情節的發展，有細節的刻劃，有誇張和虛構，同時有顯示出不同的動作、表情和微妙的心理活動，從中可以看出作者有意刻劃的痕迹，這正在史實基礎上所進行的藝術形象的描繪，充分顯示了史傳文學的小說因素。魯迅《中國小說史略》則認爲「今本《逸周書》中惟〈克殷〉、〈世俘〉、〈王會〉、〈太子晉〉四篇，記述頗多夸飾，類於傳說，餘文不然。」又特別指出「〈太子晉〉記師曠見太子，聆聲而知其不壽，太子亦自知後三年當『賓于帝所』，其說頗似小說家。」今人胡念貽《〈逸周書〉的三篇小說》（《文學遺產》一九八一年第二期）一文甚至認爲「〈王會〉、〈太子晉〉、〈殷祝〉三篇都是小說」，又指出其中「〈太子晉〉是一篇神異性的小說。」

三、《左傳》中的小說因素

《左傳》是戰國時期的一部編年體史書，它以《春秋》爲綱，較詳細地記述了春秋時期各諸侯國的政治、經濟、軍事、外交活動。它既是一部重要的歷史著作，同時又是一部成就很高的史傳文學著作。它的文學成就和價値及對後世文學（主要是古代散文）的影響，古今學者已有過大量論述。本文只試圖從《左傳》的叙事、寫人、戰爭描寫等幾個方面對它的小說因素進行簡略的探討。

《左傳》很善於叙述錯綜複雜的歷史事件和各種類型的大規模戰爭，能突出主要矛盾衝突，注意事件的完整性和連貫性。簡單的事件寫得集中緊湊；複雜的事件有起伏有照應，而且脈絡很淸楚。它善於抓住故事的重要環節或有典型意義的部分來著重地叙述和描寫，往往帶有緊張動人的情節。《左傳》在叙述頭緒紛繁的歷史事件時，條分縷析，繁簡適度，並富於曲折引入的故事性、戲劇性，尤其善於把內容極爲錯綜複雜的歷史事件通過典型的情節和人物聯繫起來，既要記述歷史事件，又要刻劃人物形象，而人物又以自己的言行顯示他在歷史事件中的地位和作用，進而能淸晰地表現出歷史人物的不同性格和特點，始終體現出嫻熟的藝術表現手法。這些在寫作技巧上與小說特徵是類似的，因此後世許多小說家在叙事技巧上很自然地接受它的影響。如「鄭伯克段於鄢」（隱公元年）、「宮之奇諫假道」（僖公五年）、「晉公子重耳之亡」（僖公二十三、二十四年）、「燭之武退秦師」（僖公三十年）、「晉靈公不君」（宣公二年）等，這些篇章不僅記叙簡明生動，結構嚴謹完整，故事情節曲折引人，而且創造性地運用了不少出色的藝術表現手法，使其叙事精妙優美。其中如「晉公子重耳之亡」記叙重耳在國外流亡十九年，經歷八國，在長期政治鍛鍊中經歷的事情紛紜複雜，而作者選材布局卻很恰當，精心選擇最能表現事件的中心和人物性格的事件，集中概括在兩年之中，詳略得宜，重點突出，條理分明，故事完整，極爲富於故事性。作者一方面盡到史家的本分，把史實傳達出來；

一方面他也能盡到文學家的創作本能，把事件寫得生動，使後人感受到這個故事的確引人入勝。特別是晉公子重耳這十九年流亡過程的記載，除直接描寫重耳本人的言行外，還包括了他人對重耳的評論分析，使人物形象更加完整，可以說是一篇初具規模的人物傳記，也可以看做一篇傳奇小說。

關於戰爭的敘述是《左傳》中最爲後人稱道的一部分，如「秦晉韓之戰」（僖公十五年）、「晉楚城濮之戰」（僖公二十七、二十八年）、「秦晉邲之戰」（僖公三十二、三十三年）、「晉楚殽之戰」（宣公十二年）、「晉楚鄢陵之戰」（成公十六年）等大規模戰役的描寫，不僅結構完整，層次分明，情節曲折細緻，生動逼真，而且運筆靈活，能通過人物在矛盾衝突的尖端所表現出的情緒和行爲，以及人物間的對話，充分顯示出人物的個性特點。例如著名的「晉楚城濮之戰」（僖公二十七、二十八年）涉及十七個諸侯國，歷時達兩年之久。作者緊緊把握住晉楚爭霸這一主要矛盾，不是簡單記載戰爭的時間、地點和雙方的勝負，而是連同戰前的定計、練兵、備戰、小規模的軍事接觸和外交鬥爭，都加以描寫，然後直到交戰過程及戰爭結束後的種種情況等，生動具體地把這一規模宏大的戰爭場面、人物活動都形象地表現了出來。作者在緊張的故事描寫之中，時而穿插一些妙趣橫生的細節；在嚴密的敘事之中，還注意到人物性格的刻劃，使得人物血肉豐滿，文章內容豐富而曲折多變。如作者同《論語·憲問》孔子所說「晉文公譎而不正」一樣，也認爲晉文公在城濮之戰中運用了譎詐的手段，他一方面要戰敗楚國，奪取霸權，一方面又一再表示不忘楚惠，裝作不願打。文章在表現晉文公譎詐的同時，又從子玉治兵、子玉請戰與蔿賈不賀子文等情節的描寫，表現了子玉的嚴酷和剛愎自用的性格特徵，並預示出子玉兵敗身死的結局，與後文的子玉自殺遙相呼應。文章正是通過這樣一連串具體生動的情節和人物描寫，構成了一篇有頭有尾、引人入勝的故事。《左傳》描寫戰爭的匠心獨運的剪裁布局；富於故事性、戲劇性的敘事筆法；精妙傳神的語言藝術等，不僅與後世的史傳文學一脈相傳，而且對後世的歷史小說，特別是對歷史演義小說《三國演義》顯然有很大的影響。

此外，《左傳》裏面寫了許多男女婚姻和家庭的逸聞瑣事，如「晉郤犨來聘」（成公十一年）、「鄭放游楚於吳」（昭公元年）等篇章所寫的逸聞瑣事，和當時的某些政治鬥爭聯繫起來，使後人從一個個側面認識了當時的社會，並且具有後世志人小說的人物瑣事逸聞成分。《左傳》裏面又寫了許多神鬼怪異故事，如「齊無知殺襄公」（莊公八年）、「魏顆受結草之報」（宣公十五年）、「晉侯夢大厲」（成公十年）等，有的故事寫得非常傳神，頗似後世志怪小說的神異故事。這些神異性故事的穿插為《左傳》的敘事蒙上了一層神秘的色彩，這既是當時人們的一種思想概念的反映，又是當時流傳的民間傳說的眞實記錄，同時也蘊含了作者的審美理想。譚家健也在〈先秦散文中的小說因素〉（《學從》一九九三年第四期）中論《左傳》時，除了對「連稱、管至父弒襄公」（莊公八年）、「齊人滅慶氏」（襄公二十八年）故事的情節和細節進行較為詳細的分析外，他還指出楚白公勝之亂、楚靈王之死、宋景公滅桓氏等一些傳奇性的故事，「就其情節的生動性和細節的眞實性而論，都是可以當成小說來讀的。」其實《左傳》作者採擷的這些文字記載，則神話傳說、歷史故事、民間逸聞瑣事、神鬼怪異故事等，都僅僅是一堆材料，作者的想像和虛構，不僅補充了那些材料中普遍缺乏的細節，甚至還創造出一些必要的故事情節和人物語言，從而很自然地具備了有意創作的藝術經驗。

總之，《左傳》無論是叙事、寫人、還是描寫戰爭，尤其是富有故事性、戲劇性、神異性的這些篇章，都爲小說文體的形成準備了藝術條件，同時對後來的小說家提供了豐富的創作經驗。魏晉志怪小說的神鬼怪異故事、志人小說的人物瑣事逸聞，唐代傳奇小說的寫時事、人情，宋代以後長篇歷史小說的結構方式和叙事模式，都可以說與《左傳》一脈相承，它們直接或間接地受《左傳》的叙事結構、塑造人物形象的某些方法、技巧等的影響。其中同《左傳》關係最密切的是後世的文言小說，從唐宋傳奇以至於清代蒲松齡的《聊齋志異》等作品中，除在語言的寫法上就可以從《左傳》得到揣摩外，在內容上與《左傳》有許多相似之處，如寫上層社會生活，寫男女婚姻和家庭瑣事，寫神鬼怪異故事等。所以清代馮鎮巒在《讀〈聊齋〉雜說》中說：「千古文學之妙，無過《左傳》，最喜叙怪異事，予嘗以之作小說看，此書予以當《左傳》看。」固然從唐宋傳奇以至於《聊齋志異》等文言小說作品中，都可以看出在語言、表現手法和內容上所受《左傳》影響的痕迹。清初朱軾《左繡·序》說：「左氏文章也，非經傳也，文則論其文，傳則繹其義，不易之規也。昌黎韓氏曰：『春秋謹嚴，左氏浮誇。』（〈進學解〉）誠哉斯言乎！」「浮誇」二字就是說《左傳》的文章有浮艷的文采，有誇張的描寫，富於作者豐富的想像和合情合理的虛構。錢鍾書在《管錐編》中論《左傳》時指出：「史家追叙眞人實事，每須遙體人情，懸想事勢，設身局中，潛心腔內，忖之度之，以揣以摩，庶幾入情合理。蓋與小說、院本之臆造人物、虛構境地，不盡同而可相通；記言特其一端。……《左傳》記言而實乃擬言、代言，謂是後世小說、院本中對話、賓白之椎輪草創，未遽過也。」我們可以從古今學者的批評，充分獲得《左傳》本身不僅帶有豐富的小說因素，而且對後世小說都有重要的啓示和借鑒作用。

四、《國語》中的小說因素

《國語》與《左傳》不同，它不是一部編年體史書，而是一部分國記載一些重要歷史事件的國別史。它上起周穆王，下迄魯悼公，分記了周、魯、齊、晉、鄭、楚、吳、越八個國家的史事，所記載的史事，前後並不聯屬，都自成片斷。《國語》雖然在史書的體制上與《左傳》不同，但記事的方式則是一致的，都是通過具體記述人物的言論、對話和相互駁難的方式，表現歷史事件的內容。

《國語》雖重點在記言，因此記事簡略，但從文學角度看，有些篇章其敘事頭尾完整，不少故事情節生動，不僅含有合理的虛構和想像成分，而且對人物性格也有較爲細緻的刻劃。因而大大增加了故事情節和人物形象的生動性，提高了《國語》的文學價値。《國語》的寫人，在人物間的對話中揭示人物的個性特徵，語言精煉簡潔，而議論時的旁證博引，邏輯嚴密，特別是寫人物對話，十分風趣、傳神。如〈晉語〉中的重耳、驪姬、子犯；〈吳語〉中的夫差；〈越語〉中的勾踐等，都具有人物性格較爲鮮明的感人形象。其中舉個例子來補充說明，如〈晉語〉裏「驪姬譖殺太子申生」的記事，繼前面「優施教驪姬譖申生」的記事後，又出色地運用了細膩而深刻的描寫，揆情度理地摹寫出口蜜腹劍的驪姬的音容笑貌，並且從側面揭示著優施的毒辣和陰險。在描寫驪姬、優施這兩個人物的個性特點的同時，又搭配上一個不敢堅持正義而宣告中立的里克，寫他自私自利，明哲保身，優柔寡斷的個性特點。其文云：

驪姬告優施曰：「君既許我殺太子而立奚齊矣，吾難里克，奈何！」優施曰：「吾來里克，一日而已。子爲我具特羊之饗，吾以從之飲酒。我優也，言無郵。」驪姬許諾，乃具，使優施飲里克酒。中飲，優施起舞，謂里克妻曰：「主孟啖我，我教茲暇豫事君。」乃歌曰：「暇豫之吾吾，不如鳥烏。人皆集于苑，己獨集于枯。」里克笑曰：「何謂苑？何謂枯？」優施曰：「其母爲夫人，其子爲君，可不謂苑乎？其母既死，其子又有謗，可不謂枯乎？枯且有傷。」優施出，里克辟奠，不飧而寢。夜半，召優施，曰：「曩而言戲乎？抑有所聞之乎？」曰：「然。君既許驪姬殺太子而立奚齊，謀既成矣。」里克曰：「吾秉君以殺太子，吾不忍。通復故交，吾不敢。中立其免乎？」優施曰：「免。」

在本段中，里克的心理活動表現得非常細緻、生動。優施爭取大夫里克，使他不助太子申生，利用里克性格軟弱，又拿不定主意的弱點，以俳優的身分在酒宴上起舞，唱「暇豫之歌」暗示里克站在申生一邊將對自己不利。而里克聽了優施的話，吃不下飯，睡不著覺，思忖再三，仍然不能解脫，以致深更半夜又叫來優施，細問眞情；得知眞相後，里克的內心又非常矛盾，支持驪姬既良心不安，又缺少勇氣，反對驪姬又怕禍及自身。里克畏懼不安而又左右爲難的心理，完全通過他的行動和語言形象地表現出來了。由此可見，在本段中所塑造的各類人物的個性特點，不僅無不細緻人微地刻劃，而且再通過一些場面描寫和場景轉換，構成一篇精彩而完整的故事。

此外，《國語》的人物語言中有些片斷夾雜神話傳說和傳奇性歷史故事，也有怪異、迷信的內容。如〈周語上〉記載伯陽父以三川地區地震爲據而論周朝將亡；〈周語下〉記載太子晉爲諫靈王壅谷水，引用了共工、伯鯀、堯、禹等不少古人的傳說。唐代柳宗元從崇經尊史角度出發，在〈非國語〉一文中指責《國語》「文勝而言厖，好詭以反倫」，「務富文采，不顧事實，而益之以誣怪，張之以闊誕。」但是從史傳文學的角度而言，這些誣怪闊誕的內容，使《國語》既大大增加了作品的藝術想像和虛構，又具備了更多的小說因素。

五、《戰國策》中的小說因素

《戰國策》在史書體制上與《國語》相類，也是一種國別史。其記事包括東、西周和秦、齊、楚、趙、魏、韓、燕、宋、衛、中山十二國家。《戰國策》是一部以記載戰國時期謀臣策士奔走游說、合縱連橫的說辭和活動爲主要內容的歷史著作，也是在文學史上占有重要地位的一部優秀的史傳文學作品。

《戰國策》作者在描寫一些歷史人物時，特別注意誇飾渲染，鋪張揚厲，以烘托、譬喻、誇張、排比、對偶等多種多樣的修辭手法，通過對歷史人物言談和具體細節的描寫，通過起伏跌宕的故事情節，細緻生動地刻劃出某些歷史人物的性格特徵，寫他們又善於用婉轉動人、精巧諷喻的語言使對方採納自己的政治主張。如〈趙策〉中的「觸讋說趙太后」、〈秦策〉中的「張儀說秦王」、〈齊策〉

中的「鄒忌諷齊王納諫」等，無論個人陳述或雙方辯論，都喜歡誇張渲染，充分發揮，暢所欲言，具有很強的說服力，取得了較高的文學成就。

《戰國策》既善於刻劃人物，又善於把人物的活動組織成生動曲折的故事，引人入勝，同《左傳》、《國語》的一般只能用較片斷的情節和簡約的文字刻劃人物形象相比，《戰國策》的許多篇章不僅情節更爲曲折，故事更爲完整，而且多運用寓言和比喻說理，刻劃了許多性格鮮明的人物形象，由此文學成就更爲提高。如〈齊策〉中的「鄒忌諷齊王納諫」，作者通過人物的外貌、語言、行動、心理的具體描寫，刻劃了謀臣鄒忌的鮮明形象。鄒忌頭腦冷靜，善於思考，嫻於辭令。他始終未向齊威王說出「納諫」二字，而是推己及人，由耐人尋味的生活小故事引出深刻的道理，巧妙地諷諭齊威王除蔽納諫。文中鄒忌和徐公比美的故事，曲折生動。鄒忌的兩次窺鏡，與妻、妾、客的三問三答，富有故事性、戲劇性，它顯然出自作者的精心設計，採用誇張和虛構的手法，頗似一篇寓言故事。又如〈燕策〉中的「荊軻咸陽宮刺秦王」，作者通過錯綜複雜的情節安排和生動感人的細節描寫，精心刻劃了田光、樊於期、高漸離等栩栩如生的人物形象，特別是荊軻的怒髮衝冠、勇敢沉著、剛毅豪邁的刺客形象，更加鮮明突出，是一篇極爲富於小說因素的俠義故事。這方面的成就，不僅開了以司馬遷《史記》爲代表的漢代傳記文學的先河，而且爲後世小說的創作提供了豐富的素材和寶貴的經驗。郭預衡《中國散文史》也指出《戰國策》「既有縱橫馳騁的文章，又有憑虛臆造的故事。其中某些片段，已經初具獨立成篇的人物傳記的特徵，這對於後代的傳記文學和傳奇小說都是很有影響的。」

此外，《戰國策》中也載有約七十則寓言故事。如〈齊策〉中的「畫蛇添足」、〈燕策〉中的「鷸蚌相爭，漁翁得利」、〈楚策〉中的「狐假虎威」、〈魏策〉中的「南轅北轍」、〈秦策〉中的「江上處女」等寓言故事，如同先秦諸子的寓言故事，都具有獨立存在和世代流傳的價值，並贏得了古今中外廣大人民群衆的喜愛。它們不僅具有一種超時空的神奇的藝術魅力，而且從藝術構思到擬人、誇張、諷刺等表現手法，後世小說的作者都從寓言故事中取得許多寶貴的創作經驗。

總之，《戰國策》與同屬先秦史傳文學的《左傳》、《國語》相較，無論在叙事的生動、描寫的細密、人物形象刻劃的成熟、語言藝術的精煉、文體的多樣化及寓言故事的適當運用等方面，《戰國策》都顯示出長足的進步，取得了不少新的突破，給後世小說創作提供了範例。尤其在叙事方面，《戰國策》也比《左傳》、《國語》有更爲濃厚的文學色彩，更加強烈的小說味道。今人胡懷琛甚至指出：「《戰國策》原爲史類之一書，由今觀之，吾人可云，其書大半是小說。」（諸祖耿《戰國策集注匯考》附錄《戰國策考研錄》）這正好說明，《戰國策》故事情節的完整、曲折、生動，人物形象的鮮明，善用誇張和虛構手法，都遠遠超過了以前的史傳文學作品。

六、結　語

中國古代小說有一個漫長的形成過程，其源頭可追溯到上古時代的神話和傳說。魯迅在《中國小說史略》中探討中國古代小說的源流說：「探其本根，則亦猶他民族然，在於神話與傳說。」神話故事以神爲中心，歷史傳說雖有現實人物爲根據，但也往往被塗上神異的色彩，它們可以說是漢魏六朝志怪小說的最初源頭。然而，由於中國古代特殊的文化環境，上古時代的神話傳說不很發達，較零散。中國古代不僅沒有產生匯集神話傳說的宏篇巨制，而且現存上古神話大多爲較原始的神話，神的自然屬性特別強而社會屬性較弱，不夠成熟。因此，很難像西方神話那樣，直接成爲敘事性文學的土壤。從上古神話傳說這個源頭到小說文體的正式形成之間，有一個重要的中間環節，這就是中國古代特別發達的中國特色的「史傳文學」。先秦時期，基本上是一種史官文化，史學著作數量多，包羅也極爲豐富。它不僅把古代史學、文學、哲學、博物、地理、農醫等各種門類納入自己的體系，而且還搜羅、記載了大量的神話傳說和靈怪異事。如《左傳》「昭公元年」載有高辛氏二子不合，上帝使它們變成參商二星的神話，而《國語》的人物語言中有些片斷夾雜神話傳說和傳奇性歷史故事，也有怪異、迷信的內容。在這些先秦史傳著作中，把詭秘荒誕的神話傳說與確鑿可靠的歷史事實溶爲一體，可說是中國古代史書特有的一大共同特色。由此開始先秦史傳著作成爲漢魏六朝志怪小說的孕育者，甚至成爲中國古代小說的先導者。同時，中國古代的史學和文學，大體上都以人物、事件爲中心，具有相當程度的敘事文學性質，兩者頗多相通之處。先秦史傳文學如《逸周書》、《左傳》、《國語》、《戰國策》等著作，對於人物、事件已有較生動的記述，帶有一定的小說色彩。到漢代司馬遷的《史記》開創「以人繫事」的紀傳體，更是運用多種藝術技巧手段，通過複雜的歷史事件來表現生動的人物形象，實際上已具備了敘事性文學的特徵。這些都給後世小說提供了一定的創作經驗。

總的說來，史傳文學畢竟還是歷史文學，它不論怎樣揣摩虛構想象，終究要以不違背歷史事實爲前提。不像小說家卻塑造人物形象，虛構境地，是不需要歷史事實作爲前提和規範的。關於史傳文學與小說的聯繫和差別，清代小說評論家金聖嘆曾經指出：「《史記》是以文運事，《水滸》是因文生事。以文運事，是先有事生成如此如此，卻要算計出一篇文字來，雖是史公高才，也畢竟是吃苦事。因文生事即不然，只是順著筆性去，削高補低都由我。」（《讀第五才子書法》）通過「以文運事」和「因文生事」的比較，明確地把史傳文學和小說的不同加以區別。在先秦時期的史傳文學作品中，雖然有許多篇章接近或類似小說，但是正史不能列爲小說是顯然的，就作者而言，也不是有意創作小說，但它所具有的構成現代意義的小說的諸因素，在這一時期中不斷地發展、成熟和融合，並不斷加以積累，爲後世小說的初步形成，準備了必要的條件，這是不可忽視的。

孔子師弟情懷

吳武雄

提要

本文撰述，一則受老師文章之啓示，再則鑑於當今世風日下有感而發。孔子師弟之情懷可言者甚多，現在擇其重要者說明，分為融融氣象、仰之彌高、孔顏之樂、四科十哲、忠恕以貫等五項為代表。融融氣象主要以孔門師弟間和樂情況為目標，言聖賢相得之氣象；仰之彌高則以孔子大德之成就與弟子之贊歎為主；孔顏之樂則言孔子與顏淵因道而不改其樂；四科十哲所言是孔門十大高弟各有所長，各有成就；忠恕以貫則專言曾子一人之特長。本文之作，可見聖門之生活豐富光潔，充滿人間真情與溫暖，正是人性真實的表現。

關鍵詞：無施勞、一以貫之、金聲而玉振之、仰之彌高、賢哉回也、天下莫能容、天喪予、分庭抗禮、子見南子、三省吾身。

去年某日，我和內人梁瑞枝去拜見老師與師母，談話中老師說，有人問他教書教了四、五十年了，會不會有倦怠感？老師說：「我怎麼敢說有倦怠感呢？我一直希望把書教好，但一直覺得自己沒有教好，我怎麼敢說會有倦怠感呢？」此則老師之一片仁心慈懷，天地正氣，實乃孔子「誨人不倦」之精神。

此次拜謁，老師又賜贈二書，一爲《國文教學面面觀》，一爲《如何進行國文教學》。前者是老師近作，其中有三篇談到《中國文化基本教材》與《論語》與《四書》之教學，老師現身說法，親身示範教學，讀後獲益良深。老師說：「《論語》雖非純文學，但其中不少篇章，卻有相當濃厚的抒情成分，對於讀者，不僅能曉之以理，且能動之以情。」①並分爲表欽敬之情、表關愛之情、表嘉許之情三項說明，舉顏淵「仰之彌高」、「回何敢死」、「賢哉回也」三例印證。令人對孔子師弟之情懷爲之神往，遂草成此文，祝賀老師七秩嵩壽大慶。

一、融融氣象

孔子「因材施教」與「有教無類」之精神，成爲人人敬仰的萬世師表。

孟子曰：「昔者孔子沒，三年之外，門人治任將歸，入揖於子貢，相嚮而哭，皆失聲，然後歸。子貢反，築室於場，獨居三年，然後歸。」（〈滕文公上〉）孔子卒，弟子守喪三年，子貢又獨居三年。弟子視孔子如父而服喪三年，這是孔門一番和樂融融的氣象。

顏淵、季路侍。子曰：「盍各言爾志？」子路曰：「願車馬、衣裘與朋友共，敝之而無憾。」

顏淵曰：「願無伐善，無施勞。」子路曰：「願聞子之志！」子曰：「老者安之，朋友信之，

少者懷之。」〈公治長〉

這場面多溫馨。孔子師弟三人言志。邢昺疏：「此章仲尼、顏淵、季路各言其志也。」②王向榮說：「此見聖賢之志，俱公而不私也。」③孔子「盍各言爾志」引弟子發言。顏淵名在前，記者重德。子路先說，願我的車馬和穿的皮大衣與朋友共用，破了也不憾恨。子路豪邁大方，是英雄人物，南懷瑾說：「子路是很有俠氣的一個人，胸襟很開闊。」④顏淵則不同，他說願不誇耀自己的美德，不張揚自己的功勞。邢昺疏：「願不自稱伐己之善，不置施勞役之事於人也。」劉寶楠則曰：「勞民非政所能免，今但言不施以勞事，然則將可勞者亦勿勞之乎？於義為短，今所不從。」⑤不同意不施勞事之說。朱熹注：「伐，誇也；善，謂有能。施，亦張大之意；勞，謂有功。《易》曰勞而不伐是也。」⑥王向榮說：「顏子之無伐善，無施勞，即不矜能，不誇功之義。」爭議重點在「施」字。《說文》云：「施，旗旖施也。」義不明，又云：「齊欒施，字子期，知施者旗也。」⑦施本義為旗，以人名與字相證。《史記·仲尼弟子列傳》亦載：「巫馬施，字子旗。」亦為一例，然此意今已不明。《通訓定聲》云：「《周禮》內宰施其功事，注賦也。」又云：「〈閒居賦〉陽謝陰施，注布也。」⑧訓賦訓布義近於今施字。「回也三月不違仁」（〈雍也〉），又「克己復禮為仁」（〈顏淵〉）則「不置施勞役之事於人」與顏淵人格不類，故不取；取朱熹張大之意。子路說願聽老師之志。孔子答以安之、信之、懷之。安是安居，居有定所，以安養老人；信是誠信，待人真誠，待朋友以信；懷是撫育，少年襁抱而撫育之。此乃一片欣欣向榮的祥和氣象。

子路、曾晳、冉有、公西華侍坐。子曰：「以吾一日長乎爾，毋吾以也。居則曰：『不吾知也！』如或知爾，則何以哉？」

子路率爾而對曰：「千乘之國，攝乎大國之間，加之以師旅，因之以饑饉；由也爲之，比及三年，可使有勇，且知方也。」夫子哂之。

「求，爾何如？」對曰：「方六、七十，如五、六十，求也爲之，比及三年，可使足民；如其禮樂，以俟君子。」

「赤，爾何如？」對曰：「非曰能之，願學焉；宗廟之事，如會同，端章甫，願爲小相焉。」

「點，爾何如？」鼓瑟希，鏗爾，舍瑟而作。對曰：「異乎三子者之撰。」子曰：「何傷乎？亦各言其志也。」曰：「莫春者，春服既成，冠者五、六人，童子六、七人，浴乎沂，風乎舞雩，詠而歸。」夫子喟然嘆曰：「吾與點也！」

三子者出，曾晳後。曾晳曰：「夫三子者之言何如？」子曰：「亦各言其志也已矣！」曰：「夫子何哂由也？」曰：「爲國以禮，其言不讓，是以哂之。」「唯求則非邦也與？」「安見方六、七十，如五、六十，而非邦也者？」「唯赤則非邦也與？」「宗廟會同，非諸侯而何？赤也爲之小，孰能爲之大？」〈先進〉

此景象如沐春風。孔子藹然覆翼，四弟子安然侍側。邢昺疏：「孔子坐，四子侍側亦皆坐也。」侍坐以年爲序，劉寶楠曰：「子路少夫子九歲，冉有少夫子二十九歲，公西華少夫子四十二歲。惟曾暫年無考，其坐次在子路下，是視子路年稍後。」孔子謂不因我一日之長爲長，勉弟子暢言。你們常說沒人知道我，假使有人知道你，將有什麼表現？語氣積極而充滿期盼，子路率然以答。子曰：「由也果，於從政乎何有？」（〈雍也〉）仲由果斷，可以從政。子曰：「由也！千乘之國，可使治其賦。」（〈公治長〉）子路有軍事才華。他說千乘之國，夾在大國中間，加上軍隊侵擾，接連又鬧饑荒；我仲由治理三年，必使人民勇敢殺敵，且知道進退之方。子路臨危授命，有擔當，孔子微微一笑。冉有個性謙退，子曰：「求也退，故進之。」（〈先進〉）孔子勉進之。子曰：「求也藝，於從政乎何有？」（〈雍也〉）又曰：「求也！千室之邑，百乘之家，可使爲之宰。」（〈公治長〉）冉求多藝可爲邑宰。冉求說只要六、七十里，或者五、六十里的小地方，我冉求主政三年，可使人民富足；至於禮樂制度，就等待君子了。冉求志不高，孔子責之「今女畫」（〈雍也〉）畫地自限。公西赤是禮學專家，擅於外交，子曰：「赤也！束帶立於朝，可使與賓客言」（〈公治長〉）又「齊（齋）莊而能肅，志通而好禮，擯相兩君之事，篤雅有節，是公西赤之行也」（《孔子家語．弟子行》），爲人謙謙有禮。孔子問赤你怎麼樣？公西赤以外交辭令說，不是我能，只願學學；像祭祀宗廟，或者開會，我穿禮服戴禮冠，願做一名小相，輔佐禮儀進行。曾皙是曾參之父，言志則別翻新調，行爲狂放不拘，孟子曰：「如琴張、曾皙、牧皮，孔子所謂狂者矣。」（〈盡心下〉）子曰：「吾黨之小子狂簡，斐然成章，不知所以裁之。」（〈公治長〉）正指曾皙之徒，朱熹指其人「志大言大也」。孔子問點你怎麼樣？曾皙優雅的鼓瑟聲漸希，鏗然一聲，停了。推開瑟站起來說，我和他們三位不同，孔子說有什麼關係呢？也只是各說自己的志向罷了！在晚春之時，穿上春服，五、六個成年人，六、七個小孩子，一起到沂水沐浴戲水，到祈雨臺乘涼，夕陽西下，唱著歌回家。孔子長歎一聲說，我贊同點。這是太平時代的景象。三人出，曾點在後問，三人的話怎麼樣？孔子說也只是各說自己的志向如此罷了！老師為何笑由？治國要禮讓，他大言不讓，所以笑他。冉求所說不是國家嗎？何以六、七十或五、六十里的地方就不是國家呢？公西赤講的不是國家嗎？祭宗廟，國與國開會，正是諸侯的事，赤為小相，誰能主持大場面呢？孔子謂門人曰：「二三子之欲學賓客之禮者，其於赤也。」（〈弟子行〉）赤是禮學權威，學禮得看他呢！王向榮說：「與點哂由，俱是隨機應付，非發問本意─本意為商討用世之學─也。幸而曾點心理明白，逐層鑒證，到『孰能為之大』句，全旨畢露。乃知夫子所重在為邦，三子所長亦在為邦，『知爾何以』之問，至是始有著落。」曾點之問，可謂畫龍點睛，三子之志乃明。

二、仰之彌高

孔子謂「吾道一以貫之」，孔子下學而上達，好古而敏求；下學人事，上達天理，「德侔天地，道冠古今」，為人類有史以來的大聖人。

孟子曰：「孔子，聖之時者也。孔子之謂集大成；集大成也者，金聲而玉振之也。金聲也者，始條理也；玉振之也者，終條理也。始條理者，智之事也；終條理者，聖之事也。」（〈萬章下〉）孔子金聲而玉振之，是一位集大成的聖人。音樂之始是智之事，音樂之終是聖之事。以射箭為喻，射中是技巧，屬智；射至是力量，屬聖。孔子二者兼之。

子曰：「吾十有五而志於學；三十而立；四十而不惑；五十而知天命；六十而耳順；七十而從心所欲，不踰矩。」〈爲政〉

孔子自述其一生。邢昺疏：「此章夫子隱聖同凡，所以勸人也。」劉寶楠曰：「十五、三十云云者，夫子七十時追敘所歷年數也。」此時孔子超凡入聖，「道成肉身」，周遊列國，是行道天下。子畏於匡，曰：「文王既沒，文不在茲乎？天之將喪斯文也，後死者不得與於斯文也；天之未喪斯文也，匡人其如予何？」（〈子罕〉）孔子承擔文化使命。子曰：「十室之邑，必有忠信如丘者焉，不如丘之好學也。」（〈公冶長〉）志學是堅定目標而學，三十堅立不移。四十學益廣而不惑，五十知天命之承於天。此時孔子與天地合流。六十聽言而知微意；七十舉手投足皆合正道。

大宰問於子貢曰：「夫子聖者與？何其多能也？」子貢曰：「固天縱之將聖，又多能也。」子聞之曰：「大宰知我乎？吾少也賤，故多能鄙事。君子多乎哉？不多也！」牢曰：「子云：『吾不試，故藝。』」〈子罕〉

子貢以孔子爲天縱之聖人，又多能；孔子說大宰能了解我嗎？我年少微賤，故學會很多鄙事。孔子謂自己是歷鍊而來。大宰指吳大宰嚭，劉寶楠曰：「禮、樂是藝之大，不得爲鄙事；惟書、數、射、御皆是小藝，大宰所指稱也。」王向榮說：「多能是鄙事，君子且不貴，況聖人乎？蓋避聖之名，而示人以學聖之方也。」將聖意爲大聖。孔子弟子琴牢說，老師說自己不用故多藝。

（孟子）曰：「宰我、子貢、有若智足以知聖人，汙，不至於阿其所好。宰我曰：『以予觀於夫子，賢於堯、舜遠矣。』子貢曰：『見其禮而知其政，聞其樂而知其德，由百世之後，等百世之王，莫之能違也。自生民以來未有夫子也。』有若曰：『豈惟民哉？麒麟之於走獸，鳳凰之於飛鳥，泰山之於丘垤，河海之於行潦，類也；聖人之於民，亦類也。出於其類，拔乎其萃；自生民以來，未有盛於孔子也。』」（〈公孫丑上〉）

這是《孟子・養氣與知言》章最後結語。孫奭疏：「孟子爲丑言此三人其所以異者也。」弟子公孫丑問聖人有何不同，孟子答以宰我、子貢、有若三人之不同。最低限度不至於偏私而阿諛。宰我說：「以我宰予（字子我）看老師，比堯、舜偉大多了。」子貢說：「只要看老師的禮教就知政治理想，聽老師奏樂就知道德崇高。從此到百代之後，推想百代聖王必不違背老師。所以老師是人類有史以來的第一人。」有若說：「那裡只是人類呢？走獸中麒麟爲王，飛鳥中鳳凰爲后，丘陵中泰山爲尊，流水中河海爲大，都是同類啊！人類中聖人之道最高，也是同類啊！他們都是超越同類，精英中最傑出的；所以自有人類以來，沒有超過孔子的。」所贊異曲同工。蘇洵曰：「宰我、子貢、有若三子者，其智不足以及聖人高深幽絕之境，而徒得其下者焉耳。」又曰：「是知夫子之大矣，而未知夫子之所以大也，宜乎謂其智足以知聖人汙而已也。聖人之道一也；大者見其大，小者見其小，高者見其高，下者見其下，而聖人不知也。」⑨聖人之德至高而不可測。

子曰：「若聖與仁，則吾豈敢？抑爲之不厭，誨人不倦，則可謂云爾已矣！」公西華曰：「正

唯弟子不能學也！」〈述而〉

子曰：「君子道者三，我無能焉：仁者不憂；知者不惑；勇者不懼。」子貢曰：「夫子自道也！」〈憲問〉

孔子不敢以聖與仁自居，邢昺疏：「記孔子之謙德也。」乃自謙之辭，王向榮說：「孔子辭聖仁之名，而不能辭聖仁之實。」《說文》云：「聖，通也。」聖爲通達之意。孟子曰：「大而化之謂聖。」（〈盡心下〉）趙岐注：「大行其道，欲天下化之是爲聖人。」聖者欲天下之化。《說文》云：「仁，親也。」仁是親密之意。《中庸》曰：「仁者，人也。」仁是理想的人格⑩。孔子不願以仁與聖自居，子貢曰：「學不厭，智也；教不倦，仁也。仁且智，夫子既聖矣乎！」（《孟子．公孫丑上》）孔子是聖人。公西華以爲弟子不能學，亦爲謙辭。王向榮說：「此章一聖一賢，口氣兩般，而道理一貫。」君子之道有三，孔子說自己不能，亦是自謙。子曰：「知者不惑，仁者不憂，勇者不懼。」（〈子罕〉），又一見，知者與仁者互易。王向榮說：「〈子罕〉篇論學之序，故先知。」又說：「此之仁、知、勇三者，總名爲君子：不憂、不惑、不懼三者，總名爲君子之道。君子成德之稱，以成德言，故先仁。」先仁重在德。仁者坦然無私故不憂，智者通達事理故不惑，勇者義無反顧故不懼。此三達德是孔子有得之自道。

顏淵喟然歎曰：「仰之彌高，鑽之彌堅，瞻之在前，忽焉在後！夫子循循然善誘人：博我以文，約我以禮。欲罷不能，既竭吾才，如有所立，卓爾！雖欲從之，末由也已！」〈子罕〉

顏淵好學如孔子，聖賢契合，相得益彰。子曰：「語之而不惰者，其回也與！」（〈子罕〉）又曰：「吾與回言終日，不違如愚；退而省其私，亦足以發。回也不愚。」（〈爲政〉）顏淵語之不惰，親身力行，故有「仰之彌高」之歎。邢昺疏：「此章美夫子之道也。」王向榮說：「此顏子有得於聖道而深贊之也。」聖道仰之愈崇高，越鑽越堅深，瞻之若在前，忽焉又在後。老師又循序漸進地善誘人；用文化增廣我的見聞，用禮儀約束我的行爲。想停止也不能，竭盡我的才能，像有所成就，而老師卓立於前！雖想要跟上去，卻無路可尋啊！《莊子．田子方》云：「夫子步亦步，夫子趨亦趨，夫子馳亦馳，夫子奔逸絕塵，而回瞠若乎後矣！」孔子超絕遠去，顏淵瞠乎其後。蘇洵曰：「顏淵從夫子游，出而告人曰：吾有得於夫子矣！宰我、子貢、有若從夫子游，出而告人曰：吾有得於夫子矣！夫子之道一也，而顏淵得之以爲顏淵，宰我、子貢、有若得之以爲宰我、子貢、有若，夫子不知也。夫子之道有高而又有下，猶太山之有趾也。高則難知，下則易從；難知，故夫子之道尊；易從，故夫子之道行。非夫子下之而求行也，道固有下者也。」⑪孔子之道有高有下，高則不可及，下則人人易從。

三、孔顏之樂

孔子，名丘，字仲尼，周魯國昌平鄉鄹邑（今山東鄒城）人。生於魯襄公二十二年，卒於魯哀公十六年，（西元前五五一年——西元前四七九年），享壽七十三歲。父叔梁紇，年事已高，一子不良於行，再娶顏氏三女徵在，同禱於尼山求子，乃生孔子。孔紇爲鄹邑大夫，字叔梁，不久卒。孔子兒時設俎豆爲戲，陳禮容，先人正考父之鼎銘：「一命而僂，再命而傴，三命而俯，循牆而走，亦莫敢余侮；饘於是，粥於是，以糊余口。」（《史記．孔子世家》）生活儉約謙恭，其後必有達人。孔子身長九尺六寸，人謂之長人而異之。二十歲得子，魯昭公以二鯉賜之，取名鯉，字伯魚。韓愈曰：「聖人無常師，孔子師郯子、萇弘、師襄、老聃。郯子之徒，其賢不及孔子。」⑫孔子取衆人之長，子曰：「三人行，必有我師焉。擇其善者而從之，其不善者而改之。」（〈述而〉）孔子截長補短，以成聖人之德。

顏子，名回，字子淵，周魯國（今山東）人。生於魯昭公二十九年，卒於魯哀公十三年，（西元前五一三年——西元前四八二年），享年三十二歲。⑬父顏路，名無繇，字路，少孔子六歲，爲早期弟子。顏淵十三歲，從孔子學，孔子曰：「自吾有回，門人日益親。」⑭他是黃帝後裔，顏路爲魯卿士，娶齊姜氏，生顏回，有聖人之資。子曰：「回也！非助我者也！於吾言無所不說。」（〈先進〉）顏淵一生力行，注重實踐，「力行近乎仁」，幾於聖境，後世稱復聖。

子謂顏淵曰：「用之則行，舍之則藏；唯我與爾有是夫！」子路曰：「子行三軍，則誰與？」子曰：「暴虎馮河，死而不悔者，吾不與也。必也臨事而懼，好謀而成者也！」〈述而〉

孔子重言慎行，子曰：「道不行，乘桴浮於海，從我者，其由與？」（〈公冶長〉）對子路之勇，表示贊賞。顏淵才德兼備，可入聖域，是「具體而微」者，邢昺疏：「此章孔子言己行藏與顏回同也。」顏淵行藏若聖人。「行、藏，皆就道而言，人苟無道，則用之無可行，捨之無可藏。顏子身有此道，而又能得行藏之宜——見用則能行道於世，不見用則能藏道於身，所以孔子特別稱許他」⑮，顏淵有行藏條件，子路前不顧後，有勇無謀，「三軍」與「浮海」自是不同。統率三軍，如徒手搏虎，徒步涉水，死而不悔的人，則孔子不與，必須遇事有所戒懼，善謀慮而成事的人啊！

孔子知弟子有慍心，乃召子路而問曰：「《詩》云：『匪兕匪虎，率彼曠野。』吾道非耶！吾何為於此？」子路曰：「意者吾未仁耶！人之不我信也；意者吾未知耶！人之不我行也。」孔子曰：「有是乎？由，譬使仁者而必信，安有伯夷、叔齊？使智者而必行，安有王子比干？」子路出。子貢入見，孔子曰：「賜，《詩》云：『匪兕匪虎，率彼曠野。』吾道非耶！吾何為於此？」子貢曰：「夫子之道至大也，故天下莫能容夫子；夫子蓋少貶焉。」孔子曰：「賜，良農能稼而不能為穡，良工能巧而不能為順；君子能修其道，綱而紀之，統而理之，而不能為容。今爾不修爾道而求為容，賜，而志不遠矣。」子貢出。顏回入見，孔子曰：「回，《詩》云：『匪兕匪虎，率彼曠野。』吾道非耶！吾何為於此？」顏回曰：「夫子之道至大，故天下莫能容。雖然，夫子推而行之，不容何病？不容然後見君子。夫道之不修也，是吾醜也；夫道既已大修而不用，是有國者之醜也。不容何病？不容然後見君子。」孔子欣然而笑曰：「有是哉！顏氏之子，使爾多財，吾為爾宰！」（《史記．孔子世家》）

孔子厄於陳、蔡之間。楚欲聘孔子，陳、蔡大夫集眾圍孔子於野，絕糧，弟子病，不能興，孔子弦歌不輟。孔子困厄不亂，以「匪兕匪虎，率彼曠野」問弟子，此乃《詩經．何草不黃》之詩。兕、虎是野獸，奔馳曠野之中，孔子師弟爲何也在曠野之中呢？我的道不對嗎？子路說人家以我未仁，不相信我；以我未智，不讓我行道。孔子說，由，眞的嗎？若仁者必信，怎麼會有伯夷、叔齊呢？若智者必行，怎麼會有王子比干呢？子曰：「伯夷、叔齊不念舊惡，怨是用希。」（〈公冶長〉）伯夷與叔齊兄弟讓國，反對周武王「以暴易暴」滅紂王而不食周粟，餓死首陽山。王子比干諫紂王，不聽，以死力爭，紂王怒曰：「吾聞聖人心有七竅。」剖比干觀其心，遂死（《史記·殷本紀》）。子貢說，老師之道至大，天下不能容，老師稍微降低些。孔子說，賜，好農夫會種田不一定有好收成，好工匠能巧卻不一定順人意；君子修道有綱紀有條理而不求人容，你不修道而求人容，你的志向不遠。顏淵說，老師之道至大，天下不能容；如此，老師仍然推而行之，不容何必擔憂呢？不容才看出我們是君子。不修道才是我們慚愧的，道已大修而不用是國君慚愧的。何必擔憂不容呢？不容然後見君子。孔子欣然大笑說，顏氏的孩子，假使你多財，我就爲你管賬。聖賢困厄而不改其樂。

子曰：「富與貴，是人之所欲也，不以其道得之，不處也。貧與賤，是人之所惡也，不以其道得之，不去也。君子去仁，惡乎成名？君子無終食之間違仁；造次必於是，顚沛必於是。」（〈里仁〉）

王向榮說：「此言求仁工夫，由淺入深，其初必先打破富貴貧賤二關，其終必要打破利欲生死二關。」孔子一以貫之，以仁爲樂。富貴人人喜歡，不以正道得之，仁者不處。貧賤人人厭惡，不以正道得去之，仁者不去。富貴貧賤仁者與常人同，而去取與常人異。君子去仁，怎能成君子之名？劉寶楠曰：「君子知仁是美名，故終不去。仁所以能審處富貴，安守貧賤也。此君子是知者利仁也。」君子守仁而終身不去，一頓飯功夫也不違仁，急忙時如此，困頓時如此。劉寶楠曰：「終食之間，常境也；造次、顛沛，變境也。君子處常境，無須臾之間違仁；故雖值變境亦能依於仁行之。」君子終身行仁，故常樂。

子曰：「飯疏食，飲水，曲肱而枕之，樂亦在其中矣。不義而富且貴，於我如浮雲。」〈述而〉

這是孔子的典型生活。邢昺疏：「此章記孔子樂道而賤不義也。」富且貴本無不好，但不義不好。王向榮說：「此見孔子之樂，不因境而有所加損也。」君子處常道，不受環境影響。吃粗食，飲白水，飽了彎曲手臂枕之而臥，快樂就在這裡。不義的富貴如浮雲，與我何關呢？

子曰：「賢哉回也！一簞食，一瓢飲，在陋巷，人不堪其憂，回也不改其樂。賢哉回也！」〈雍也〉

子謂顏淵曰：「惜乎！吾見其進也，未見其止也。」〈子罕〉

子曰：「回之爲人也，擇乎中庸，得一善則拳拳服膺，而無失之矣。」（《中庸章句》）

顏淵之樂，不是簞食瓢飲可樂，而在不以貧賤移其志，改其樂。孔子贊美顏淵之賢在此，人不堪其憂，回則不改其樂，是行仁進德足以樂。子曰：「中庸之爲德也，其至矣乎！民鮮久矣。」（〈雍也〉）顏淵擇中道而行，不偏不易，守中行常，故常樂。

四、四科十哲

子曰：「從我於陳、蔡者，皆不及門也。」德行：顏淵、閔子騫、冉伯牛、仲弓；言語：宰我、子貢；政事：冉有、季路；文學：子游、子夏。〈先進〉

孔子六十三歲厄於陳、蔡，使子貢之楚，楚昭王發兵迎孔子，至楚。楚昭王將以書社地七百里封孔子，令尹子西不可曰：「王之使諸侯，有如子貢者乎？」曰：「無有。」「王之將帥有如子路者乎？」曰：「無有。」「王之官尹有如宰予者乎？」曰：「無有。」「王之輔相有如顏回者乎？」曰：「無有。」「楚之祖封於周，號爲子男。今孔子述三王之法，明周、召之業，王若用之，則楚安得世世堂堂方數千里乎？夫文王在豐，武王在鎬，百里之君，卒王天下。今使孔丘得據土壤，賢弟子爲佐，非楚之福也。」遂止。⑯楚昭王卒，孔子返魯，刪述《六經》而日與弟子游於《詩》、《書》、《禮》、《樂》之間。六十九歲，子伯魚死，不久顏淵卒。孔子因魯史修《春秋》，七十一歲，魯哀公十四年西狩獲麟，孔子觀之曰：「麟也。胡爲來哉？胡爲來哉？」反袂拭面，涕泣沾襟。（同前）孔子絕筆於獲麟。七十二歲，伯牛卒，仲弓亦卒，冬子路醢於衛。魯哀公十六年四月，孔子卒。孔子晚年，歎弟子飄零而不及門。

季康子問：「弟子孰爲好學？」孔子對曰：「有顏回者好學，不幸短命死矣！今也則亡。」〈先進〉

顏淵死，子曰：「噫！天喪予！天喪予！」（同前）

顏淵死，子哭之慟。從者曰：「子慟矣！」曰：「有慟乎？非夫人之爲慟而誰爲？」（同前）

顏淵死，門人欲厚葬之，子曰：「不可！」門人厚葬之。子曰：「回也，視予猶父也，予不得視猶子也。非我也，夫二三子也。」（同前）

孔子對顏淵不幸短命而死，感歎天亡我啊！天亡我啊！顏淵之死，孔子心痛不已，弟子過意不去，說老師太痛心了，孔子說有嗎？這個人我不心痛還爲誰心痛呢？顏淵安貧樂道，孔子不欲厚葬；但門人厚葬之。孔子說回啊視我如父，我不能視之如子，這不是我，是他們安排的啊！

子曰：「孝哉！閔子騫，人不閒於其父母昆弟之言。」（同前）

魯人爲長府，閔子騫曰：「仍舊貫，如之何？何必改作！」子曰：「夫人不言，言必有中。」（同前）

季氏使閔子騫爲費宰，閔子騫曰：「善爲我辭焉，如有復我者，則吾必在汶上矣。」〈雍也〉

閔子，名損，字子騫，魯國（今山東）人。少孔子十五歲，生於魯昭公六年，卒於魯哀公十六年，（西元前五三六年——西元前四七九年），享年五十八歲。閔子是孝子，「閔子侍側，誾誾如也」（〈先進〉）態度和悅莊重，孔子樂。「閔子早喪母，爲後母所苦。冬月，以蘆花衣之，其所生二子則衣之以綿。父令閔子御車，體寒失紖，父責之，閔子不自理，父察知之，歸驗其二子，則皆綿也。欲出後母，閔子前曰：母在一子寒，母去三子單。父善其言，而止。後母亦感悔，成賢母」。⑰閔子以孝感動後母，故孔子稱人不疑其父母兄弟之言。劉寶楠曰：「閔子不從父令則後母不遣，是其上事父母；兩弟溫煖無慍心，而恐母遣而兩弟寒，是下順兄弟。於是父感之，其後母與兩弟亦感之。可知此一不從父令而諫一家孝友克全，尤非尋常不苟從令可比。孔子稱其孝兼言兄弟，正指此事，是所謂動靜盡善也。」閔子之孝可比大舜。魯國長府是藏兵器貨賄之所，魯昭公欲伐季氏，居長府使不疑，並將予以擴建。閔子言因舊制修葺，何必改建？孔子贊閔子騫平常不言，一言即中。此不欲勞民也。季氏是魯國權臣，擅權專政，欲收閔子騫爲己用，閔子不屑。邢昺疏：「此章明閔損之賢也。」他請辭語氣和婉，王向榮說：「此大賢不仕權門，詞婉而意決也。」汶水在齊、魯交界，閔子言善爲我辭掉，如再派人找我，我已在汶水之北了。閔子親喪服畢，「孔子與之琴，使之弦，切切而悲，作而言曰：『先生制禮，不敢過焉。』孔子曰：『閔子哀未盡，而能斷之以禮，不亦君子乎？』」（同⑰）鼓琴而不盡其哀，「發乎情，止乎禮」，是謙沖之君子。閔子與孔子同年卒而稍早，故不及門。

冉伯牛，名耕，字伯牛，魯國（今山東）人。少孔子七歲，生於魯襄公二十九年，卒於魯哀公十五年，（西元前五四四年——西元前四七八年），享壽六十五歲。冉伯牛在《論語》僅二見，一是並列德行科高弟，一爲下例：

伯牛有疾，子問之，自牖執其手曰：「亡之，命矣夫！斯人也，而有斯疾也！斯人也，而有斯疾也！」〈雍也〉

伯牛得惡疾，「《白虎通‧德論》曰：伯牛危言正行，而遭惡疾。《淮南子‧精神訓》亦說：子夏失明，伯牛爲厲。厲即癘字之省。《說文》曰：癘，惡疾也。癘癩聲近，故朱註謂；先儒以爲癩也。果然，那就是近世所謂痲瘋了。」⑱痲瘋是絕症。孔子問疾，自窗牖執其手，孔子一摸說，死了，是天命吧！這種人卻得這種病！這種人卻得這種病！孟子曰：「宰我、子貢，善爲說辭；冉牛、閔子、顏淵，善言德行。」又曰：「子夏、子游、子張皆有聖人之一體；冉牛、閔子、顏淵具體而微。」（〈公孫丑上〉）冉牛即冉伯牛，於聖道具體而微。

仲弓，姓冉，名雍，字仲弓，魯國人。少孔子二十九歲，生於魯昭公二十年，卒於魯哀公十五年，（西元前五二二年——西元前四七八年），享年四十四歲。仲弓與伯牛是同宗，而爲人氣度不凡，有帝王之象。

子謂仲弓曰：「犁牛之子，騂且角，雖欲勿用，山川其舍諸？」〈雍也〉

犁牛是雜色之牛，祭祀上不用，僅可耕田。但犁牛之子，全身純赤色而角周正，雖想不用，山川之神豈肯放棄？仲弓出身低微，其德則可大用。

子曰：「雍也，可使南面。」仲弓問：「子桑伯子？」子曰：「可也，簡。」仲弓曰：「居敬而行簡，以臨其民，不亦可乎？居簡而行簡，無乃大簡乎？」子曰：「雍之言然。」（同前）

仲弓問仁，子曰：「出門如見大賓，使民如承大祭。己所不欲，勿施於人。在邦無怨，在家無怨。」仲弓曰：「雍雖不敏，請事斯語矣！」〈顏淵〉

仲弓爲季氏宰，問政。子曰：「先有司，赦小過，舉賢才。」曰：「焉知賢才而舉之？」曰：「舉爾所知；爾所不知，人其舍諸？」〈子路〉

冉雍可南面爲王。仲弓問子桑伯子如何？子桑伯子似隱者，孔子以其才德可，而太簡易。仲弓說態度誠敬而生活簡易，臨民則不苛，不也可以嗎？態度簡易而生活也簡易，恐怕太簡易了吧？無誠敬則失之輕率。孔子說雍的話對。仲弓態度雍容大度，眞是帝王之才。仲弓問仁，孔子說仁者出門像見大賓，使民像辦大祭，態度恭敬而愼重。自己不要的不加在別人身上。在諸侯之邦無怨，在大夫之家無怨。仲弓說願照老師的話做。邢昺疏：「此章明仁在敬恕也。」敬恕爲仁之本。仲弓任季氏邑宰，問政。孔子舉三項：第一、首先安排官職；第二、小過赦免不可濫罰；第三、舉用賢才。仲弓說怎知賢才舉用呢？舉你所知，你不知的，別人會放棄嗎？邢昺疏：「此章言政在舉賢也。」政治重在用人。

宰我，名予，字子我，魯國人。年歲不可考。利口善辯，長於言語，與子貢同科。

哀公問社於宰我，宰我對曰：「夏后氏以松，殷人以柏，周人以栗。曰：『使人戰栗。』」子聞之曰：「成事不說，遂事不諫，既往不咎」〈八佾〉

宰我問曰：「仁者，雖告之曰：『井有仁焉。』其從之也？」子曰：「何爲其然也？君子可逝也，不可陷也；可欺也，不可罔也。」〈雍也〉

宰我問：「三年之喪，期已久矣！君子三年不爲禮，禮必壞；三年不爲樂，樂必崩。舊穀既沒，新穀既升，鑽燧改火，期可已矣！」子曰：「食夫稻，衣夫錦，於女安乎？」曰：「安！」「女安，則爲之！夫君子之居喪，食旨不甘，聞樂不樂，居處不安，故不爲也。今女安，則爲之！」宰我出。子曰：「予之不仁也，子生三年，然後免於父母之懷。夫三年之喪，天下之通喪也。予也，有三年之愛於其父母乎？」〈陽貨〉

魯哀公問社，社爲土地之神，建國先立社，並植以國家之木。夏人種松，殷人種柏，周人種栗，栗是讓人看了戰慄。孔子聽了覺得宰我的解釋有附會之意，就說既成之事不說，過去之事不勸止，往事不去追問。松、柏、栗是依土質而種，不可曲解。宰我不解仁者，問仁者若告訴他井中有人，他就跳下去行仁嗎？孔子說仁者怎麼是這樣？他可去看看，卻不可陷害；可欺騙，卻不可誣罔。邢昺疏：「此章明仁者之心也。」仁者可欺之以方，而不可罔之以非道；可欺是仁，不可罔是智。「宰予晝寢」，孔子責之「朽木」與「糞土」，宰我落拓不拘而善於辯說。他認爲三年之喪太久，三年不行禮必壞，三年不行樂必崩；舊穀吃完，新穀上場，又是燧木改火之際，守喪一年就可以了。孔子說吃白米飯，穿錦衣對你安心嗎？宰我說安心，孔子說你安心就去做吧！君子守喪，吃美食不甘，聽音樂不樂，睡不安穩，所以君子不做。現在你安，就去做吧！宰我出，孔子說予眞沒仁心啊！做兒子的生下三年才能離開父母的懷抱，三年之喪是天下通喪，人人遵行，目的在報父母恩。至於宰我，對父母有三年愛心嗎？

子貢，姓端木，名賜，字子貢，衛國（今河北濮陽西南）人。少孔子三十一歲，生於魯昭公二十二年（西元前五二〇年），孔子卒，守喪六年始歸。子貢以爲自己才不及顏淵曰：「賜也何敢望回！回也聞一以知十，賜也聞一以知二。」（〈公冶長〉）孔子許之「瑚璉」，是華貴之祭器。子曰：「回也其庶乎！屢空。賜不受命而貨殖焉，億則屢中。」（〈先進〉）子貢不安貧賤而貨殖，買什麼常買對而賺錢。

子貢口辯擅外交。齊田常欲亂，以先攻魯震威。孔子聞之，謂門弟子曰：「夫魯，墳墓所處，父母之國，國危如此，二三子何為莫出？」子路請出，孔子止之；子張、子石請行，孔子弗許；子貢請行，孔子許之。（《史記．仲尼弟子列傳》）子貢至齊，說田常伐吳；至吳，說吳王夫差伐齊威晉。於是夫差敗田常，又向西與晉爭霸；越王句踐乘虛滅吳。結果「存魯，亂齊破吳，彊晉而霸越」（同前），子貢之功。子貢富有，曰：「貧而無諂，富而無驕，何如？」子曰：「可也。未若貧而樂，富而好禮者也。」（〈學而〉）孔子勉之好禮。

子貢曰：「如有博施於民，而能濟眾，何如？可謂仁乎？」子曰：「何事於仁？必也聖乎！堯、舜其猶病諸！夫仁者，己欲立而立人，己欲達而達之。能近取譬，可謂仁之方也已。」〈雍也〉

子貢曰：「管仲非仁者與？桓公殺公子糾，不能死，又相之。」子曰：「管仲相桓公，霸諸侯，一匡天下，民到于今受其賜；微管仲，吾其被髮左衽矣！豈若匹夫匹婦之為諒也，自經於溝瀆，而莫之知也！」〈憲問〉

子貢問為仁，子曰：「工欲善其事，必先利其器。居是邦也，事其大夫之賢者，友其士之仁者。」〈衛靈公〉

博施濟眾是大事業。子貢問能博施濟眾是不是仁？孔子說這那裡是仁？一定是聖吧！王向榮說：「仁只是成德之稱，聖人則德位時三者兼之。然以堯、舜之聖，阻饑之黎民，憫惻於先；不率之頑愚咨儆於後。未嘗自謂德洋恩溥，可以封泰岱，禪梁父而告成功也。」如此大事，堯、舜尚憂其難為哪！仁人是己立立人，己達達人，劉寶楠曰：「如己欲立孝道，亦必使人立孝道，所謂不匱錫類也；己欲達德行，亦必使人達德行，所謂愛人以德也。」孔子學不厭是己立己達，教不倦是立人達人。王向榮說：「己立立人，己達達人，是仁人事；能近取譬，是求仁事。爲仁從求仁始，求仁得仁，則仁矣。」近則由己做起，「爲仁由己，而由人乎哉？」又「仁遠乎哉？我欲仁斯仁至矣」，大道不遠，近在自身。子貢以管仲不仁。齊桓公殺公子糾，管仲不殉主，又爲齊相。孔子說，管仲輔佐齊桓公稱霸諸侯，匡正天下，人民到今天仍受其惠；沒有管仲，我們可能都變成野蠻人了！那像老百姓因小信而自殺，棄屍水溝中，還不知爲什麼而死呢！子貢問爲仁，孔子說工匠做東西要做好，必先準備好工具。在一國之中，必須結交賢大夫，與仁德之士爲友。

子貢擅於貨殖，《史記・貨殖列傳》云：「七十子之徒，賜最饒富；結駟連騎，束帛之幣以聘諸侯，所至國君無不分庭與之抗禮。夫使孔子名布揚於天下者，子貢先後之也。」子貢富抵諸侯，分庭抗禮；尊揚孔子，如日月之不可登。子貢相魯相衛，卒於齊。

冉有，名求，字子有，魯國人。爲伯牛、仲弓同族人，少孔子二十九歲，生於魯昭公二十年（西元前五二二年）。冉有謙退，孔子進之；子路兼人，孔子退之。二人個性不同而同列政事科。冉有多藝爲季氏家臣，又爲聖人之徒，心態頗矛盾。

季氏旅於泰山。子謂冉有曰：「女弗能救與？」對曰：「不能。」子曰：「嗚呼！曾謂泰山不如林放乎？」〈八佾〉

季氏富於周公，而求也爲之聚斂而附益之。子曰：「非吾徒也，小子鳴鼓而攻之可也！」〈先進〉

冉子退朝，子曰：「何晏也？」對曰：「有政。」子曰：「其事也！如有政，雖不吾以，吾其與聞之！」〈子路〉

冉有仕宦，未盡全力於聖道，孔子責以「今女畫」（〈雍也〉），是現實主義者。季氏擅權，孔子謂季氏：「八佾舞於庭，是可忍也，孰不可忍也！」（〈八佾〉）爲不可忍之事。季氏旅於泰山，旅是祭名，在泰山上祭祀；古禮諸侯祭山川於境內，而季氏陪臣祭於泰山。邢昺疏：「此章譏季氏非禮祭泰山也。」孔子對冉有說你不能阻止嗎？答說不能。林放問禮之本，子曰：「大哉問！禮，與其奢也，寧儉；喪，與其易也，寧戚。」（同前）難道泰山不如林放嗎？季氏富於周公，比魯君還富有，冉求還搜括民財以附益之，孔子生氣了，說這不是我的學生，你們可以鳴鼓攻之，聲討其罪。冉有不恤民力，非聖人之徒。有一次，冉有退朝，孔子問爲何這麼晚？冉有說因討論國政。孔子說是私事吧！如果是國政，我是大夫，現在雖不作官，但有國政還會讓我知道啊！冉有一切聽命於季氏，令孔子失望。「季氏將伐顓臾」章（〈季氏〉），孔子訓冉有，言「季氏之憂，不在顓臾，而在蕭牆之內」，季氏因此停止，故史籍未載。

季路，姓仲，名由，字子路，又字季路，魯國卞邑（今山東泗水東）人。生於魯襄公三十一年，卒於魯哀公十五年，（西元前五四二年——西元前四七八年），享壽六十五歲。子路是個野人，態度蠻橫，有一次頭戴雄雞冠，身佩野豬牙，在孔子面前躍武揚威，甚無禮；孔子設禮誘之，始改悟，因門人請爲弟子。但其個性行行然，在孔子身邊也瞪大眼睛，橫眉豎目的樣子。

子見南子，子路不說。夫子矢之曰：「予所否者，天厭之！天厭之！」〈雍也〉

子疾病，子路請禱，子曰：「有諸？」子路對曰：「有之，誄曰：『禱爾於上下神祇。』」子曰：「丘之禱久矣！」〈述而〉

子曰：「衣敝縕袍，與衣狐貉者立，而不恥者，其由也與！『不忮不求，何用不臧？』」子路終身誦之。子曰：「是道也，何足以臧？」〈子罕〉

子見南子是一個有名的故事，林語堂曾在民國十八年編成一齣「獨幕悲喜劇」，在曲阜孔廟附近的「山東省立第二師範學校」遊藝會上公演，而引起軒然大波。⑲南子是衛靈公夫人，淫亂，擅權，《史記·孔子世家》云：「（衛）靈公夫人有南子者，使人謂孔子曰：『四方之君子不辱，欲與寡君爲兄弟者，必見寡小君，寡小君願見。』孔子辭謝。不得已見之。」南子在絺帷中見孔子，不合禮；後衛靈公與夫人同車，孔子爲次乘，招搖過市。子路不悅。衛靈公有意用孔子，孔子居衛國甚久，欲俟機行治道。孔子不得已見南子，誓曰我行爲不合正道，天責罰我啊！天責罰我啊！孔子生病，藥石罔效，子路請祈禱，孔子說有這回事嗎？子不語：怪、力、亂、神，何必祈禱？子路說有啊！祭文說要向天神地祇祈禱。孔子說，我祈禱很久了！聖人虔誠恭敬，一如祈禱。孔子說，即使穿破袍子，和穿華麗皮大衣的人站在一起，毫不慚愧的，只有由吧！孔子引〈雄雉〉之詩，謂不忮害，不貪求，有什麼不好呢？子路整天誦之，孔子說是行正道，那能算眞善呢？

子游，姓言，名偃，字子游。吳國（今江蘇蘇州）人。少孔子四十五歲，生於魯定公四年，（西元前五〇六年）。子游嫻習禮儀，公卿大夫議禮有不能決，子游一言立決輕重。子游與子夏同列文學科，子游樂行聖人之道。子之武城，聞弦歌之聲，夫子莞爾而笑曰：「割雞焉用牛刀？」子游對曰：「昔者，偃也聞諸夫子曰：『君子學道則愛人，小人學道則易使也。』」子曰：「二三子！偃之言是也，前言戲之耳！」（〈陽貨〉）孔子到武城，聽到唱《詩經》的歌聲不絕，孔子微微一笑說，殺雞何必用牛刀呢？子游說以前我聽老師說，當政者學道則愛民，百姓學道則易於差使。孔子說你們聽，偃說得對，我只是開玩笑罷了！

子游爲武城宰，子曰：「女得人焉爾乎？」曰：「有澹臺滅明者，行不由徑；非公事，未嘗至於偃之室也。」〈雍也〉

昔者，仲尼與於蜡賓，事畢，出遊於觀之上，喟然而嘆。仲尼之嘆，蓋嘆魯也。言偃在側曰：「君子何嘆？」孔子曰：「大道之行也，與三代之英，丘未之逮也，而有志焉。」《禮記・禮運》

子游爲武城宰，孔子問，你在武城有沒有發現什麼賢人？子游說有澹臺滅明這個人，不走小路，不是公事不會到我的辦公室。有一次，孔子爲蜡祭之來賓。蜡是周代十二月索饗鬼神之祭，祭畢，孔子出遊於大門樓之上，不覺長歎一聲。《孔子家語・禮運》無「仲尼之嘆，蓋嘆魯也」，二句殆後人旁註夾入。子游問老師爲什麼歎氣？孔子說堯、舜大道之行的時代，與夏、商、周三代盛世，我來不及看到，但古書上有記載。這是孔子言大同與小康之始，子游與聞之。孔子道不行，子游行之，聖人頗爲欣慰。

子夏，姓卜，名商，字子夏。衛國溫邑（今河南溫縣）人。少孔子四十四歲，生於魯定公三年（西元前五0七年）。子夏擅文學，爲西河教授，西河之人視之若孔子，魏文侯師事之，名顯於諸侯。子夏傳經，受《易》、《春秋》於孔子，公羊高與穀梁赤受學焉，子夏亦傳《禮》。漢儒之經學皆本於子夏。

子夏問曰：「『巧笑倩兮，美目盼兮，素以爲絢兮。』何謂也？」子曰：「繪事後素。」曰：「禮後乎？」子曰：「起予者商也，始可與言詩已矣。」〈八佾〉

子謂子夏曰：「女爲君子儒，無爲小人儒。」〈雍也〉

子游曰：「子夏之門人小子，當洒掃應對進退則可矣，抑末也；本之則無，如之何？」子夏聞之曰：「噫！言游過矣！君子之道，孰先傳焉？孰後倦焉？譬諸草木，區以別矣。君子之道，焉可誣也？有始有卒者，其惟聖人乎！」〈子張〉

子夏引〈碩人〉之詩問孔子三句之意是什麼？倩兮，含笑的樣子；巧笑倩兮，形容笑貌如花；美目盼兮，形容秋波似水。巧笑、美目本來即美，加以一倩一盼，更是風情萬種。畫布本身質地潔白，才能使繪畫更鮮麗。這是什麼意思呢？孔子說一幅好畫之後，必先有潔白的畫布。子夏立悟，禮在後嗎？

美人之姿必須有禮以成之；繪事喻美人，素喻禮。子夏之悟，孔子說啓發我的是商啊！開始可以與你言詩了。接著，孔子勉子夏作君子儒，不作小人儒。君子儒是通儒，明於事理；小人儒是陋儒，迂腐不通。子游與子夏教學方法不同。子游指子夏之學生洒掃應對進退還可，但都是枝微末節；沒有眞正的內容，不教聖人大道怎麼可以呢？子游在武城以大道教百姓，而子夏看法不同。子夏聽了說，唉！老朋友子游太過分了。君子之道孰先傳，孰後倦呢？就像草木的分類，原無先後順序。君子之道怎麼可以妄斷呢？能把握始終一致的，大概只有聖人吧！

五、忠恕以貫

曾子，名參，字子輿，魯南武城（今山東費縣西南）人。少孔子四十六歲，生於魯定公五年，卒於魯悼公三十二年，（西元前五〇五年——西元前四三六年），享壽七十歲。曾子誠篤厚實，孔子謂「參也魯」（〈先進〉），父親曾點，曾子事父至孝。孔子對曾子言孝，是爲《孝經》。

仲尼居，曾子侍，子曰：「先王有至德要道以順天下；民用和睦，上下無怨，汝知之乎？」曾子避席曰：「參不敏，何足以知之？」子曰：「夫孝，德之本也，教之所由生也。復坐，吾語女！」《孝經．開宗明義章》

孔子閒居，曾子侍側。孔子說明先王以孝道爲治民之本，衆德之根，教化之源。曾子務實，篤誠不欺，「他日，子夏、子張、子游以有若似聖人，欲以所事孔子事之，強曾子。曾子曰：『不可！江漢以濯之，秋陽以暴之；皜皜乎，不可尙已！』」（《孟子・滕文公上》）曾子反對師事有若，因聖人不可比擬啊！

子曰：「參乎！吾道一以貫之。」曾子曰：「唯。」子出，門人問曰：「何謂也？」曾子曰：「夫子之道，忠恕而已矣！」〈里仁〉

子曰：「賜也，女以予爲多學而識之者與？」對曰：「然，非與？」曰：「非也，予一以貫之。」〈衛靈公〉

孔子言「一以貫之」有二：一是對曾子明示之，而曾子立悟；一是對子貢暗示，而子貢未明所指。二人之智不因此有高下，而孔子「一以貫之」立意甚明。孔子以仁立教，以仁一以貫之，「仁」與「道」同體同義，「形而上者謂之道」（《易・繫辭上傳》），道無形不可見，故曾子說：「老師之道，忠恕罷了！」忠則成己，恕則成人，成己成人是仁的具體表現。

曾子十七歲，從父命受學於孔子，見孔子必問安親之道，而身體力行之，所謂「孝弟也者，其爲仁之本與？」（〈學而〉）孝是行仁的功夫。

曾子曰：「吾日三省吾身：爲人謀，而不忠乎？與朋友交，而不信乎？傳，不習乎？」〈學而〉

曾子曰：「士不可以不弘毅，任重而道遠。仁以爲己任，不亦重乎！死而後已，不亦遠乎！」〈泰伯〉

曾子曰：「以能問於不能，以多問於寡；有若無，實若虛；犯而不校。昔者吾友，嘗從事於斯矣。」（同前）

曾子所行皆篤實功夫。每日三省吾身，邢昺疏：「此章論曾子省身愼行之事。」日日省愼，爲人謀盡忠不欺，交朋友盡信不欺，師傳盡習不欺。一切至誠無欺。參也魯，是指其篤實而不欺。士不可以不弘毅，任重而道遠。王向榮說：「此責士以體仁之學，仁是理，弘毅所以體此理也。功夫全在弘毅上。」弘是弘大，毅是堅毅，心胸弘大而能明斷事理。士之責在行仁成德，故重；至死責任方了，故遠。仁爲己任而至死不已，一以貫之。程子曰「參也魯，然顏子沒後，終得聖人之道者，曾子也。」⑳故曰顏子先進，曾子後進。曾子敬佩昔者吾友顏淵之行，劉寶楠曰：「君子常虛其心志，恭其容貌，不以逸群之才加乎衆人之上。視彼猶賢，自視猶不足也。」顏淵無伐善無施勞，故問不能問寡，若無若虛，而皆不與人計較。

孔子之道，得曾子而傳，後人皆信其說。「一、是根據《論語》忠恕一貫之說。二、是因爲孔子之道，至孟子而大顯。由孟子向上回溯，而子思，而曾子，而孔子，乃形成一傳承之統。朱子以《大學》（屬曾子）、《中庸》（屬子思）與《論語》、《孟子》合成四子書，便是基於此一認定。三、則如牟（宗三）先生之所說，曾子之守約愼獨的道德意識（所謂內聖工夫），乃本於孔子之仁教所應有的一步推進與加強」㉑，曾子傳道，一則是他的誠篤力行功夫，再則是孔門顏淵死後曾子的自覺。

結語

曾子是宗聖，地位極尊崇。

孔子是中國的大聖人，也是世界的大聖人。

孔子弟子三千人，身通六藝者七十二人，對後世的學術文化影響非常深遠，也是促成戰國時代諸子百家爭鳴的一股重要力量。孔子師弟之間生活的富贍，與情誼之篤實，是歷史上之美談，亦是人類以來未有之盛況，令後人無限崇仰與嚮往。

《論語》是孔子師弟之間言行錄。今天人情澆薄，時局不靖，貪欲腐蝕了人性，對此冷淡的社會，吾儕一介書生有何能力撥亂反正呢？也許只有提倡讀《論語》吧！《論語》是六經之精，寄託了孔子一生偉大的精神。

錢賓四先生說：「《論語》應該是一部中國人人必讀的書。不僅中國，將來此書，應成爲一部世界人類的人人必讀書。」㉒

研讀《論語》除了字句的解釋，務必原其本意外；最重要的是在言行上的實踐，生活中身體力行。「日本企業之父」澁澤榮一著《論語與算盤》一書，就是親身實踐《論語》而成功的企業家，他引導日本走向文明進步的現代國家，「一手持論語，一手持算盤」，一生誠摯地告誡日本人努力的方向。禮失求諸野，日本的文明進步值得我們借鏡。

孔子思想以人爲本，以人性爲出發點，仁就是人性的發揮，這是我們人類生活的寶典。《論語》的內容，溫馨，祥和，生趣，安適，自得，尤其充滿智慧，值得我們熟讀深思，如曾子之三省吾身，每天檢討自己做人的功夫。

【附註】

①見王師更生《國文教學面面觀》一書，〈以《論語》爲例，談《四書》教學之我見〉一文中。
②見《十三經注疏》本，《論語正義・公冶長第五》邢昺疏。
③見王向榮《論語二十講》上篇，第五講〈公冶篇〉。
④見南懷瑾《論語別裁》上冊，〈公冶長第五〉。
⑤見劉寶楠《論語正義・公冶長第五》。
⑥見蔡師仁厚《孔子弟子志行考述・復聖顏子》，顏子之志項。
⑦見段玉裁《說文解字注》七篇上。
⑧見丁福保編纂《說文解字詁林》第七。
⑨見蘇洵《嘉祐集・三子知聖人汙論》。
⑩見陳大齊《孔子學說》一書，第二編本論中心概念上，第四節〈仁〉。
⑪同⑨，蘇洵〈三子知聖人汙論〉。
⑫見韓愈《韓昌黎文集・師說》。
⑬顏淵之年。司馬遷《史記・仲尼弟子列傳》載，少孔子三十歲，早死，未記年數。王肅《孔子家語・七十弟子解》載，少孔子三十歲，三十一歲早死。程復心《周孔子論語年譜》載，孔子三十八歲，顏淵生；孔子六十九歲，顏淵死。熊賜履《學統・顏子》載，魯昭公二十九年冬十一月十一日，生顏子於魯；三十二歲卒於

魯，即魯哀公十三年秋八月二十三日也。《學統》記載甚詳，從之。

⑭ 見熊賜履《學統・顏子》。

⑮ 見蔡師仁厚《孔子弟子志行考述・復聖顏子》，顏子之才項。

⑯ 見司馬遷《史記・孔子世家》。

⑰ 見熊賜履《學統・閔子》。

⑱ 見蔡師仁厚《孔子弟子志行考述・善言德行的伯牛》，伯牛之疾項。

⑲ 見林語堂《大荒集・子見南子》。

⑳ 見熊賜履《學統・曾子》。

㉑ 見蔡師仁厚《孔子弟子志行考述・宗聖曾子》，曾子傳道項。

㉒ 見錢穆《孔子與論語・孔子誕辰勸人讀論語並及論語之讀法》。

《論語》《孟子》的修辭藝術初探

王基倫

提要

在中國文學研究的領域裏，將本屬儒家經典的《四書》，作為散文研究的對象，並不多見。然而《四書》文句樸質無華，不假雕飾，正符合文學品評的最高標準——「自然」。故筆者擬從內容與形式相結合的觀點，舉出《論語》《孟子》二書的實例，細心品味其自然之美。

關鍵詞：論語、孟子、語辭、文辭、虛字、文法、排比、譬喻。

壹、語辭與文辭合一

《論》《孟》二書都是師生言談的紀錄，語氣連貫，涵義簡明，爲其特色。讀此書或如讀小說一般，想像當時師生談笑風範以及答問的語氣。當初孔門立教，曾設立「言語」一科；教人學《詩》，也是要通達言語。劉勰《文心雕龍．書記》也說：「辭者，舌端之文，通己於人。」充分顯示講求語辭的重要。既已注重語辭，落實於筆墨之間，常有渾然天成的效果。

例如孔子的學生伯牛生病了，孔子想去看他。可是見到他以後，發覺那麼好的人，卻病得這麼嚴重，這時孔子不得不感慨地說：「斯人也，而有斯疾也。斯人也，而有斯疾也。」（雍也篇）又有一次，孔子周遊列國在外，屢次碰壁，路途中不由得想起家鄉的學生，於是歎道：「歸與！歸與！吾黨之小子狂簡，斐然成章，不知所以裁之。」（公冶長篇）類似的例子，在修辭學上稱爲「疊句」或「疊字」，的確能強調文章的語氣。可是孔子說這些話時，只是有感而發，脫口而出的語辭，不至於想到《論語》會輯錄成書，在今天看來，就是最自然的文辭了。

此外，孔子曾到武城，看到子游治民向善，弦歌之聲不輟，遂不禁莞爾而笑說：「割雞焉用牛刀？」（陽貨篇）像這麼膾炙人口的句子，出自聖人一時的靈感，我們可想見當時的氣氛，一幅談笑風生的景象。這也是語辭妙用所產生的效果。

《孟子》書也有強調語氣的話，如初見梁惠王時，就被詢及「何以利吾國」？孟子很反對爭權奪利的戰爭作風，於是開口回答道：「王何必曰利？亦有仁義而已矣！」以下連用排比句型，就王、大夫、士庶人三層，詳語言「利」之害，道理說完了，孟子再次強調他的立場：「王亦曰仁義而已矣，何必曰利？」（梁惠王上篇）就文章作法而言，結筆回應前文，文氣圓合完足，是篇前後照應的佳構。但就孟子初衷來說，乃是強調語氣，所以反覆申說而已。（註①）

貳、虛字與文法俱美

言談之間必有語氣的表現，落實成文往往成爲虛字的表現。虛字作法雖無一定，然亦有跡可尋。例如「也」和「矣」字，同樣可放在句尾，前者往往表示語意尚待繼續，有待補足；後者卻表示語意完盡清楚，了無餘蘊。且讓我們看一些文例：

子貢曰：「貧而無諂，富而無驕，何如？」子曰：「可也，未若貧而樂，富而好禮者也。」（學而篇）

子貢曰：「鄉人皆好之，何如？」子曰：「未可也。」「鄉人皆惡之，何如？」子曰：「未可也。不如鄉人之善者好之，其不善者惡之。」（子路篇）

子夏曰：「大德大踰閑，小德出入可也。」（子張篇）

右三章，都顯見用「可也」的時候，表示「稍微可以」的意思，但還不是至善。但是換成用「可矣」的時候又有所不同了，如：

子曰：「朝聞道，夕死可矣。」（里仁篇）

季文子三思而後行。子聞之曰：「再，斯可矣。」（公冶長篇）

這兩個例子，一個表示朝聞夕死，毫無遺憾：一個表示再次思考，就毋須顧慮。足見「可矣」是用在了無牽掛的地方。虛字的使用，往往不宜輕苟。（註②）

次就文法上講，《論》《孟》皆有倒裝句的運用，最常見的是表態句的主語和謂語互調。如《論語》〈子罕篇〉：「大哉孔子」，〈先進篇〉：「孝哉閔子騫」，〈衛靈公篇〉：「直哉史魚，君子哉蘧伯玉」；《孟子》〈滕文公上篇〉：「大哉堯之爲君，君哉舜也」，〈盡心下篇〉：「不仁哉梁惠王也」。上述文例均以「哉」字居中，既是修辭學的「感歎格」，也是「倒裝格」，意思是「孔子眞偉大啊！」「閔子騫眞孝順啊！」……究其倒裝句形成的主因，恐怕也是出於自然的口語。由此可見，以語氣詞配合文法句型的運用，亦能造成相輔相成、相得益彰的修辭藝術。

叁、對偶與排比並陳

陳望道先生《修辭學發凡》認爲，對偶和排比有別：

(1)對偶必須字數相等，排比不拘；
(2)對偶必須兩兩相對，排比也不拘；
(3)對偶力避字同意同，排比卻以字同意同爲經常狀況。（註③）

就《論》《孟》二書看來，對偶與排比經常出現，尤其《孟子》成書較晚，在這方面更有表現。

在對偶方面，《論語》有：

君子坦蕩蕩，小人長戚戚。（述而篇）

見危致命，見得思義。（子張篇）

《孟子》書除了引用《詩》《書》多屬對偶句外，文辭中亦有；

草木暢茂，禽獸繁殖。（滕文公上篇）

遺佚而不怨，阨窮而不閔。（萬章下篇）

父母俱存，兄弟無故。（盡心上篇）

除此之外，《論語》尚有「回文對」，即上下兩句詞彙相近，而詞序恰好相反的辭格。如：

子曰：「君子周而不比，小人比而不周。」（爲政篇）

子曰：「學而不思則罔，思而不學則殆。」（爲政篇）

父爲子隱，子爲父隱。（子路篇）

子夏曰：「仕而優則學，學而優則仕。」（子張篇）

上四例，直可視作「格言」讀。細思回文對的作法，較一般對偶更謹嚴、更周密，即使出之於口語，也較平常稍費思量；恐怕其中有些已經過潤飾，邁入純文辭的境地。

「排比」方面則《孟子》書中不勝枚舉，甚至整章皆排比者：

孟子曰：「自暴者不可與有言也，自棄者不可與有爲也。言非禮義，謂之自暴也。吾身不能居仁由義，謂之自棄也。仁，人之安宅也；義，人之正路也。曠安宅而弗居，舍正路而不由；哀哉！」（離婁上篇）

其他零星短小的排比句，《論》《孟》二書隨處可拾。大致說來，孟子身處戰國時代，天下縱橫捭闔，論辨激增，故孟子雖不好辯，亦需舌戰墨家、農家、縱橫家之徒。復以孟子善讀《詩》《書》，配字與省筆作法甚多，造成排句勃興的盛況。（註④）。

肆、譬喻與象徵參用

孔子設帳授徒，為求講解明白，常以譬喻作說明。及至戰國時代，孟子說理對象包括國君權臣，為了使立論更為生動警切，既能聳動人心，又不傷和氣，於是譬喻更富有象徵意義，演變成富有寓意哲理的故事來。

孔子曾說：「歲寒，然後知松柏之後凋也。」（子罕篇）這是借松柏之後凋，比喻亂世識忠臣。又如子張篇有許多人稱贊子貢比老師賢明，子貢就說：「譬之宮牆，賜之牆也及肩，窺見家室之好。夫子之牆數仞，不得其門而入。不見宗廟之美，百宮之富；得其門者或寡矣。」子貢的譬喻，說明了自己不如老師的原因。

孟子的譬喻就更多了，例如他批評楊朱的自私自利：「楊子取為我，拔一毛而利天下，不為也。」（盡心上篇）自私到「一毛不拔」的程度，這個譬喻夠貼切了吧！

孟子主張「仁者無敵」，可是天下君王沒有一位願行仁政，反而以為「仁政」無用。於是孟子說：「仁之勝不仁也，猶水勝火。今之為仁者，猶以一杯水救一車薪之火也；不熄，則謂之水不勝火。此又與於不仁之甚者也，亦終必亡而已矣。」（告子上篇）

這段話就是「杯水車薪」的成語出處。又如「揠苗助長」、「齊人之福」的故事，都象徵著社會的病態。其他「挾泰山以超北海」、「爲長者折枝」、「明足以察秋毫之末而不見輿薪」，這些耳熟能詳的例子，皆出自孟子口中，從可想見孟子口才的鋒利了。難怪蘇洵讚美孟子的文章，「語約而意盡，不爲巉刻斬絕之言，而其鋒不可犯！」（註⑤）

伍、結語

綜上所述，可知《論》《孟》二書頗具修辭藝術。簡約、質樸、無浮筆、無濫辭，這是《論》《孟》文章高明處。出乎清新自然，少有刻意修飾，而能有如此精簡的語句，恐怕也是各文家望塵莫及的吧！當然，除了合乎文學崇尚「自然」的標準之外，《論》《孟》修辭、虛字、文法、風格等各方面實例，自有其值得注意處，筆者所舉僅是鼎嘗一臠而已，若能由此舉一反三，必能發覺《論》《孟》文章雋永有味，值得細心探討。

【附註】

① 有關《孟子》文章前後照應之例，詳見拙著《孟子散文研究》第七章第三節甲項，《師大國文研究所集刊》第二十九期，頁九十六至九十八，民國七十四年六月。

② 有關《孟子》文章虛字之例，詳見拙著〈孟子書之虛字用法析論〉，《孔孟月刊》第二十五卷第三期，頁三

十四至三十九，民國七十五年十一月。

③ 引自陳書第八篇第三節，頁二〇一。該書臺灣版被改名《修辭類說》，文史哲出版社，民國六十九年九月再版。

④ 有關《孟子》文章排比之例，詳見拙著《孟子散文研究》第七章第二節丙項，同註①，頁九十二至九十三；至於配字與省筆能形成排句的文例，亦參見此書第七章第一節丙、丁項，頁八十一至八十四。

⑤ 語出蘇洵〈上歐陽內翰第一書〉，《嘉祐集》卷十一，商務印書館四部叢刊本。

從劉勰《文心雕龍·諧讔》探討傳統滑稽文學的生態結構及理論特點

尤雅姿

提要

本論文係以《文心雕龍·諧讔》為基礎文獻，嘗試觀察劉勰對於傳統滑稽文學創作動機的認識，及其對滑稽文學的表現技巧和教化功能的體認，並且由劉勰所建構的理論規模中，逐步探索我國傳統滑稽文學的生態結構，包括滑稽的發生原因、出現的環境條件、發生者的身心狀況以及衍生的社會效應等，且抽繹出箇中的原理以掌握我國滑稽文學理論的特徵，為求多角度的詮釋，故援用部分西方喜劇美學理論以作補充說明。

關鍵詞：文心雕龍、諧讔、滑稽、幽默、諷刺、笑、喜劇美學

一、前　言

〈諧讔〉是劉勰在《文心雕龍》文體論中「論文」①部份的最後一篇。該篇遵循〈序志〉所訂立

的論述綱領：即「原始以表末，釋名以章義、選文以定篇、敷理以舉統」的原則，針對「諧」和「讔」等兩種相類的文學體裁，依次說明它們在文類定義上的概念範疇，以及在文學史上的源流、發展和演變，並從歷代具體的諧讔作品中，歸納董理出諧讔體的創作規律、審美效應和文學的目的與功能等，藉以控引諧讔文學的創作者能步上理想的發展軌道，因此，《文心雕龍・諧讔》稱得上是我國從商周以迄兩晉約千餘年間的滑稽文學理論代表作。

劉勰說：「諧之言皆也，辭淺會俗，皆悅笑也。」指出「諧」作爲一種文學體裁，其文體特徵是：文字通俗淺顯，能博取讀者們開懷悅笑的反應。劉勰又說：「讔者，隱也；遯辭以隱意，譎譬以指事者也。」說明「讔」的文體特徵是：措辭要刻意曲折，譬喻要巧妙詭譎，讀者在閱讀時必須動腦筋推敲，才能玩味出隱藏於其中的弦外之音。所以「諧」和「讔」雖然是獨立而相異的文體，但彼此卻共有著相似的修辭要領、審美反應和文學目的，〈諧讔〉說：「隱語之用，被于紀傳。大者興治濟身，其次弼違曉惑。蓋意生於權譎，而事出於機急，與夫諧辭，可相表裏者也。」質言之，即「諧讔」都是採用譎辭飾說的表現技巧，能誘使讀者在猜測、鬥智中喜獲消遣解悶的趣味，並且總在笑過之後，領悟到某種事理的啓示，所以它們皆以順美匡惡，興治濟身爲其文學目的；這就是劉勰將「諧辭」和「讔言」共置於一篇來加以論述的原因。

劉勰秉持著其精湛深刻的文學卓識，正視了處於邊陲地帶的諧讔文體，他的眞知灼見不但爲諧讔體立下了完整的創作與批評理論體系，同時也爲古往今來數量龐大的諧讔作品確立了安頓的範疇，包括民間通俗文學中的謠、諺、隱語、謎語、歇後語、笑話、俏皮話，和遊戲文學中的繞口令、集句詩、離合詩、字謎詩、聯邊詩等，此外歷史上的滑稽傳錄、詼諧言論和諷刺類的寓言文學等，也都可以被網羅進來，甚至於近代報章雜誌上的趣談、滑稽文學、政治漫畫上的妙批、諷刺社會時事的評論文章，以及現代流行於青少年和學童之間的「腦筋急轉彎」等，也都離不開諧讔體「遯辭以隱意」及「皆悅笑也」的文類特徵。由此看來，劉勰所建立的文學理論體系果眞是體大思精、淹通古今，這也是現代研究喜劇美學的學者，如朱光潛、湯哲聲、潘智彪等，莫不大力推崇《文心雕龍》的〈諧讔〉，乃是我國古代文論中最早的一篇喜劇美學論著②。

由於歷代的諧讔體作品繁複多樣，而且在名稱的使用上也不一致，有的稱詼諧文學，有的稱幽默文學，有的稱笑書、趣談、滑稽文學、諧謔文學、嘲諷文學等不一而足，所以本文在論述之前，有需要先作正名的工作。從「諧讔」來說，劉勰所設立的「諧讔」體一詞，自然有它的概念範圍，不過，若放在今日討論，「諧讔」似可以「滑稽」來取代，因爲「滑稽」已被認爲是美學體系中的一個範疇，它的涵蓋面廣闊，既可以作爲一種文學體裁，也可以是一種表現手法，或是一種審美心理感受，如果把滑稽作爲一種文體的概念，那麼滑稽文學指的是那些運用滑稽的修辭技巧、能引起滑稽悅笑的心理反應的文學作品，包括滑稽謠諺、遊戲文學、笑話、規諷寓言、和一些運用滑稽表現手法得當的言詞及行爲等，因此，以「滑稽」來取代「諧讔」的概念，應該是可以被接受的，再者；徵諸〈諧讔〉的內容，也的確與此範疇一致，所以本文即採「滑稽文學」的概念，嘗試詮釋劉勰所成就出來的喜劇美學中的滑稽範疇。

詼諧逗趣的滑稽言行，是人類文化發展史上一種源遠流長的喜劇形態，由於它的表現方式機伶逗趣，所以頗受大衆審美習性的歡迎。在我國，《史記》的〈滑稽列傳〉是最早記錄滑稽史實的文獻；而劉勰《文心雕龍》的〈諧讔〉則是最早探討滑稽文學理論的著述，傳統對於「滑稽」名義的解釋，可以唐・司馬貞在《史記・滑稽列傳・索隱》的詮訓爲代表：

> 滑，謂亂也；稽，同也。以言辯捷之人，言非若是，說是若非，能亂同異也。……崔浩云：「滑音骨，稽，流酒器也。轉注吐酒，終日不已，言出口成章，詞不能窮竭，若滑稽之吐酒。」……姚察云：「滑稽猶俳偕也。滑讀如字。稽音計也。又以言諧語滑利，其知計疾出，故云滑稽也。

從司馬貞所徵舉的訓詁中，我們瞭解滑稽一詞指的是靈心慧舌、巧言善辯、反應機敏的滑利文辭。若再根據〈滑稽列傳〉中關於優孟、優旃、東方朔的行爲特徵記載，滑稽一詞的意義，還應該包括俳優們在說笑諷諭時，爲求喜劇性的效果，而必然伴隨著的詼諧動作和誇張表情，所以，滑稽的概念，就又包含了這種特定模式的表現技巧。我們若再考慮到滑稽創作者與接受者的心理反應，還能發現到滑稽爲何可以達成規過勸善的教化功能，因爲：誇誕古怪、正言若反的滑稽言行，常能逗笑身處其境的人們，而人們每因笑而鬆弛，於是就在這輕鬆的氣氛中，他會暫時撤去心理上的敵意防備，所以比較容易接受滑稽言行的誘導，進而順應對方所暗示的規諷要求，成功達成順美匡惡的教化功能，至於滑稽進諫的優人們也能夠在悅笑歡喜的情境中，受到安全的庇護，免除因爲直諫犯怒所可能遭遇到的迫害，所以，滑稽是寓諫於笑的喜劇形態，它在裝瘋賣傻、嬉笑怒罵的外在形式下，最好也要具備嚴正的社會意蘊，這個要求也是我國滑稽文學作家及理論家，很早就自覺到的創作理念及評論標準，劉勰在〈諧讔〉的贊辭中就說到：「古之嘲隱，振危釋憊，雖有絲麻，無棄菅蒯。會義適時，頗益諷諫。空戲滑稽，德音大壞。」

本論文擬從劉勰對於滑稽文學創作動機之認識、及其對滑稽文學的表現技法與其教化功能之體認等兩方向擴大進行討論，以掌握我國滑稽文學的生態結構，包含發生的背景、發生的原因、發生者彼此之間的關係，發生時的反應及發生後的各方面影響，並抽繹出其中的原理與規律，爲求詮釋深入，亦將援用部分西方喜劇理論來作補充說明，學殖淺陋，闕誤必多，甚盼博雅方家，不吝賜教。

二、劉勰對滑稽文學創作動機的體認

時代性、世俗性和喜劇性是滑稽文學的生命力，當政治社會發生錯誤、紊亂而使人民的生活受到委屈不幸時，人民每善於運用形象的錯位藉以造成滑稽突梯的圖象，以發抒內心的忿忿不平或是不以爲然的鄙夷之情。劉勰從《詩經》、《戰國策》、《國語》、《左傳》、《禮記》、《史記》、《漢書》、《三國志》、《列女傳》等文獻，體認到因爲政治上的人謀不臧，致使人民產生怨怒之情，於是刺激作者構畫設計出不少的滑稽謠諺、篇章或者是言語行爲等，〈諧讔〉說：

芮良夫之詩云：「自有肺腸，俾民卒狂。夫心險如山，口壅若川，怨怒之情不一，歡謔之言無方。」

此處劉勰從《詩．大雅．桑柔序》的「桑柔，芮伯刺厲王也」以及〈桑柔〉的十六章詩歌中歸納出此詩的創作動機，係因爲周厲王專斷貪利，瘼害百姓，使得國家昏亂、進退維谷，賢人芮伯憂國恤民，不忍坐視，因而賦詩譏刺時政，詩之第七、八章曰③：

天降喪亂，滅我立王，降此蟊賊，稼穡卒痒，哀恫中國，具贅卒荒，靡有旅力，以念穹蒼。

維此惠君，民人所瞻，秉心宣猶，考愼其相，維彼不順，自獨俾臧，自有肺腸，俾民卒狂。

劉勰認爲這種以嘲笑口吻發抒怨怒之情的民間詩歌，其創作動機係肇端於政治環境的濁垢險惡，由於生活條件惡質化，使得廣大的民眾其幸福受到嚴重的威脅與打擊，因而造成民心忿恨不滿，積怨塡膺，所以就創作出歌謠、諺語、詩篇等作品來挖苦君王、奚落時事，這正是《國語．周語》中所說的：「召公曰：『防民之口，甚於防川，川壅而潰，傷人必多，民亦如之。』」當然，〈桑柔〉只是劉勰擷取自《詩經》中的一例，在〈國風〉之中，秉持著「心險如山，口壅若川，怨怒之情不一，歡謔之言無方。」而創作出來的滑稽詩歌還有不少，例如〈鄘風．鶉之奔奔〉用居有常匹，飛則相隨的鶉鳥，來笑話衛宣姜的不純不良，詩曰：「鵲之彊彊，鶉之奔奔，人之無良，我以爲君。」；又〈相鼠〉的作者藉著有皮有齒有體的老鼠，來譏笑無禮無儀的人，簡直連一隻老鼠都不如，詩曰：「相鼠有皮，人而無儀，人而無儀，不死何爲？」；或如〈邶風．新臺〉的作者以粗竹席「籧篨」和蟾蜍「

戚施」④來挖苦衛宣公「癩蛤蟆想吃天鵝肉」的醜態，又〈唐風．山有樞〉以對比的修辭法，突出了吝嗇的闊佬有財不能用的蠢相，詩曰：「山有樞，隰有榆，子有衣裳，弗曳弗婁；子有車馬，弗馳弗驅，宛其死矣，他人是愉。」；又如〈魏風．碩鼠〉的作者厭憎苛賦重斂的稅政剝削，因而拿毛茸茸的貪吃大老鼠來加以諷刺，詩曰：「碩鼠碩鼠，無食我黍，三歲貫女，莫我肯顧，逝將去女，適彼樂土，樂土樂土，爰得我所。」可見作爲中國最早的一部詩集—《詩經》，其中已有不少篇章創作是針對政治現實和社會生活的不滿而發的牢騷怨言，以〈國風〉來說，它主要是各地方的民歌作品，由於一般庶民百姓鍾愛喜劇性、直觀性和通俗性的表達方式，所以設計了這些以誇張、對比、比喻等形象錯位的構畫手法，創造出一篇篇語涉詼諧、意趣嚴正的滑稽詩篇。朱光潛在〈詩與諧讔〉一文中說「諧讔」是「諧趣」（The sense of humour），它是人類原始的，普遍的美感，是「以遊戲的態度，把人事和物態的醜拙鄙陋和乖訛當作一種有趣的意象去欣賞。」⑤先民也相信，冷嘲熱諷、聲東擊西的滑稽文學不但宣泄了他們抑鬱憤懣的情緒，甚至也能產生遏阻邪僻、糾舉錯誤的功能，這是滑稽文學的另一個創作動機，〈諧讔〉又說：

昔華元棄甲，城者發睅目之謳；臧紇喪師，國人造侏儒之歌；並嗤戲形貌，內怨爲俳也。又蠶蟹鄙諺，貍首淫哇，苟可箴戒，載於禮典，故知諧辭讔言，亦無棄矣。

此處劉勰又從《左傳》的史料文學進行履勘，掌握到民衆所以編撰滑稽謠諺的動機，除了源於對現實的不滿，想藉著嬉笑怒罵來發抒內心的怨怒外，還因爲「嗤戲形貌」的歌謠、諺語、笑談，具有軟中帶刺、綿裏藏針的箴戒糾彈作用，劉勰以魯宣公二年之例爲說，當年鄭國攻伐宋國，宋國吃了敗仗，宋國大夫華元因而遭到俘虜，其後宋國爲了營救華元而以盔甲去贖回他，沒想到盔甲才護送到半路，華元就已經狼狽地逃竄了回來，這件事遂成爲民間流傳的笑柄，後來宋國修築城牆，華元負責工程的監督，築城的役夫就唱著滑稽的歌謠，來戲謔他的形貌和糗事，以不齒他懦弱畏死的行徑，歌謠如下：「睅其目，皤其腹，棄甲而復。于思于思，棄甲復來。」另外在《左傳．襄公四年》中也有類似之例，當年邾國和莒國合兵攻擊鄫國，魯國大夫臧武仲，爲救鄫國而侵犯了邾國，結果敗給了狐駘，魯國人於是編了侏儒之歌，譏嘲身材矮小的臧武仲不自量力，打了敗仗，歌云：「臧之狐裘，敗我於狐駘。我君小子，侏儒是使。侏儒侏儒，使我敗於邾。」所以說滑稽嘲戲的民間歌謠其創作動機之一是在彈劾錯誤、糾正失敗。以研究笑著稱的學者柏格森，在《笑》一書中指出笑「的確是一種社會制裁的手段」，他說⑥：

在大社會當中的一切小社會都由於一種模糊的本能，想出一套辦法來糾正和軟化它的成員從別處帶來的僵硬的習慣。眞正的社會也不例外。必須使每一個成員經常注意他的周圍，仿傚他周圍的人行事，避免他頑固自守或關在象牙塔裏。因此，社會在每個成員頭頂籠罩上一層東西——即使不叫懲罰的威脅，至少也可說是遭到羞辱的前景。這種羞辱儘管輕微，卻也一樣可怕。笑的功用就應該是這樣的。對被笑的對象來說，笑多少總有點羞辱的意味，它的確是一種社會制裁的手段。

由柏格森的說明，我們益發瞭解到宋國人之模擬華元的形貌行徑、魯國人之以侏儒戲笑臧紇，或是《詩經》中的癩蛤蟆、鵲鳥、碩鼠……等滑稽構形，是民衆刻意的仿傚，藉以指摘出那些不宜的行事和作爲，人民用笑來嚇阻邪行的蔓延擴大，並且也用滑稽的訕笑表示這些人事不值得嚴肅正經地對待，此外，因爲笑具有情緒上的感染性，一人笑，十人笑，百人笑，很快地就將滑稽謠諺流傳開來，而達到群體共同糾正的制裁力量，皮丁頓在《笑的心理學》⑦說明了這種社會性的輿論懲罰作用，他說：

正如懲罰犯罪行爲可以毫無疑問地附帶起到威懾作用，笑，也可以起到懲罰的社會性功用。但是，在這兩種情況下，懲罰是社會對於那些使社會賴以存在的社會價值體系遭到傷害的行爲的直接反應。同樣，在這兩種情況下，當個人要爲懲罰的起因負責的時候，他在實際上會感到自卑，因爲他已經觸犯了社會。但是，如果他犯了滑稽的過錯，他會感到格外羞愧。因爲，他所招致的這種懲罰（笑）意味著他的行爲不值得嚴肅地對待，他因爲無法使他的社會群體生氣而不可能感到滿足。正如阿德勒所言，很多犯罪的原因都可以從中找到解釋。正因爲如此，滑稽雖貌似浮淺，但在所有的社會懲罰中是最令人畏懼的。

所以劉勰又舉《禮記．檀弓》之例來說明滑稽俗諺在創作時考慮到的箴戒目的。〈檀弓〉載魯國成地人流傳著「蠶則績而蟹有匡，范則冠而蟬有緌，兄則死而子皋爲之衰。」的俗諺，這個俗諺的創作源起，係針對成地有位民衆，他的哥哥死了卻不爲他服喪服，後來聽說孔子的學生子皋要來成邑擔任地方官，才趕緊穿戴上衰服，這個詼諧的諺語借著蠶在蟹筐內作繭，但蟹筐可不是為了蠶要績絲為繭而作的，以曲折地糾正成邑人，喪服應是為兄長逝世而穿的，可不是怕學禮的子臯要處罰他才穿的。因此，滑稽的鄉鄙謠諺，其外貌看似浮淺湊泊，但其原始的創作動機，並不是瞎掰搞笑而已，它具備著「不應該如此」的嚴肅批判內涵，以及「應該如彼」的教育意味。劉勰體認到鄉里間流傳的滑稽俚諺也深具教化之意，所以〈諧讔〉說：「蠶蟹鄙諺，貍首淫哇，苟可箴戒，載於禮典。」劉勰這種創作意識的自覺，不但是自先秦以迄魏晉的滑稽文學創作原則，而且其後代代賡續，例如明人郭子璋在《諧語．序文》⑧中說：

> 夫諧之于六語，無謂矣，顧《詩》有善謔之章，《語》有莞爾之戲，《史記》傳列〈滑稽〉，《雕龍》目著〈諧讔〉，邯鄲《笑林》、松玢《解頤》，則亦有不可廢者。顧諧有二：有無益於理亂，無關於名教，而禦人口給者，班生所謂口諧倡辯是也，有批龍鱗於談笑，息蝸爭於頃刻，而悟主解紛者，太史公所謂談言微中是也。

又如清人石成金在《笑得好．自序》中也說⑨：

> 予乃著笑話書一部，評列警醒，令讀者凡有過愆偏私，朦昧貪癡之種種，聞予之笑，悉皆慚愧悔改，俱得成良善之好人矣。

又清．小石道人也說⑩：

> 若乃以放誕為風流，以刻薄為心術，而不含其諷刺之切、勸諷之取，則大失作者之本意矣。

滑稽文學的創作動機除了抒遣怨懟不平的情緒、制裁缺德邪曲的行爲外，暫時圖個輕鬆愉快，清和調暢一下身心，也是一個創作、閱讀或流傳滑稽文學的重要誘因，雖然，劉勰堅持主張所有的滑稽諧讔作品都必須恪守「有益時用」的大前提，認爲「空戲滑稽」所造成的「搏髀而抃笑」，不過是「童稚之戲謔」、「溺者之妄笑」般幼稚愚妄，但不容忽視的是，劉勰已經深刻地抽繹出「笑」的反應是一切諧讔文學的共同特徵，而且還認識到「談笑」對於精神肉體的健全大有裨益，〈養氣〉說：

……至於文也，則申寫鬱滯，故宜從容率情，優柔適會。……是以吐納文藝，務在節宣，清和其心，調暢其氣……逍遙以針勞，談笑以藥倦……斯亦衛氣之一方也。

由於滑稽文學的表現技巧絕不平鋪直敍，它運用雙關取譬、誇張變形、突梯錯位和有趣的懸念設計等手法，吸引人去琢磨滑稽文學箇中的寓意，所以頗饒意趣，令人發噱，而就在讀者忍俊不禁、哈哈一笑時，不但他們一肚子的牢騷消歸烏有，而且還因爲笑的行爲促進了氧氣的吸入，增強了心肺的運動功能，使得人精神奕奕，興高采烈，此即劉勰所指出的：「逍遙以針勞，談笑以藥倦。」，而人誰不盼望在沈悶枯躁的生活壓力下，享受一下片刻鬆弛的自由和歡笑的樂趣，近人佛洛依德曾說⑪：

生活正如我們所發現的那樣，對我們來說是太艱難了；它帶給我們那麼多痛苦、失望和難以完成的工作。爲了忍受生活，我們不能沒有緩衝的措施，……這類措施也許有三個：強而有力的轉移，它使我們無視我們的痛苦；代替的滿足，它減輕我們的痛苦；陶醉的方法，它使我們對我們的痛苦遲鈍、麻木。這類措施是必不可少的。

佛洛依德認為：當人們遭到困頓、失敗、痛苦、憂煩時，為了迴護自我，避免精神惡劣，必定會通過心理防衛動機的啓動，進行某種緩衝的措施，在文學中的喜劇範疇尤其如此，滑稽是源自於防衛機制而創作、而閱讀的，透過滑稽詩歌諺語的奚落訕笑，使民衆疲困的身心得到代替的發洩，而詼諧風趣，令人傾倒的滑稽詩文，也能帶來心滿意足的笑聲，片刻的陶醉，片刻的忘憂，是人們喜愛滑稽文學的原因，也是作家摩拳擦掌、躍躍欲試的創作動機，以魏晉來說，嬉笑滑稽的消遣作品，也吸引了數以百計的懿文之士投身創作的行列，〈諧讔〉說：

……至魏文因俳說以著笑書，薛綜憑宴會而發嘲調，雖抃笑衽席，而無益時用矣。然而懿文之士，未免枉轡；潘岳醜婦之屬，束晳賣餅之類，尤而效之，蓋以百數。魏晉滑稽，盛相驅扇，遂乃應瑒之鼻，方於盜削卵；張華之形，比乎握舂杵。……

這一類的滑稽文學創作動機雖然被劉勰檢定是「本體不雅」，「有虧德音」的「枉轡」之作，但因為普遍地滿足了讀者與作者的消遣解悶需要，所以一直是神旺氣足、瓜瓞綿綿地脈脈相傳，例如清人胡澹菴在《增訂解人頤新集・序》中即表示⑫：

《易》曰：「憧憧往來，明從爾思。」蓋謂人生知識而後，患得患失，一種俗情橫塞胸臆，睡夢中尚且爭名較利，沉醒時而能擺韁脫索乎？終其身於困苦之中，而不能快然一解頤者宜也。然則解人頤之書尚矣，其膾炙於人口者有言，予之佩服於心者亦匪朝夕。自初集、二集，歷觀悉覽，誦讀詠歌，俱言性命，嘻笑怒罵，皆成文章，最足興感人意。

不過，劉勰對於文學的目的，向來堅持要能明理設教，開學養正，因此，油滑輕薄的無聊文學，嬉皮笑臉的滑稽作品，在他看來不但淡而無味，而且還流於惡作劇般的缺德，〈諧讔〉說：

……曾是莠言，有虧德音，豈非溺者之妄笑、胥靡之狂歌歟！……但謬辭詆戲，無益規補。

所以，劉勰雖然肯定滑稽文學爲民衆所喜，而其引人悅笑的審美反應也能忘倦忘憂，調暢身心，然而，思慮周密、文眼深湛如他者，自然也洞燭到這種創作動機拿捏不易，稍一不愼，即可能本體不雅，滋生流弊，或者隨口譏誚，攻訐別人容貌上的缺陷；或者洋洋得意地狎侮挖苦，作無謂的詆嫚，或者賣弄文字遊戲上的雕蟲小技，膚淺而無聊地胡亂嘻笑，這些都是他從魏晉滑稽文學的臨牀經驗中所診斷出來的毛病，藉以提供有志創作滑稽文學的懿文之士們，要謹守分寸，動機端正，預防淪陷於陰暗褊狹膚泛的搞笑窠臼中，茲錄劉勰所不讚同的滑稽作品乙篇，以察驗何謂爲「有虧德音」的創作動機，《世說新語・排調篇》第七則之〈頭責子羽文〉：

頭責子羽云：「子曾不如太原溫顒、穎川荀寓、范陽張華、士卿劉許、義陽鄒湛、河南鄭詡。此數子者，或蹇喫無宮商，或尪陋希言語，或淹伊多姿態，或讙譁少智諝，或口如含膠飴，或頭如巾齏杵。而猶以文采可觀，意思詳序，攀龍附鳳，並登天府。

這篇文章的第一人稱是假托爲秦子羽的頭顱來譴責秦子羽，怪他不懂趨炎附勢、攀龍附鳳，所以沒能飛黃騰達、登朝爲官，文中譏誚這些被挖苦的士人們，有的說話結巴口吃，分不清抑揚頓挫；有的瘦弱醜陋、口才不佳；有的矯揉造作，扭扭捏捏；有的聒噪不休，欠缺才智；又有的說話含糊不清，像嘴巴含著粘膠糖；又有人生得小頭銳面，頭顱像一根包著頭巾的磨杵棒……這篇文章寫得鄙吝卑瑣，可見其創作動機洶洶不善，故爲劉勰所否定，甚至已不被接納爲諧讔文體，而淪爲「謬辭詆戲」的攻訐謗書了。除此，還有一類文字遊戲，頗受伶牙俐齒的士人們所熱衷，但也不被劉勰所認可，這類戲作常在文字的形、音、義構造上作文章，或是同音雙關，或是離析字形、曲解音義，以達到口舌之快的滿足，但劉勰批評它們「雖抃笑衽席，而無益時用矣」，他舉薛綜的例子爲說，《三國志．吳志．薛綜傳》記載著：

……西使張奉，於權前列尚書闞澤姓名以嘲澤，澤不能答。綜下行酒，因勸酒曰：「蜀者何也？有犬爲獨，無犬爲蜀，橫目苟身，蟲入其腹。」奉曰：「不當復列君吳耶？」綜應聲曰：「無口爲天，有口爲吳，君臨萬邦，天子之都。」於是眾坐喜笑，而奉無以爲對。

類似的例子還出現在《世說新語》中的〈捷悟〉和〈排調〉，前者以曹操和楊修鬥智的例子最爲膾炙人口，如將「黃絹幼婦外孫韲臼」八字，合爲「絕妙好辭」；或是將「合」析爲「人一口」，或是將「門中活」合爲「闊」字等；後者則常以同音或同義的字拿來觸犯他人的祖諱，以求玩樂戲弄之趣，如〈排調〉第三十三則：

庾園客（庾翼字，穉恭之子）詣孫監（孫盛字安國），值行，見齊莊在外，尚幼，而有神意。庾試之曰：「孫安國何在？」即答曰「庾穉恭家。」庾大笑曰：「諸孫大盛，有兒如此！」又答曰：「未若諸庾之翼翼。」還，語人曰：「我故勝，得重喚奴父名。」

這種利用語言文字的構造形式而創作出來的文字遊戲，在魏晉社會是雅俗共賞，大行其道的，雖然衛道之士不以爲然，例如李慈銘即說⑬：

案父執盡敬，禮有明文。入門問諱，尤宜致愼。而魏、晉以來，執此爲戲，效市井之脣吻，成賓主之嫌仇。越檢踰閑，深堪忿疾。而鍾、馬行之於前，孫、庾效之於後。飲其狂藥，傳爲佳談。夫子云：「群居終日，言不及義，好行小慧，難矣哉！」若此者，乃不義之極致，小慧之下流。誤彼後生，所宜深戒。

但質諸於現代的滑稽文藝心理學，卻有不同的詮釋，代表理論是霍布士的「突然榮耀說」，他在《人類本性》一書中說⑭：

……凡是令人發笑的必定是新奇的，不期然而然的。人有時笑自己的行動，雖然它並不十分奇特。人也有時笑自己所發的「詼諧」，尤其是愛人稱讚的人。就這些實例說，笑的情感顯然是由於發笑者突然想起自己的能幹，人有時笑旁人的弱點，因爲相形之下，自己的能幹愈益顯出。人聽到「詼諧」也發笑，這中間的「巧慧」就在使自己的心裏見出旁人的荒謬。這裏笑的情感也是由於突然想起自己的優勝。若不然，藉旁人的弱點或荒謬來擡高自己的聲價。

霍布士的「突然榮耀說」說明了人們所以喜愛淘氣促狹地創作文字遊戲，賣弄雕蟲小技，或是炮製謎語，請人猜測等，都源生於自我的優越感、虛榮心，無論通過任何方式來發洩這種優越感，只要滿足了創作主體好虛榮的原始動機，他就能在得意中沾沾自喜，享受勝利的快活，所以它是人們獲得樂趣的一個永恆泉源，也是魏晉犯諱遊戲、文字遊戲等無聊文學的創作動機，它可以合理地詮釋薛綜「憑宴會而發嘲調」的析字遊戲，何以「無益時用」，但仍博得四座喜笑的滿堂喝采了，所以「優越感」是人性的基本需求，而「突然的榮耀」因可以獲得歡騰悅笑的滿足，所以刺激了作家創作滑稽詩文的內在動機，因此，我們應該承認並接納這個誘因，而不必囿於禮教，將玩笑戲耍的犯諱、析字、雙關等滑稽形式，看作是「群居終日、言不及義」的「下流小慧」，當然，必須說明的是，劉勰仍因其謹守崇高的創作門檻，所以也不願降格認可「童稚之戲謔」的創作動機，他能體認逍遙悅笑的舒暢快感，但他對於文藝仍寄託有高瞻遠矚的經世理想，是以耳提面命、諄諄告誡有意習作者，不要只是纖巧以弄思，忽略了規補的偉大使命，這是他的高標準，雖然也有其侷限性，但無可厚非。

除此，另有一類純爲消遣娛樂而作的滑稽文學，它在魏晉文壇也是獨樹一幟，著述量頗多，但爲劉勰所非議，這些作品代有人作，包括潘岳的〈醜婦賦〉、束皙的〈餅賦〉、〈勸農賦〉，以及袁淑的《俳諧文》十卷，內有〈雞九錫文〉、〈勸進牋〉、〈驢山公九錫文〉、〈大蘭王九錫文〉、〈常山王九命文〉……等，茲舉袁淑的〈雞九錫文〉爲例，以利說明，文曰⑮：

維神爵元年，歲在辛酉，八月己酉朔，十三日丁酉，帝顓頊遣征西大將軍下雉公王鳳，西中郎將白門侯扁鵲，咨爾浚雞山子：維君天資英茂，乘機晨鳴，雖風雨之如晦，抗不已之奇聲。今以君爲使持節金西蠻校尉西河太守，以揚州之會稽封君爲會稽公，以前浚雞山爲湯沐邑，君其祇承予命，使西海之水如帶，浚雞之山如礪，國以永存，爰及苗裔。

這篇遊戲賦作，完全是虛張聲勢、玩弄文學之作，作者煞有介事地模倣錫爵封侯的文體格式，而主角不過是一隻公雞，這樣異想天開地來爲家禽進官加錫，其形象的錯位荒唐怪誕，引人讀後啞然失笑，所以倣作此體的滑稽文學爲數頗多，但劉勰仍不予青睞，判定它們是「雖有小巧，用乖遠大」，不過是舞文弄墨的把戲罷了。然而，值得注意的是，這一類的俳諧戲作，已經實踐了近代滑稽理論中「誇張與怪誕」的創作規律，且具有不俗的操作成績，美學家桑塔耶那曾就「怪誕」作過一個著名的分析⑪：

類似幽默的某些東西出現在造型藝術上，我們就稱之爲怪誕。這是改變一個理想典型，誇大它的某一因素，或者使它同其它典型結合起來所產生的一種有趣的效果。

因此，魏晉的滑稽作品，不論是奉公雞爲侯爵，或是尊毛驢爲王公，還是裝模作樣地敷寫燒餅、醜婦、蘭花……等，可以說造型愈奇特、構想愈離奇、邏輯愈反常，它的可笑性就愈強烈，車爾尼雪夫斯基曾給「滑稽」下過這麼樣的定義，他說⑯：

我們不能不同意這個關於滑稽的流行的定義：「滑稽是形象壓倒觀念」，換句話，即是，內在的空虛和無意義以假裝有內容和現實意義的外表掩蓋自己。

魏晉，甚至還可上溯到先秦，滑稽的創作者已能運用怪誕作爲喜劇性事物的特殊表現方式，它也是逗人發噱的重要手法，以前述徵引的例作來說，束晳、潘岳、袁淑等作家，他們的滑稽文學特色正是建立在異想天開的怪誕造型基礎上，讀者只要想像到錦袍章甫加身的大公雞，或是土毛驢的模樣，任誰都會因它們離奇古怪的滑稽相而忍俊不止，所以說魏晉部份的滑稽作品雖未能榮獲劉勰的垂青，但他們實際上也有不俗的創作表現，至於劉勰的評論標準，因爲恪遵彝倫懿訓的經世教化目標，又肩負著傳統價值觀的包袱，所以拒納搞笑之作，這是他選文敷理的標準門檻，無庸非難，至於笑話書之作，亦可作如是觀，茲錄邯鄲淳《笑林》中的兩則滑稽笑話，以參其詳：

有人弔喪，並欲賫物助之，問人：「可與何等物？」人曰：「錢布穀帛，任卿所有耳！」因賫一壺豆置孝子前，謂曰：「無可有，以大豆一斛相助。」孝子哭喚「奈何」，己以爲問豆，答曰：「可作飯。」孝子復哭「窮」，己曰：「適得便窮，自當更送一斛。」

魯有執長竿入城門者，初豎執之，不可入，橫執之，亦不可入，計無所出：俄有老父至曰：「吾非聖人，但見事多矣。何不以鋸中截而入。」遂依而截之。

這兩則笑談都以誇張的修辭方法，簡要地勾勒出愚癡荒謬的糗事蠢態，由於笑談中的人物實在是笨得不可思議，所以觸發了讀者「突然的榮耀感」，引起無聊但卻歡騰興奮的笑聲。

總體來看，劉勰對於滑稽文學創作動機的認識，約可從三個方向來作說明，首先，他認爲滑稽文學的創作動機來自於政治措施的錯誤、政治人物在言行上的缺失，以及上述因素所導致的生活困境，人們爲了抒發滿腔的怨怒情緒，而創作了嘲諷揶揄的滑稽謠諺。其次，他發現創作者已經察覺到滑稽文學具有社會性的懲罰與糾正錯誤的作用，所以，更優秀的滑稽作家是針對「大者興治濟身，其次弼違曉惑」的目的，而巧妙地編撰出一篇篇的滑稽文學，以實現規諫的用意。再其次，劉勰觀察到解頤一笑，圖個開心，也是魏晉文人普遍流行的創作念頭，而劉勰自然也理解逍遙可以針勞，談笑可忘倦的養生衛氣原理，不過，他也警覺到這類文章的安全係數極小，很可能使諷諫變成詆訶挖苦；使詼諧淪爲輕薄褻玩，造成庸俗幼稚的無聊文學，不但缺乏深刻的內在意蘊，也未能具備文學應該肩負的教化功能，所以，劉勰對此，持極爲保守的看法。雖然如此，但是有關笑話、趣談的文藝心理反應，近代西方的喜劇美學理論，已能從生理、心理、社會等方向，合理地詮釋人們之所以會津津樂道那種「童稚之戲謔」的深層原因，因此，我們也可以在研究滑稽文學時，適切地援取運用，不必規規地墨守著「不苟言笑」、「有益規補」的包袱；然而，我們仍應尊崇劉勰所規擘的文學理想，肯定他賦予文學一個高尚聖潔的教化使命，因此，他雖然未能支持滑稽笑話、遊戲文學的存在需要，但那是他恪遵自己奠定的選文標準和敷理原則，我們盡可以豐富他所未能顧及的部份，但卻不需非難他的論文綱領。

三、劉勰對滑稽文學表現手法及其目的的認識

既然劉勰以順美匡惡、弼違曉惑爲諧讔文的最重要功能，那麼，如何將忠言藏在滑稽戲笑之中，使聽諫者不覺得逆耳並樂意接受，就有賴於表現手法的巧妙運用，漢．劉向在《說苑》中的一段話，最能看出它的重要性，他說：

> 夫不諫則危君，固諫則危身。與其危君，寧危身。危身而終不用，則諫亦無功矣。智者度君，權時調其緩急，而處其宜。上不敢危君，下不以危身。故在國而國不危，在身而身不殆。

劉向指出俳優在進行諷諭時，要注意審度情勢、製造機宜，讓勸諫的忠言恰如其份地出落在緩急合宜的時機上。至於，劉勰對滑稽表現技法的認識，則更趨明確與成熟，而且觀念精湛深刻，歷久彌新，意義不凡，它們包括「譎辭飾說」的荒誕夸飾法，「遁辭以隱意」的含蓄暗示法以及「譎譬以指事」的交叉比喻法，以上三種基本技法的巧妙運用，就構成了滑稽的修辭模式，茲分別說明如後。

所謂「譎辭飾說」的表現模式，係指運用詭變譎詐的假托事例和經過夸飾渲染的荒誕文辭，藉以旁敲側擊出眞正要規諷的內容，劉勰在〈諧讔〉中徵舉了四個史例，其中三則選自於《史記》的〈滑稽列傳〉，一則來自於《文選》，他說：

昔齊威酣樂，而淳于說甘酒；楚襄讌集，而宋玉賦〈好色〉；意在微諷，有足觀者。及優旃之諷漆城，優孟之諫葬馬，並譎辭飾說，抑止昏暴。是以子長編史，列傳〈滑稽〉，以其辭雖傾回，意歸義正也。

就以優孟諫葬馬一例來說，《史記・滑稽列傳》記載：

優孟者，故楚之樂人也。長八尺，多辯，常以談笑諷諫。楚莊王之時，有所愛馬死，使群臣喪之，欲以棺槨大夫禮葬之。左右爭之以爲不可。王下令曰：「有敢以爲諫者罪至死。」優孟聞之，入殿門，仰天大哭。王驚而問其故。優孟曰：「馬者，王之所愛也，以楚國堂堂之大，何求不得，而以大夫禮葬之，薄，請以人君禮葬之。」王曰：「何如？」對曰：「臣請以雕玉爲棺，文梓爲槨，楩楓豫章爲題湊，發甲卒爲穿壙，老弱負土，齊趙陪位於前，韓魏翼衛其後。

廟食太牢，奉以萬户之邑，諸侯聞之，皆知大王賤人而貴馬也。」王曰：「寡人之過，一至乎此，爲之奈何？」優孟曰：「請爲大王六畜葬之！」

此處優孟先不表態，他借勢使力地循著楚莊王要以大夫之禮來葬馬的原意爲線索，一步一步地仰賴著夸張、渲染等表現手法，來塑造出葬馬典禮的莊嚴—「齊趙陪位於前、韓魏翼衛其後」，葬馬工程的浩大—「發甲卒爲穿壙、老弱負土」，葬馬用品的貴重—「雕玉爲棺，文梓爲椁、楩楓豫章爲題湊」，祭馬資源的豐厚—「廟食太牢，奉以萬戶之邑」，葬馬名堂的崇高—「以人君禮葬之！」，這些隆重奢華、聲勢赫赫的假想儀式，一旦和「死者是一匹馬」的事實結合起來對看，再配上優孟聳動聽聞，煞有介事的「入殿門，仰天大哭」的誇張行爲，馬上就造成荒誕不經的形象，惹得楚莊王誤入圈套而啞然失笑，繼而在笑之中，覺悟到以大夫禮葬馬的構想是錯誤的，進而虛心地接受規諫，抑止昏暴。我們從這則記載中可以發現「夸飾」是滑稽文學的一個重要表現手段，劉勰在〈夸飾〉中認爲夸飾的技法促成形象光采煒曄，聲貌岌岌生動，所以能「發蘊而飛滯，披瞽而駭聾」地達成醒人耳目的審美作用，不過，他又聲明，夸飾在運用時應當有所節制，才能「曠而不溢，奢而無玷」，否則，「夸過其理，則名實兩乖」；然而，在滑稽文學的表現上，「夸飾」就是特定要造成「名實兩乖」的錯誤，以抑止昏昧行爲的發生，所以滑稽文學的創作者，是蓄意要「虛用濫形」，要「欲誇其威而飾其事」地違反常情常理，而不是創作技巧上的疏忽，以現代流行的漫畫來說，不論是單幅漫畫，或是四格漫畫，它們的主要表現基礎就是誇張，包括造型誇張、構思誇張，比擬誇張……等，蕭颯在《幽默心理學》中說⑰：

抓住社會生活中某個人物性格或某種現象的基本特徵，在再創造或實現的過程中有意識地進行一種過分的突出和強調，從而更加鮮明地反映出這些性格或現象的實質，這就是誇張在幽默表達中的作用。……無論誇張的幅度多大，表現如何怪誕不經，只要在情理之中，這種手法所表達的幽默總是能爲人所理解的，也總可以引起我們的共鳴。

再回到優孟諫馬的例子上來看，優孟以國君之禮葬馬的構思雖然誇張得遠遠超出於一般禮俗規範的約束，但它畢竟不是毫無思想的荒唐謬論，而是有它那含蘊於其中的現實意義與教育精神，這就說明了滑稽文學中的「夸飾」手法，儘管被誇大渲染得匪夷所思，但仍然能「飾窮其要，則心聲鋒起」（〈夸飾〉），「辭雖傾回，意歸義正也。」（〈諧讔〉），類似的例子，劉勰還舉了優旃諷漆城的史例，《史記・滑稽列傳》載錄：

優旃者，秦倡侏儒也。善爲笑也，然合於大道。二世立，欲漆其城。優旃曰：「善！主上雖無言，臣固將請之。漆城雖於百姓愁費，然佳哉！漆城蕩蕩，寇來不能上；即欲就之，易爲漆耳，顧難爲蔭室。」於是二世笑之，以其故止。

此處優旃也運用了「譎辭飾說」的表現方式，以談笑風生的輕鬆姿態，假借著秦二世想要漆城的理路，詭譎而不動聲色地附會、肯定、讚揚漆城的可能好處，然而由於其好處竟然只是「漆城蕩蕩，寇來不能上」的荒唐情況，再加上經過夸飾渲染的強調，使得秦二世明白其間的突梯不宜，因而抖開了漆城一事的錯誤眞相，打消了漆城這個華而不實的奢侈念頭，而且，秦二世主政時，嬴秦的政權已是江河日下，寇盜和反抗軍的災禍，日甚一日，此時國君不亟思補過從善，還想勞民傷財地大事漆城，實在是大錯特錯，然而，當人君失去理智、固執己意時，其錯誤往往不是直諫所可以挽回，所以，身分特殊的俳優侏儒，由於具備某種程度的言論免責權以及耿耿忠厚的愛國情懷，因此搬撮調笑，演弄逗趣，寓莊於諧，勇敢而巧妙地讓秦二世體會到他想漆城的構想是胡作非爲，錢鍾書在《管錐篇》說⑱：

> ……《國語・晉語》二優施謂里克曰：「我優也，言無郵」；《荀子・正論》篇：「今俳優侏儒狎徒詈侮而不鬥者，是豈鉅知見侮之爲不辱哉？然而不鬥者，不惡故也。」蓋人言之有罪，而優言之能無罪，所謂「無郵」、「不惡」者是，亦即莎士比亞所謂「無避忌之俳偕弄臣」。意大利古時正稱此類宮廷狎弄之臣曰「優」也。

錢鍾書並且將優孟譎諫葬馬的表現手法，視爲邏輯學中「充類至盡以明其誤妄」的「歸謬法」，這是我國俳優人物的出色成就，他們常常使用這種可以置人於窘境的邏輯思維方法，即一件事理本來荒謬的，說話人（如俳優）表面上裝出一副維護它的樣子，並漸進式地極而言之，使事件本身的荒謬性充分被暴露出來，而達到「談言微中，亦可以解紛」的功能，類似之例，劉勰還舉了宋玉的〈登徒子好色賦〉和淳于髡的「甘酒說」，兩例也是循著歸謬法的思維邏輯，詭譎地加以夸飾，如宋玉誇大登徒子其妻子的醜陋多病和不潔，但登徒子卻好悅沈迷著她；而宋玉的鄰居東家子美得「著粉則太白，施朱則太赤，眉如翠羽，肌如白雪，腰如束素，齒如含貝，嫣然一笑，惑陽城，迷下蔡。」，但「此女登牆闚臣三年，至今未許」，於是乎，在「因夸以成狀，沿飾而得奇」（〈夸飾〉）的鋪張渲染下，突出了登徒子的好色與宋玉的保守，所以能在婉諷中「發蘊而飛滯，披瞽而駭聾。」（〈夸飾〉）成功地攻破登徒子的讒言。至於淳于髡的「甘酒說」也是假意附和齊威王長夜飲酒的淫佚宴樂，言在此而意在彼地擴大酒醉歡亂的場面，以諷諫宴飲無度的沈淪與墮落，使齊威王虛心接納他的微諷，「乃罷長夜之飲」（〈滑稽列傳〉）。

總而言之，俳優的滑稽譎諫絕非四肢發達、頭腦簡單的賣笑耍寶而已，在他們出口下手之前，早已奉行著既定的滑稽表現原理，他們從發現「不應該如此」的社會政治事件中，警覺到事件的錯誤、失當、膚淺、邪曲，於是借用滑稽的言行，拐彎抹角地將「不應該如此」的行爲誇大得變形，使它一方面因變形而可笑，另一方面因誇大而突顯其不對，再另一方面，利用變形來包裝修飾它嚴肅的批判理念，以免受諫者惱羞成怒，拒不納諫，所以滑稽是從「不應該如此」的事件之中，折射出「應該如此」的正確道理。

滑稽文學的中心思想應是嚴正端肅的，但卻常常被作者故意安排棲隱在嘻笑戲弄之中，而作者本身冷眼旁觀所得的褒貶抑揚，也不會平鋪直敘地展示出來，而是以旁敲側擊、迂迴影射的間接暗示法表現出來，劉勰對於這個技法也有不俗的體察，他稱之爲「遯辭以隱意，譎譬以指事」，〈諧讔〉說：

> 讔者，隱也。遯辭以隱意，譎譬以指事也。昔還社求拯于楚師，喻眢井而稱麥麴；叔儀乞糧于魯人，歌佩玉而呼庚癸；伍舉刺荊王以大鳥；齊客譏薛公以海魚；莊姬託辭於龍尾，臧文謬書

于羊裘；隱語之用，被于紀傳，大者興治濟身，其次弼違曉惑。……自魏代以來，頗非俳優，而君子嘲隱，化爲謎語。謎也者，回互其辭，使昏迷也。或體目文字，或圖像品物，纖巧以弄思，淺察以衒辭，義欲婉而正，辭欲隱而顯。

在這段論述中，劉勰舉出了有別於誇飾的另外兩種滑稽修辭技巧，一種是「遁辭以隱意」的含蓄諱飾法，一種是「譎譬以指事」的交叉比喻法，兩種交互爲用，相輔相成，以「義欲婉而正，辭欲隱而顯」爲其修辭的最高審美標準，而其目的仍在匡正錯誤、澄清迷惑，《國語．晉語》韋昭注「有秦客廋辭於朝。」云：

廋，隱也。謂以隱伏譎詭之言，問於朝也，東方朔曰：非敢詆之，乃與爲隱耳。

譬如《史記．楚世家》伍舉用三年不鳴的大鳥作比喻，隱伏楚莊王的無所作爲，試看原文：

莊王即位三年，不出號令，日夜爲樂，令國中曰：「敢諫者死。」伍舉入諫，曰：「願有進隱。曰：『有鳥在於阜，三年不蜚不鳴，是何鳥也？』。」莊王曰：「三年不蜚，蜚將沖天；三年不鳴，鳴將驚人。舉退矣，吾知之矣。」

這裏伍舉借用猜謎語的遊戲方式來隱藏規諫的本意，他聲東擊西地暗示楚莊王，他那三年掛零的政績好比那隻三年寂寂，不動不鳴的大鳥，不但辜負了與生俱來的才能，同時也讓舉國的百姓大失所望；這個讔語確實成功地啓發了楚莊王，伍舉既不必因諫而死，莊王也預言自己將要一飛沖天，一鳴驚人；而根據現代的社會心理學理論解釋，我們更可以發現「讔語」的隱伏遯藏，具有強烈的暗示效果，能產生強烈的感召作用，使受暗示者避開了認識批判作用的抗拒和阻攔，欣然地接受暗示者的道德定向，潘智彪在《喜劇心理學》中說⑲：

暗示機制即是人的潛意識活動的機制，因爲只有在潛意識的範圍内，才能取消認識的批判作用，從而簡單地接受以現成結論爲依據的信息。暗示以聯想過程中產生的心理活動的直接影響爲基礎。人的高級神經系統暫時聯繫的接通，可以由於多次反複強化而得到鞏固。在這一心理規律的作用下，暗示中刺激的意義和主體的反應之間已經存在著牢固的聯繫。當具體的刺激物—藝術情境出現在欣賞者的視野之中時，欣賞者就會直接地自動地按著情境所指引的方向產生相應的反應。

因此，包括伍舉對楚莊王進的隱語、《戰國策·齊策》中靖郭君將築城，齊人以「海大魚」三個字作的隱諷，或是之前所列舉的淳于髡說旨酒、宋玉的辨好色、優旃的漆城說、優孟的葬馬說，和《漢書·東方朔》的譎詐隱語……等滑稽的創作者，除了運用到夸飾、譎譬、怪誕等修辭技巧外，他們還佈置了一個具有前導作用的暗示情境，藉著笑聲中的友好意義，觸發了受暗示者的積極情感體驗，使他接受並同化於暗示者通過語言、行動、表情或某種符號、暗語所傳達出的道德傾向及行爲模式，以研究笑與喜劇著稱的柏格森曾說明了人何以會接受藝術形式（包括滑稽的喜劇形式）的感動，他說⑳：

藝術的目的在於麻痺我們人格的活動能力，或不妨說抵抗能力，從而使我們進入一種完全準備接受外來影響的狀態；我們在這種狀態中就會體會那暗示出來的意點，就會同情那表達出來的情感。

「說出就是破壞，暗示才是創造」，所以在上述那些滑稽的史例中，齊王對於淳于髡的「甘酒說」首肯稱善，並罷止了長夜之飲；楚王對於宋玉的〈好色賦〉也點頭稱是，並接納了宋玉的留任；秦二世對優旃諷漆城的反應是「二世笑之，以其故止」，楚莊王對優孟諷葬馬的反應是虛心認錯，誠心改善；楚莊王對伍舉所提隱語的反應是「吾知之矣」，靖郭君對齊人所提隱語暗示的反應是「乃輟城薛」地從善如流；當然，這些受暗示者之所以能順利奉行諧辭讔語的眞正本義，還有賴於受暗示者的理性選擇及對於暗示者的一定信賴。

滑稽文學的兼採夸飾張揚和隱遯含蓄等相對互襯的表現技巧，如「義欲婉而正，辭欲隱而顯」，其中的創作原理實際上是與〈隱秀〉的精神一致，尤其是讔體的「遯辭以隱意」更是服膺「隱」的「深文隱蔚，餘味曲包」之旨要，〈隱秀〉說：

隱也者，文外之重旨者也；秀也者，篇中之獨拔者也。隱以複意爲工，秀以卓絕爲巧，斯乃舊章之懿績，才情之嘉會也。夫隱之爲體，義主文外，祕響傍通，伏采潛發，譬爻象之變互體，川瀆之韞珠玉也。

又〈神思〉說：「思表纖旨，文外曲致，言所不追，筆固知止。」都可以說明劉勰已經深入瞭解了滑稽文學的審美精華，正在於作者透過隱遯譎飾的表現方式，保留纖旨曲致、複意重旨，提供欣賞者琢磨詮釋的再創造思想空間，因而能借助暗示的心理機制作用，達成創作者抑止昏暴的文學目的。

然而，滑稽文學的含蓄暗示法仍必須因緣於「比喻」的巧妙聯繫，才能達成任務，尤其是謎語之類的文字遊戲，在作者蓄意隱瞞謎底的情況下，讀者更需要作者提供一些相關的線索，「或體目文字，或圖像品物，纖巧以弄思，淺察以衒辭。」譬如荀子的〈蠶賦〉就設計了一系列與蠶的生長變態過程相關的比喻：

……此夫身女好而頭馬首者與？屢化而不壽者與？善壯而拙老者與？有父母而無牝牡者與？冬伏而夏游，食桑而吐絲，前亂而後治，夏生而惡暑，喜溼而惡雨，蛹以為母，蛾以為父，三俯三起，事乃大已，夫是之謂蠶理。

劉勰認為荀子的〈蠶賦〉已經開創了謎語之類的文學體裁，運用了曲折交錯的暗示和比喻手法，構造出事物謎語回互昏迷的寫作特徵，至於如何設計比喻，讓喻體與喻依「物雖胡越，合則肝膽」（〈比興〉）地切至精采，則要參考〈比興〉的理論：

觀夫興之托諭，婉而成章，稱名也小，取類也大……何謂為比，蓋寫物以附意，颺言以切事者也……夫比之為義，取類不常：或喻於聲，或方於貌，或擬於心，或譬於事。

關於上述那種運用比興譎譬來創作「圖像品物」的事物謎，由於劉勰所舉的「魏文陳思，約而密之，高貴鄉公，博舉品物」等謎語已無可稽考，所以此處試著由之前劉勰所引的「讔語」之例略作說明。《列女辨通傳楚處莊姪》記載莊姪曾利用「婉而成章，稱名也小，取類也大」的興法，若隱若現地對楚頃襄王打了一個「讔語」：「大魚失水，有龍無尾，牆欲內崩，而王不視。」楚頃襄王無法猜出謎底，於是莊姪乃又運用「寫物以附意，颺言以切事」（〈比興〉）的譬喻法，把他所設計好的謎底貼切而吻合地附著在謎面上，他說：

大魚失水者，王離國五百里也，樂之於前，不思禍之起於後也。有龍無尾者，年既四十，無太子也。國無強輔，必且殆也。牆欲內崩，而王不視者，禍亂且成而王不改也。

自然，莊姪的這番隱語，還不能與成熟的謎語體裁相媲美，因爲他企圖干預政治的目的太過露骨，致使批判意味蓋過謎語的遊戲趣味，不過，我們已能從中掌握到「遯辭以隱意」和「譎譬以指事」是被所有謎語奉爲創作手法的金科玉律，例如唐人張打油的「江上一籠統，井上黑窟窿，黃狗身上白，白狗身上腫。」利用「方於貌」的比喻方法，設計出詼諧俚俗而淺顯的「雪」的謎面；又宋人劉子翬謎詩：「欣欣笑口向西風，噴出元珠顆顆同。采處倒含秋露白，曬時嬌映夕陽紅。調漿美著騷經上，塗壁香凝漢殿中，鼎餗也應知此味，莫教薑桂獨成功。」㉑這首謎底爲「花椒」的謎詩，作者充分運用了比興指事的修辭法，曲折地暗示讀者這個調味植物的時令、形狀、色澤、氣味、作用等等，使人多方聯想，反覆推敲，見出端倪；又如清人曹雪芹在《紅樓夢》第二十二回由賈元春擬作的謎詩：「能使妖魔膽盡摧，身如束帛氣如雷。一聲震得人萬恐，回首相看已成灰」，也是以奇巧的譬喻，交待出謎底「爆竹」的作用、聲音、形製和燃放時的特徵等線索。

除了事物謎語之外，劉勰也談到了文字謎，即「體目文字」，這類的文字遊戲雅俗共賞，老少咸宜，不論是單獨以文字謎出現，還是被安置在各種文學體裁內，都擁有極爲可觀的創作量，而且世代更迭，歷久不衰；它的修辭法主要是運用字形的離合變化、字音的相近雙關和字義的穿鑿附會等製成的謎面，藉以擺出有趣的懸念，讓人各自去思考其所隱藏的謎底，當然，在字形分解、音義比附上，仍然要仰賴譬喻指事的表現要領進行構思。由於多數文字謎（事物謎亦然）都以一種不拘格律、詼諧通俗的韻文形式出現，再加上篇幅精簡，類似詩歌體的規模，所以也有逕稱之爲謎詩、字謎詩的，現存的字謎詩以南朝・劉宋・鮑照的作品爲最早㉒，如「井」字謎詩：「二形一體，四支八頭。四八一八，飛泉仰流」、「龜」字謎詩：「頭如刀，尾如鉤。中央橫廣，四角六抽。右面負兩刃，左邊雙屬牛。」㉓便是其例。

關於隱語、謎語的文學功能，劉勰仍堅持它們要以「振危釋憊」爲圭臬，若否，則是「雖有小巧，用乖遠大」，因爲他認定「文辭之有諧讔，譬九流之有小說，蓋稗官所采，以廣視聽。」舉例來說，符合劉勰所立標準的讔語如《後漢書・五行志》中收錄有爲數不少的諧讔謠諺，如漢獻帝時流行於京都的一首字謎童謠：「千里草，何青青；十日卜，不得生。」它的謎面看似一首離合字形的字謎詩，通俗巧趣，但謎面底下實暗藏著對於董卓干政的怨怒，《後漢書》將它破解爲：

> 案：千里草爲董，十日卜爲卓。凡別字之體，皆從上起，左右離合，無有從下發端者也。今二字如此者，天意若曰：卓自下摩上，以臣陵君也。青青者，暴盛之貌也，不得生者，亦旋破亡。

如此之謎語，當然要比純遊戲、純趣味的猜謎文，來得更深刻，更動人；不過，正如前所陳述，遊戲的趣味，也許無聊膚淺，缺乏政治意涵和道德價值，但遊戲卻正是笑的原動力，和釋放壓力的妙方，所以「笑」是人類普遍渴求滿足的欲望，此所以滑稽文學縱橫四海、上下古今，經久不衰的原因，例如《元詩紀事》中有個字謎詩：「三山自三山，山山甘倒懸。一月復一月，月月還相連。左右排雙羽，縱橫列二川。闔家都六口，兩口不團圓。」它構思巧慧玄妙，從字形的拆合離析重組上進行琢磨，影射出「用」字的謎底。這首詩的後頭附載了《敬齋古今黈》的一段文字，從中可以窺見文人對於滑稽字謎的看法，他說㉔：

謎固小技倆，然其諷咏比興，固與詩人同義，而在士大夫事中亦談笑一助。嘗擬作「井」字謎云云。此末聯亦借前人語。嘗聞「用」字謎，既久，止記一二句，今為足成之云云。

我國滑稽人物和滑稽文學最早就與政治有著密切的關係，無論是史書上所記錄的童謠、鄙諺、謎語、隱文，抑或是歷史上著名的幾位俳優們的言行，在在針對著政府及其管理者的施政品質，進行一種間接的批判與仲裁，然而明主可以理奪，庸君卻是「其過失可微辯，而不可面數也。」（《禮記．儒行》），所以，在落實政治糾正目的之前，必須先作技術設計，使君王啓齒一哂，樂意視聽，讓娛樂性掩護批判性；趣味性映帶教化性，於是刺激了滑稽表現手法的脫穎而出，以滑稽代表人物—俳優來說，他們總是扮演得眞誠而投入，看來絲毫不假，雖然誇張，但在行動上表現得很勇敢，態度上表現得很眞誠，荒謬的是，他愈是眞誠、愈是投入，就愈顯出事情的不合理性，這樣刻意設計的錯位安排，突出誇大了乖謬，令人覺得滑稽可笑，而就在四座傾倒悅笑之際，君王們也能在高興之餘，悟出自己的失誤過錯，所以，滑稽的表現技巧是有規律可資依憑遵循的。

劉勰在〈諧讔〉歸納出滑稽文學的三大表現手法，依次是配合暗示心理機制作用而安排的「遁辭以隱意」，它以故弄玄虛的巧妙構思，迂迴地佈置出啓人疑竇的有趣懸念，引人各自去思考其所隱伏的弦外之音、話中之話；其二是運用人類思維邏輯的聯想能力，以聲東擊西，張冠李戴的譬喻技法，熨貼生動、不即不離地托出本意，即「譎譬以指事」，其三是一切喜劇的共同手法—誇張，劉勰稱之爲「譎辭飾說」；由於誇張能增強滑稽文學的熠耀光芒，也能提振觀衆讀者在視聽上的審美刺激，將觀衆、讀者推向一個隨時準備接收意外暗示的興奮狀態，所以說滑稽文學的表現定律，其中必然少不了誇張的修辭法，只不過有的是誇張得縮小，有的是誇張得放大，目的當然也還是致力於在嘻笑詼諧之處，包含絕大文章，一如豐子愷的詩句「常喜小中能見大，還須弦外有餘音。」㉕

四、結　語

世界上任何國家、任何民族都擁有屬於他們自己的滑稽文學，成功的滑稽文學總是能藉著作者（或表演者）精巧的構思和趣味十足的表現方式，逗人發笑，並且在笑之中，或笑完之後，獲得某種的啓示，所以朱光潛說「諧讔」是人類最原始的、普遍的美感活動；亞里斯多德也說：「生活中有一種東西是不可或缺的，那就是安排休息與玩笑的時間。」因此，在休息的時候說笑逗趣，或在說笑逗趣中樂得片刻的輕鬆，可以說是人類普遍的共同需求；這也是滑稽文學之所以隸屬於世界性文學體裁的緣故。不過，各個國家、民族的滑稽文學，諸如笑話、童謠、俗諺、謎語、繞口令、歇後語、雙關話、文字遊戲等，都與該國家、民族所使用的語言文字，及文化心理結構、審美習性、社會環境和時代因素等息息相關，因而，各民族的滑稽文學除了之前所提到的共性與共相外，又有著它自己獨特的別性與別相。

我國滑稽文學的起源甚早，以謎詩（指用詩歌形式加以表現的謎語）來說，在三千年前的《易經》中，就已經冒出了新嫩的胚芽，如商代的一首民謠：「女承筐，无實；士刲羊，无血。」許明善在《謎詩欣賞》中說㉖：

這首短謠，含蓄而巧妙地表現了牧場上一對青年男女剪羊毛的情景：女的拿著筐子盛東西，本應有重量，但歌中卻說「無實」，是虛鬆的；男的拿著刀剪割羊（毛），本應流血，但卻「无血」。為什麼呢？原來，筐裏盛的是「毛」，刀剪割的也是「毛」！像這樣詼諧風趣，話不直說，就給人留下了聯想、揣摩的思維空間。

又如「睽孤見豕負塗，載鬼一車，先張之弧，後說之弧，匪寇，婚媾。」（睽．上九）也是令人莞爾的詼諧小文，它描述一個叫睽孤的人，在路上遇見一隻渾身泥巴的豬，又驚見一輛滿載著鬼怪的車朝他駛來，他一時警戒地忙張開弓要射箭，繼而又趕緊鬆手，把弓放下，因為那一車子的人不是強盜土匪，而是自己的親戚。這篇小文情節生動曲折地速寫了睽孤認錯事實的滑稽笑柄，提供我們以輕鬆的遊戲態度，把他當作一種有趣的現象去欣賞；由此，可以明白這類結合趣味性、益智性、通俗性的滑稽文學，為先民們的日常生活增添了不少的快樂笑聲，這正是我國滑稽文學與世界其他民族的滑稽文學相一致的共性與共相。

至於我國滑稽文學的別性與別相，前者主要是以「順美匡惡」的道德教化目的和「抑止昏暴」的政治干預爲訴求的目標，這也是劉勰爲「諧讔文學」訂下的創作主旨；後者則是漢字與漢語的獨特結構規律所造成的特殊面貌，例如漢字中有一大部份合體字，有的是由兩個及兩個以上的獨體文所形成的，另有部份是由部首附加其他筆劃所組成的，它們可拆可合的結構特性，形成了滑稽文學中如謎語、離合詩、嵌字詩、回文、寶塔詩等形態；而漢語中一字一音的特色，也提供了滑稽文學援作同音（或音近）雙關指涉以求曲折含蓄的修辭技巧。

滑稽文學自然不是雍容端雅的正宗文學，歷代評論家對它也是褒貶不一，而人們雖然樂於接近它，但往往又把它看作是雕蟲小技的文字遊戲，和嘻嘻哈哈的滑稽笑話，然而，無可否認的是，滑稽文學確實是擁有極悠久的歷史，極衆多的創作者，產生了門類體式繁富的作品，並且還有難以估算的廣大讀者群，劉勰以其過人的眼光、恢宏的卓識，正式把位處邊陲的滑稽文學納入他的文學體系之中，成爲《文心雕龍》「論文」十篇中的末篇，他的用意是：「然文辭之有諧讔，譬九流之有小說，蓋稗官所采，以廣視聽。」他爲了提升滑稽文學的品質，預防滑稽文學的自甘下流，所以賦予滑稽文學一個崇高的道德教化任務，至此，我國的滑稽文學有了安身立命的棲所，而劉勰也爲傳統的滑稽文學理論，奠下了珍貴的基礎。

【附註】

①《文心雕龍・序志》曰：「若乃論文敍筆，則囿別區分。」論文十篇依次爲：〈明詩〉、〈樂府〉、〈詮賦〉、〈頌贊〉、〈祝盟〉、〈銘箴〉、〈誄碑〉、〈哀弔〉、〈雜文〉和〈諧讔〉。

②朱光潛說：「我國最有科學條理的文論家劉勰在《文心雕龍》裏特闢〈諧讔〉一章來討論說笑話和猜謎語，也足見他重視一般人所鄙視的文字遊戲。文字遊戲不應鄙視，因爲它受到廣大人民的熱烈歡迎，它是一般民歌的基本要素，也是文人詩詞的一個重要組成部份。」參《朱光潛美學文集》第五卷，頁一一五，上海文藝出版社，一九八九年四月一版。湯哲聲說：「在中國文學史上，滑稽文學淵源流長，自成系列。《史記・滑稽列傳》系統地記載著中國最早的滑稽文學作品，《文心雕龍・諧隱》是最早系統地討論滑稽文學的理論文章。」參《中國現代滑稽文學史略》，頁一九一，文津出版社，一九九二年八月初版。潘智彪說：「南朝傑出的文論家劉勰對喜劇的功能則看得更寬一些。他在《文心雕龍》一書中專列了〈諧讔〉一章，詳述笑的功用：『古之嘲隱，振危釋憊。雖有絲麻，無棄菅蒯。會義適時，頗益諷誡。空戲滑稽，德音大壞。』這裏從正反兩方面強調了笑的作用，反對爲笑而笑的『空戲滑稽』，推崇能『抑止昏暴』、『有益規補』的喜劇藝術。」參《喜劇心理學》，頁五二，三環出版社，一九八九年十二月一版。

③見清・陳奐《詩毛氏傳疏》頁七六四，臺灣學生書局，一九八一年十一月六版。

④陳奐《詩毛氏傳疏》曰：「《御覽・蟲豸部・薛君章句》云：『戚施，蟾蜍，喻醜惡。韓謂戚施即蟾蜍以喻醜惡，則上章籧篨爲粗竹席，亦喻醜惡。』」頁一二四，同注③。

⑤ 轉引自湯哲聲《中國現代滑稽文學史略》，頁二；文津出版社，一九九二年八月初版。
⑥ 轉引自潘智彪《喜劇心理學》，頁三〇九，三環出版社，一九八九年十二月一版。
⑦ 同注⑥，頁三〇八。
⑧ 見楊家駱主編《中國笑話書》，頁一〇，世界書局，一九九六年三月二版。
⑨ 同注⑧，頁一九。
⑩ 同注⑧，頁二一。
⑪ 參張喚民等譯《佛洛依德論美文學》頁一七〇，知識出版社，一九八七年版。
⑫ 同注⑧，頁一八。
⑬ 參余嘉錫《世說新語箋疏》頁八〇五，華正書局，一九八四年版。
⑭ 參朱光潛《文藝心理學》，頁三〇一，大夏出版社，一九九一年十二月初版。
⑮ 參范文瀾《文心雕龍註》引文，頁二七七，明倫出版社，一九七一年十月出版。
⑯ 同注⑥，頁一三二。
⑰ 參蕭颯、王文欽、徐智策合著《幽默心理學》，頁二六八，智慧大學出版社，一九九三年二月初版三刷。
⑱ 參韓兆琦主編《史記賞析集》之〈滑稽列傳〉賞析，頁四一六，巴蜀書社，一九八八年八月一版。
⑲ 同注⑥，頁三二七。
⑳ 同注⑥，頁三二六。

㉑ 參許明善、徐戈冰編《謎詩欣賞》，頁一七、頁九六，黃山書社，一九八八年一版。

㉒ 參徐元選注《趣味詩三百首》，頁三九二，上海古籍出版社，一九九三年八月一版。

㉓ 同注㉒。

㉔ 同注㉒，頁三九四。

㉕ 引自朱光潛《朱光潛美學文集》第五卷，頁一一六，上海文藝出版社，一九八九年四月一版。

㉖ 同注㉑，頁二。

參考書目

甲、專　著

·《文心雕龍讀本》梁·劉勰著、王師更生註譯，文史哲出版社，一九八四年三月初版。
·《文心雕龍註》梁·劉勰著、范文瀾註，明倫出版社，一九七一年十月出版。
·《史記菁華錄》清·姚祖恩編著，聯經出版社，一九九一年十一初版十印。
·《史記賞析集》韓兆琦主編，巴蜀書社，一九八八年八月一版。
·《文章例話卷三修辭篇、卷四風格篇》，周振甫著，一九九四年初版。
·《邏輯與人生·語言與謬誤》楊士毅著，書林出版社，一九九三年一版。
·《語言·演繹邏輯·哲學》楊士毅著，書林出版社，一九九三年一版。
·《笑與喜劇美學》佴榮本，中國戲劇出版社，一九八八年一版。
·《中國人的軟幽默》薛寶琨著，科學出版社，一九八九年一版。
·《笑話—人間的喜劇藝術》段寶林著，北京大學出版社。
·《笑的心理學》皮丁頓著、潘智彪譯，中山大學出版社，一九八八年一版。
·《喜劇心理學》潘智彪著，三環出版社，一九八九年一版。
·《幽默與小天才》佴榮本著，商鼎出版社。一九九三年一版。

·《論幽默》羅貝爾·埃斯皮卡著、金玲譯，上海社會科學院出版社，一九九〇年一版。
·《趣味論辯學》劉潤澤著，中國國際廣播出版社，一九九一年一版。
·《幽默心理學》蕭颯等著，智慧大學出版社，一九九三年出版。
·《幽默社交應用》慧玉編，警官教育出版社，一九九三年一版。
·《語堂文集》林語堂著，臺灣開明書店。未著出版年月。
·《中國現代滑稽文學史略》湯哲聲著，文津出版社，一九九二年一版。
·《幽默的奥秘》陳孝英著，中國戲劇出版社，一九八九年一版。
·《無所不談合集》林語堂著，臺灣開明書店。未著出版年月。
·《美學》黑格爾著、朱光潛譯，商務印書館，一九八一年一版。
·《機智及其與無意識的關係》佛洛依德著，上海社科院出版社。
·《中國人喜劇精神的特徵》閻廣林著，雲龍出版社，一九九一年一版。

乙、期刊論文

·〈幽默：情趣及表現〉劉啓恕著，載於《大學文科園地》一九八八年四月。
·〈試爲幽默正名〉陳孝英著，載於《文藝研究》一九八九年六月。
·〈論喜劇藝術的主題自由性及其表現〉儀平策著，載於《文藝研究》一九八九年六月。
·〈幽默的美學品格〉刑廣域著，載於《文藝研究》一九八九年六月。

・〈諷刺並非喜劇性審美形態〉張鴇著，載於《文藝研究》一九八九年六月。
・〈含笑的幽默〉周韶華著，載於《文藝研究》一九九〇年六月。
・〈古代文言小說中的含蓄與幽默〉，載於《文藝理論研究》一九九〇年六月。
・〈幽默：中國傳統小說和傳統評話的潤滑劑〉陳午樓著，載於《明清小說研究》，一九九〇年二月。
・〈民族融合時期的戲謔風氣與俳諧文學〉李炳海著，載於《文史哲學報》，一九九一年三月。
・〈幽默和幽默創造〉，載於《文學評論》一九九一年四月。
・〈試論中國喜劇的詼諧與機智〉毛宣國著，載於《中國古代近代文學研究》，一九九三年十一月。
・〈幽默理解的認知歷程〉陳學志著，台大心理研究所民國八十年博士論文。

自《滹南遺老集・文辨》論王若虛之文原論

魏王妙櫻

提　要

金元時期，異族右武不尚文，文學園地荒蕪沉寂，加以金代偏於承舊，俾使文學批評更加銷沉。而金人王若虛撰〈文辨〉四卷，見於《滹南遺老集》卷三十四——卷三十七；觀其內容，有「文原論」、「文體論」、「文術論」、「文評論」，自有一貫之主張，足可代表有金一代之文章學，於中國文學批評史上，可謂舉足輕重、功關大局。然因代久年淹，〈文辨〉已久不受人矚目；而「文原論」為〈文辨〉之中心思想，欲探究其他理論，須由文學本原論著手。振葉尋根，觀瀾索源，可知「以意為主」、「貴真與似」二端，係王若虛之文學思想；今乃勉竭駑鈍，針對樞紐全局之文原論，撰成本文，冀能引起學者廣泛重視〈文辨〉。

關鍵詞：《滹南遺老集・文辨》、王若虛、文原論

一、《滹南遺老集‧文辨》之作者及其寫作背景

(一)作者生平

王若虛，字從之，號「慵夫」①，世稱「滹南遺老」，曾任金翰林直學士，金亡不仕；凡論其生平者，大率以金史本傳爲憑。《金史》〈卷一百二十六〉〈列傳第六十四〉〈文藝下〉〈王若虛〉云：

王若虛，字從之，稾城②人也。幼穎悟，若夙昔在文字間者。擢承安二年經義進士。調鄜州錄事，歷管城、門山二縣令，皆有惠政，秩滿，老幼攀送，數日乃得行。用薦入爲國史院編修官，遷應奉翰林文字。奉使夏國，還授同知泗州軍州事，留爲著作佐郎。正大初，《宣宗實錄》成，遷平涼府判官。未幾，召爲左司諫，後轉延州刺史，入爲直學士。

天興元年③，哀宗走歸德。明年春，崔立變。群小附和，請爲立建功德碑，翟奕以尚書省命召若虛爲文。時奕輩恃勢作威，人或少忤，則讒構立見屠滅。若虛自分必死，私謂左右司員外郎元好問曰：「今召我作碑，不從則死。作之則名節掃地，不若死之爲愈。雖然，我姑以理諭之。」乃謂奕輩曰：「丞相功德碑當指何事爲言。」奕輩怒曰：「丞相以京城降，活生靈百萬，非功德乎？」曰：「學士代王言，功德碑謂之代王言可乎。且丞相既以城降，則朝官皆出其門，自古豈有門下人爲主帥誦功德而可信乎後世哉。」奕輩不能奪，乃召太學生劉祁、麻革輩赴省，好問、張信之喻以立碑事，曰：「眾議屬二君，且已白鄭王矣，二君其無讓。」祁等固辭而別。數

日，促迫不已，祁即爲草定，以付好問。好問意未愜，乃自爲之，既成以示若虛，乃共刪定數字，然止直敘其事而已。後兵入城，不果立也。金亡，微服北歸鎮陽，與渾源劉郁東游泰山，至黃峴峰，憩萃美亭，顧謂同游曰：「汩沒塵土中一生，不意晚年乃造仙府，誠得終老此山，志願畢矣。」乃令子忠先歸，遣子恕前行視夷險，因垂足坐大石上，良久瞑目而逝，年七十。所著文章號《慵夫集》若干卷、《滹南遺老》若干卷，傳於世。

王若虛生於金世宗大定十四年甲午（西元一一七四年），卒於宋理宗淳祐三年癸卯（西元一二四三年），享年七十歲。先生性聰敏，早歲力學，以明經中乙科，自應奉文字至爲直學士。在爲人行事方面，其個性卓特，樸質率眞，謙遜雅重，謀事詳審；在學養議論方面，其博學強記，轉益多師，持論平實，繁簡適宜。故其於政事與學問二端，皆能兼顧；金元之間，學有根柢者，實無人出其右。至於若虛之創作，爲數甚夥，今可考者，惟《滹南遺老集》一書，此書係其縱論經史詩文之作，集中不特有評析經史之論，尚有〈文辨〉四卷、〈詩話〉三卷④，對詩文創作發表許多看法；是知若虛允稱具有學養之文史評論家。

(二)寫作背景

〈文辨〉之所以作，除受政治社會、文學文化背景影響之外，尚有作者之個人因素存在。

政治社會環境，與文學文化之發展，可謂息息相關。在政治社會方面，金元時期，異族統治，崇尙武功；加以文人地位卑賤，傳統文學式微，因而文物多襲北宋之舊，縱然有所創制，時人亦不珍惜，遂致湮沒不彰。是故在文學文化方面，金朝自無法與宋代盛況相提並論。然於詩文創作與批評二端，卻仍產生頗有成就之作家與批評家；例如元好問與王若虛，咸爲金代文壇領袖，具有承先啓後之地位。

論及作者之個人因素，則以金朝之文壇，沿襲北宋餘風，大致可分二大派：一派崇尙奇險艱深，偏重字句雕琢，有學習唐代李賀、宋代黃庭堅之傾向。一派提倡自然通達、不拘一格，有繼承宋代蘇軾之傾向；王若虛即屬此派。迨金中葉，修文講習，蔚爲風氣，若虛爲士林儀表，身負天下文名，可謂具有權威之批評家。蓋北宋蘇軾之學，傳至金源，趙秉文則暗襲其說，王若虛則用以建立其批評，元好問則用以抒寫成作品，可見當時蘇學在北中國之盛。

《滹南遺老集》卷三十四〈文辨一〉云：「坡文固未易及，要不可以限量定也！」同書卷三十六〈文辨三〉云：「文至東坡，無復遺恨矣！」「坡冠絕古今，吾未見其過正也！」「東坡自言其文如萬斛泉源，不擇地而出，滔滔汩汩，一日千里無難。及其與山石曲折，隨物賦形，而不自知所之者，常行於所當行，而止於不可不止。論者或譏其太誇，予謂東坡可以當之。夫以一日千里之勢，隨物賦形之能，而理盡輒止，未嘗以馳騁自喜，此其橫放超邁而不失爲精純也耶！」東坡爲文，係根據描寫客觀事物形象之需要，自由揮灑、隨物賦形，往往波瀾起伏，變化莫測，若虛自是竭力推崇東坡之文。正因如此，若虛之論點亦承繼東坡，成爲反對江西詩派，足以代表北方文壇趨向之文學批評。

至若王若虛所得之見，雖出於宋之蘇軾，亦兼近唐之白居易；而若虛之推尊白、蘇，只是啓其先聲；溯其學問淵源，以得於其舅周昂者多。周昂，字德卿，爲若虛舅父兼受業師，生平見《金史》（卷一百二十六）〈列傳第六十四〉〈文藝下〉〈周昂〉。若虛嘗學於昂，本於周昂論詩文之旨而發其議論，繼而載之於〈文辨〉與〈詩話〉中，遂成爲若虛詩文理論之基石。正因若虛學之博而欲辨之明，故〈滹南遺老集〉多以「辨」字名篇；故而〈文辨〉之命名，乃取辨明文章作法之意旨，作者論說源委、考覈求是之寫作動機，不言可喻。

二、《滹南遺老集·文辨》之性質及其重要板本

(一)《滹南遺老集·文辨》之性質

李治撰〈滹南遺老集序〉云：

> 滹南先生學博而要，才大而雅，識明而遠，所謂雖無文王猶興者也！以爲傳註《六經》之蠹也，以之作〈六經辨〉。論孟聖賢之志也，以之作〈論孟辨〉。史所以信萬世，文所以飭治具，詩所以道性情，皆不可後也，各以之爲辨。

是知〈文辨〉之作，蓋「文所以飭治具」也！《滹南遺老集》王鶚書云：

> 然愛予最深，誨予最切，愈久愈親者，滹南先生一人而已。……出入經傳，手未嘗釋卷，爲文不事雕篆，唯求當理；尤不喜四六。其主持名節，區別是非，古人不貸也。

「爲文不事雕篆，唯求當理；尤不喜四六」數句，誠爲王若虛文論要旨。據王鶚書所云，《滹南

遺老集》係若虛恐其議論、雜著爲人竊去，憑記憶手書而成；是故全集各卷之論，皆採逐條相次。而《滹南遺老集》卷三十四——三十七，即〈文辨〉四卷，因各版本之分條，或有出入，今以《四部叢刊初編》縮本統計，〈文辨〉四卷，凡一百三十五條，應是作者隨手拈來，筆記條列，各條間並不聯貫，且未加以分類整理，必須鉤玄提要、闡其精義，方見其理論體系。因南朝劉勰爲偉大之中國文學思想家，其所著《文心雕龍》一書，乃中國文學理論之寶典，宜以《文心雕龍》之理論體系，分析歸納〈文辨〉中之各條，知〈文辨〉之內容組織，亦概括「文原論」、「文體論」、「文術論」、「文評論」。在「文原論」方面，其主張以「以意爲主」、「貴眞與似」；在「文體論」方面，其主張「定體則無，大體須有」、「文有可廢不可廢之體」；在「文術論」方面，其主張「內容爲主，形式爲輔」、「記事寫實，平易典雅」；在「文評論」方面，既有理論內涵，復有作家評論。而全篇之樞紐，固見於文學本原論，欲探究其他理論，須由此中心思想著手；本文僅就「文原論」加以論述，職是之故。

彭應龍撰〈滹南遺老集序〉有云：

> 余於《滹南遺老集》讀而知之者以此，所尊者經，而於傳記百氏弗盡信，見到處擺脫窠臼，而不依隨以爲是非。以是談經與史，則詩文以下可知也。

是知王若虛精通經史之學、文章禮樂，允稱當代偉人。其撰《滹南遺老集》，無論談經史詩文，均擺脫窠臼，且不人云亦云；故而〈文辨〉之持論，具有超越時空之獨創性與啓示性。

(二)《滹南遺老集》之重要板本

〈文辨〉四卷，收於王若虛《滹南遺老集》卷三十四——卷三十七。《滹南遺老集》經歷代傳鈔與刊刻，板本備出；今考得坊間流傳之重要板本數種，分述於下。

1. 舊鈔本

《滹南遺老集》六冊　王若虛著　舊鈔本線裝書　國家圖書館善本書庫藏

《滹南遺老集》二十冊　王若虛著　舊鈔本　國家圖書館善本書庫藏

2. 清文淵閣《四庫全書》本

《滹南集》四十五卷，續編詩一卷　王若虛著　清鈔本　國立故宮博物院藏

3. 《四部叢刊》本

《滹南遺老集》四十六卷　王若虛著　上海　商務印書館　《四部叢刊》本　據舊鈔本影印　東吳大學中正圖書館珍本室藏

4. 《四部叢刊初編》縮本

《滹南遺老集》四十六卷　王若虛著　臺北　臺灣商務印書館　《四部叢刊初編》縮本　民國五十六年　東吳大學中正圖書館端木室藏

5. 《百部叢書集成》《畿輔叢書》本

《滹南遺老集》四十五卷，續一卷　王若虛著　臺北　藝文印書館　《百部叢書集成》第九十四部《

畿輔叢書》本　民國五十四年——民國六十年　國家圖書館參考室、東吳大學中正圖書館藏

6.《景印文淵閣四庫全書》本

《滹南集》四十五卷，續編詩一卷　王若虛著　臺北　臺灣商務印書館　《景印文淵閣四庫全書》本　民國七十二年　國家圖書館、東吳大學中正圖書館等藏

7.《叢書集選》本

《滹南遺老集》四十五卷，附詩集　王若虛著　臺北　新文豐出版公司　《叢書集選》本　據商務民國二十四年十二月初版依《畿輔叢書》本排印　民國七十三年六月　東吳大學中正圖書館藏

8.《叢書集成新編》本

《滹南遺老集》四十五卷，附續詩集　王若虛著　臺北　新文豐出版公司　《叢書集成新編》本　民國七十四年　國家圖書館、東吳大學中正圖書館藏

9.影《四庫全書薈要》本

《滹南集》四十五卷，續編一卷　王若虛著　臺北　世界書局　據國立故宮博物院藏摛藻堂《四庫全書薈要》影印　民國七十五年　東吳大學中正圖書館藏

三、《滹南遺老集‧文辨》之文原論

所謂「文原論」，即文學本原論。〈文辨〉之文學本原論，乃全篇之中心思想，亦即作者之文學

思想。今「觀瀾索源，振葉尋根」，知其「文原論」十分簡要，約有以下二端。

(一)以意為主

如前所言，王若虛嘗學於其舅周德卿，蓋即其論詩文之所出。《滹南遺老集》卷三十八〈詩話上〉云：

吾舅嘗論詩云：「文章以意爲之主，字語爲之役。主強而役弱，則無使不從。世人往往驕其所役，至跋扈難制，甚者反役其主。」可謂深中其病矣。

王若虛詩文論之基本觀念一致，但觀其眼目旨趣之何如；換言之，創作重在思想內容。上文「文章以意爲之主，字語爲之役」二句，即強調意立而辭從之理，不僅分析文學作品內容與形式之關係，亦反映若虛對文學創作之基本看法。

《滹南遺老集》卷三十六〈文辨四〉云：

夫文豈有定法哉！意所至則爲之，題意適然，殊無害也！

若以文章正理論之，亦惟適其宜而已。

此言作文當以意爲主，意得而辭順，即是佳作。蓋作者立言之本意，係全文之主腦，以意爲主，其旨必見，適其意旨，方符作文之法。換言之，意如主人，辭若奴婢；意猶帥也，無帥之兵，謂之烏合。是以意全勝者，辭愈樸而文愈高；意不勝者，辭愈華而文愈鄙；是意能遣辭，辭不能成意，意與辭須各適其宜，大抵〈文辨〉文原論之旨如此。若虛批評各家，多由立意論其作品之優劣，如《滹南遺老集》卷三十四〈文辨一〉云：「孔德璋〈北山移文〉，立意甚新可喜。」可知若虛論文，貴在立意清新。

再者，王若虛論詩文既重在以意爲主，自是重在工於內。《滹南遺老集》卷三十七〈文辨四〉云：

吾舅周君德卿嘗云：「凡文章巧於外而拙於內者，可以驚四筵而不可適獨坐，可以取口稱而不可得首肯。」至哉其名言也。

此言文章須以內容爲主，形式應服從內容，爲內容服務。《文心雕龍·鎔裁》不亦云乎：「情理設位，文采行乎其中。……是以草創鴻筆，先標三準：履端於始，則設情以位體；舉正於中，則酌事以取類；歸餘於終，則撮辭以舉要。然後舒華布實，獻替節文，繩墨以外，美材既斲，故能首尾圓合，條貫統序。若術不素定，而委心逐辭，異端叢至，駢贅必多。故三準既定，次討字句。」「鎔」即是「鎔意」，乃就作品之思想而言；「裁」即是「修辭」，乃就浮辭之剪裁而言。劉勰亦主鎔意先於裁辭，鎔意之後，再依作品之思想感情決定裁辭，即以文章之內容決定形式。蓋創作前必先苦思，謀篇時必先立意；其遂創立「三準」，作爲命意構思之三項準則，具備三項行文鎔意之程序後，方可舒布文華，表達情實，並進一步推敲音節辭采之適當與否。

然而若虛並非完全廢棄形式，並不認爲形式無足輕重。細節方面，其特別重視文法修辭，例如《滹南遺老集》卷三十四〈文辨一〉云：

左氏文章，不復可議，惟狀物論事，辭或過繁。洪邁云：文之繁省者各有當。

且論文者求其當否而已，繁省豈所計哉！

以上三則主文之繁簡在當，應使繁省輕重得其中；蓋文章繁簡係根據表達之需要，宜繁則繁、宜簡則簡，不專以簡潔爲貴。此點亦與《文心雕龍・鎔裁》所謂「謂繁與略，適分所好」相合，蓋文章之要，在當繁則繁，當略則略，繁略須恰如其分，各隨作者天性之所好，沒有一成不變之原則。此外，若虛認爲「四六之法，亦何足惜也」，是故其亦講「法」，以破除前人之法。如《滹南遺老集》卷三十五〈文辨二〉云：

〈師說〉云：「萇弘、師襄、老聃、郯子之徒，其賢不及孔子。孔子曰：『三人行，必有我師』」此兩節文理不相承。

韓愈撰〈師說〉一文，闡揚尊師重道之理，及求師問學之道；上則係就文理角度，批評〈師說〉之文句。同卷亦云：「予謂左氏之文，固字字有法矣！」就文法學與修辭學而論，恐怕不得不推若虛爲濫觴；而其理論之基礎，仍歸於主意說。誠如《滹南遺老集》卷三十八〈詩話上〉引其舅周德卿論詩云：

以巧爲巧，其巧不足；巧拙相濟，則使人不厭。唯甚巧者乃能就拙爲巧。所謂遊戲者，一文一質，道之中也！雕琢太甚，則傷其全；經營過深，則失其本。

此爲篤實之論，同樣適用於詩文；蓋雖極辭語之工，而豈文之正哉！若虛強調形式須配合內容，二者方能相得益彰；然其亦認爲作者初無意於造語，文章乃先有內容，而後才有形式，是故文章作法，應以內容爲主、形式爲輔。作文既以內容爲主，謀篇時必先立意，意正則思生；然因意之運神，難以言傳，其能者常在有意無意之間。《文心雕龍．情采》亦強調「文附於質」、「質待於文」之理，其云：「夫鉛黛所以飾容，而盼倩生於淑姿；文采所以飾言，而辯麗本於情性。故情者，文之經，辭者，理之緯；經正而後緯成，理定而後辭暢，此立文之本源也。」此專論作品內容與形式之配合，進一步說明內容爲主、形式爲從之關係，樹立情采並重，或情重於采之重要觀念；此種觀念，不僅貫串《文心雕龍》之理論，對於〈文辨〉，亦一以貫之。至此可以推測，王若虛之「文原論」，應有其本，劉勰《文心雕龍》之說，或爲其理論根據。

繼王若虛之後，元人王構撰《修辭鑑衡》一書，卷二有〈文字用意爲上〉條，其引葛立方《韻語陽秋》⑤云：「……不得錢不可以取物，不得意不可以用事，此文字之要也。」同條引《麗澤文說》⑥云：「文字不必多用事，只用意便得。」同條引《童蒙訓》⑦云：「東坡云：『意盡而言止者，天下之至文也。然而言止而意不盡，尤爲極至。』如《禮記》、《左傳》可見。」王構主張用意重於用事，而立意尤貴深遠高妙，含不盡意，猶如空林邃壑，別具一種勝處，始佳。《修辭鑑衡》之引說，與〈文辨〉之持論一脈相通，可謂前後交相映者也！

㈡貴眞與似

文學作品應以述眞寫實爲內涵，文學之眞實性，亦爲若虛所重視。《滹南遺老集》卷三十八〈詩話上〉云：「哀樂之眞，發乎情性，此詩之正理也。」文章亦然，若繁采寡情，味之必厭。同書卷三十四〈文辨一〉云：

夫文章唯求眞是而已，須存古意何爲哉！

〈歸去來辭〉本自一篇自然眞率文字，後人模擬，已自不宜，況可次其韻乎？次韻則牽合而不類矣！

《周易・乾・文言》有云：「修辭立其誠」，夫人吐納英華，莫非情性，是故情志爲文之神明，即《文心雕龍・情采》所謂「辯麗本於情性」、「爲情而造文」、「故爲情者要約而寫眞」。自然眞率之文字，乃本於眞情，若虛論文遂主貴不失眞，不主奇詭，不尙藻飾，只求眞是，絕不墜於古人之偏見。若陶潛撰〈歸去來辭〉以見志，其歸田園居，寄情山水，怡然自得；全文情感眞實、自然平淡、語言純樸，允稱古今隱逸作品之宗。北宋蘇東坡亦酷愛〈歸去來辭〉⑧，故若虛十分推重此篇。

同卷亦云：

使文章無形體邪，則不必似；若其有之，不似則不是。

此則言「形似」，強調文章應平實樸素，不尙巧構虛飾。蓋王若虛有感於江西末流之弊病，及金朝當時文壇追求形式奇險、文辭浮華之風氣，是故其主下字欲如家人語言，且不喜出奇，好平淡記實。其論文亦不專主文飾，以典實通順平易爲尙。《滹南遺老集》卷三十六〈文辨三〉云：

予謂文貴不襲陳言，亦其大體耳，何至字字求異！如翱之説，且天下安得許多新語邪！甚矣！唐人之好奇而尚辭也！

唐人韓愈〈答李翊書〉云：「當其取於心而注於手也，惟陳言之務去。」韓門弟子李翺繼承其說，亦主創意造言、辭盛文工⑨；然而若虛並不贊成好奇尙異，其於《滹南遺老集》卷三十七〈文辨四〉云：

凡文章須是典寔過於浮華，平易多於奇險，始爲知本末。世之作者，往往致力於其末，而終身不返，其顚倒亦甚矣！

雅重平易之文，爲若虛所崇尙，今由〈文辨〉觀其文章，更可證明此點。

此外，「貴眞與似」亦涉及生活眞實與藝術眞實之問題。藝術作品必須反映描寫事物之客觀眞實面貌，絕不可脫離違背此種眞實。譬之於畫，夫所貴于畫者，爲其似耳，畫而不似，則如勿畫；雖「妙在形似之外」方爲最高境界，然「形似」誠是臻於佳境之基礎。而文可傳道明心，致富貴人家多作富貴語，貧賤人家多作貧賤語，山林草野之文與朝廷臺閣之文迥異，此文足以見人貴賤、文如其人之理。若虛認爲「眞」與「似」爲作文、論文之不二法門，乃頗有通俗化傾向。其於《滹南遺老集》卷三十七〈文辨四〉云：

揚雄之經，宋祁之史，江西諸子之詩，皆斯文之蠹也！散文至宋人始是眞文字，詩則反是矣！

文章自得方爲貴，詩至唐代，散文至宋代，喜怒哀樂發乎情性，情動于中而形于言，此詩文之正理也，故爲若虛所推崇；而模擬復古或險怪奧僻之文，皆在其批判之列。若虛於詩宗白居易、於文宗蘇軾，素來反對江西派之詩文與理論，職此而已。其總結白居易、蘇軾之創作特點與成就，提倡抒寫眞實思想感情、眞實生活面貌之作品，此復涉及作品內容與形式之問題。《文心雕龍・情采》不亦云乎：「故立文之道，其理有三：一曰形文，五色是也；二曰聲文，五音是也；三曰情文，五性是也。」形文即色彩之美，聲文即音樂之美，而情文即眞實之美，形文、聲文、情文三者配合得宜，方能構成佳篇；而形、聲之文本於情，是故優美之文辭，必須反映純眞之情感，及正確之思想。《滹南遺老集》卷三十六〈文辨三〉評歐陽修〈醉翁亭記〉云：

予謂〈醉翁亭記〉雖淺玩易，然條達迅快，如肺肝中流出，自是好文章。

在唐宋古文家方面，王若虛對北宋評價較高——尤其是蘇軾之文；其亦肯定歐陽修〈醉翁亭記〉簡潔流暢、平易自然、典實雅重、出於肺腑之特色。歐陽修曾與尹師魯等各作〈河南驛記〉，以力求文字簡潔相競賽，被文壇傳爲美談。王若虛雖推崇之，然仍謂「此特少年豪俊一時爭勝而然耳，若以文章正理論之，亦惟適其宜而已，豈專以是爲貴哉？蓋簡而不已，其弊將至於儉陋而不足觀也已！」⑩《滹南遺老集》卷三十六〈文辨三〉云：

歐公散文自爲一代之祖，所不足者，精潔峻健耳！

歐陽修爲北宋文壇領袖，其所謂文，必與道俱，主張「道充而文自至」；並以散行古雅、簡而有法之文爲天下倡，完成韓柳未竟之功。蘇軾〈六一居士集敘〉云：「歐陽子論大道似韓愈，論事似陸贄，記事似司馬遷，詩賦似李白。此非予言也，天下之公言也！」羅大經《鶴林玉露》引楊東山語云：「文章各有體，歐陽公所以爲一代文章冠冕者，固以其溫純雅正，藹然爲仁人之言，粹然爲治世之音，然亦以其事事合體故也。如作詩便幾及李、杜；作碑、銘、記、序，便不減退之；作五代史記，便與司馬子長並駕；作四六，便一洗崑體，圓活有理致；作詩本義，便能發明毛、鄭之所未到；作奏議，便庶幾陸宣公；雖游戲作小詞，亦無愧唐人花間集；蓋得文章之全者也！」可謂推崇備至矣！而若虛從文法修辭之觀點，批評歐陽修散文，謂「所不足者，精潔峻健耳」，雖有獨出心裁之看法，然仍屬罕見之論。

明代之公安派，強調自由抒寫眞情實感，主張「獨抒性靈，不拘格套」，而且重眞與變、講韻與趣，與若虛之貴眞求眞近似。第若虛兼長經史考證之學，並不以矜尚率眞而使文章空疏，自不會有公安末流矜其小慧、破律壞度之弊病。清人劉熙載《藝概》卷一〈文概〉，評介甫文每言及骨肉之情，酸惻嗚咽，語語自肺腑中流出；劉熙載崇尚出於肺腑之文，與若虛之看法相同。

四、結　論

金代文學，不脫北宋窠臼，其文學批評亦不外北宋所討論之範圍。而王若虛承上啓下，繼承現實主義傳統，倡導平易通俗之文，見之所到，不苟同於衆。〈文辨〉中之文論，於文章之創造、組織、分析各方面，頗多通達之見，將古來鑿說一掃而空，其中有許多理論與劉勰《文心雕龍》相同；此或爲英雄所見略同，然亦不排除〈文辨〉本於《文心雕龍》之可能性。若虛雖無法建設有系統之文法學、修辭學、文章學，然而別具隻眼，於文法修辭中找到理論根據，允稱文法學與修辭學之濫觴；其對後代專講文法修辭之著作，如元代王構《修辭鑑衡》等書，誠然有催生啓發之作用，對元、明、清之古文，亦有推波助瀾之功。《滹南遺老集・文辨》之成就與價值，由是可知矣！若乃〈文辨〉中之「文原論」，簡言之，不外「以意爲主」、「貴眞與似」二端。劉熙載《藝概》卷一〈文概〉有言：「〈文賦〉：『意司契而爲匠。』文之宜尙意明矣。推而上之，聖人『書不盡言，言不盡意』，正以意之無窮也。」、「莊子曰：『語之所貴者，意也。意有所隨。意之所隨者不可以言傳也。而世因貴言傳書。』是知意之所以貴者，非徒然也。爲文者苟不知貴意，何論意之所隨乎？」、「文以識爲主，認題立意，非識之高卓精審，無以中要」、「蓋文惟其是，惟其眞。舍是與眞，而於形模求古，所貴於古者果如是乎？」王若虛之「文原論」，至淸代已獲熱烈之回響，由是亦可明矣！

【附　註】

① 《滹南遺老集》〈續編詩附〉，有〈慵夫自號〉詩，其云：「身世飄然一瞬間，更將辛苦送朱顏。時人莫笑慵夫拙，差比時人得少閑。」

② 稾城，今河北省正定縣東南，位滹沱河南岸。

③ 天興元年，係金哀宗天興元年，西元一二三二年。

④ 王若虛撰〈詩話〉三卷，見於《滹南遺老集》卷三十八－卷四十。

⑤ 《韻語陽秋》，凡二十卷，此書尙存；葛立方撰。立方，字常之，號懶眞子。

⑥ 《麗澤文說》，在臺不可見。

⑦ 《童蒙訓》，一冊，佚，今僅有節本三卷及輯佚本；呂本中撰。名大中，字居仁，學者稱東萊先生。

⑧《滹南遺老集》卷三十九〈詩話中〉云：「東坡酷愛〈歸去來辭〉」。

⑨見李翱《李文公集》六〈答朱（一作王，一作梁）載言書〉。

⑩見《滹南遺老集》卷三十六〈文辨三〉。

【重要參考資料】

《滹南遺老集》六冊　王若虛著　舊鈔本

《滹南遺老集》四十六卷　王若虛著　上海　商務印書館　《四部叢刊》本　據舊鈔本影印

《滹南遺老集》四十六卷　王若虛著　臺北　臺灣商務印書館　《四部叢刊初編》縮本　民國五十六年

《滹南遺老集》四十五卷，續一卷　王若虛著　臺北　藝文印書館　《百部叢書集成》第九十四部　《畿輔叢書》本　民國五十四年——民國六十年

《滹南集》四十五卷，續編詩一卷　王若虛著　臺北　臺灣商務印書館《景印文淵閣四庫全書》本　民國七十二年

《滹南遺老集》四十五卷，附詩集　王若虛著　臺北　新文豐出版公司《叢書集選》本　民國七十三年六月

《滹南遺老集》四十五卷，附續詩集　王若虛著　臺北　新文豐出版公司《叢書集成新編》本　民國七十四年

《滹南集》四十五卷，續編一卷　王若虛著　臺北　世界書局　據國立故宮博物院藏摛藻堂《四庫全書

薈要》影印 民國七十五年
《修辭鑑衡》 王構著 元至順四年集慶路儒學刊本
《新校本金史并附編七種》 脫脫等著 楊家駱主編 臺北 鼎文書局 民國六十八年三月
《中國文學批評史》 郭紹虞著 臺北 文史哲出版社 民國七十一年九月
《中國文學批評史》 劉大杰著 臺北 文匯堂 民國七十四年十一月
《文心雕龍札記》 黃侃著 香港新亞書院出版 臺北 文史哲出版社印行 民國六十二年六月
《宋金四家文學批評研究》 張健著 臺北 聯經出版公司 民國六十四年五月
《劉勰和文心雕龍》 陸侃如、牟世金著 上海古籍出版社 西元一九七八年八月 臺北 國文天地雜誌社 民國八十年二月
《重修增訂文心雕龍研究》 王師更生著 臺北 文史哲出版社 民國六十八年五月
《文心雕龍研究論文選粹》 王師更生編纂 臺北 育民出版社 民國六十九年九月
《文心雕龍文論術語析論》 王金淩著 臺北 華正書局 民國七十年六月
《文心雕龍斠詮》（上）（下） 李日剛著 臺北 國立編譯館中華叢書編審委員會 民國七十一年五月
《中國文學批評》 張健著 臺北 五南圖書出版公司 民國七十三年九月
《文心雕龍讀本》 劉勰著 王師更生注譯 臺北 文史哲出版社 民國七十四年三月

《藝概》　劉熙載著　臺北　華正書局　民國七十四年六月
《文心雕龍索引》　朱迎平編　臺北　學海出版社　民國七十七年六月
《文心雕龍綜合研究》　彭慶環著　臺北　正中書局　民國七十九年十月
《文心雕龍新論》　王師更生著　臺北　文史哲出版社　民國八十年五月
《文心雕龍文學理論研究和譯釋》　杜黎均著　臺北　西元一九九二年七月
《文心雕龍選讀》　劉勰原著　王師更生選注　臺北　國立編譯館　民國八十三年十月
《中國古代文學理論的秘寶──文心雕龍》　王師更生著　臺北　黎明文化公司　民國八十四年七月
《王若虛及其詩文論》　鄭靖時撰　國立政治大學中國文學研究所碩士論文　民國六十三年五月
《王構修辭鑑衡研究》　魏王妙櫻撰　東吳大學中國文學研究所碩士論文　民國七十六年四月
〈文心雕龍的創作論和批評論〉　黃某撰　《文心雕龍研究論文選粹》（王師更生編纂　臺北　育民出版社　民國六十九年九月）頁四三八──四七一

間接式雙賓語的句型運用

張春榮

提　要

本文旨在透過現代文學中的範例，檢驗其間接式雙賓語之運用類型；企圖通過文法句型，結合修辭格之運用，以期活用文法，呈現積極修辭的靈妙向度。

關鍵詞：雙賓語、具體、抽象、擬人、對偶、排比、層進

在生活周遭多留點時間給自己①，多「留點空間給別人」（林貴眞《第二名的生活藝術‧差異》），是生命的圓融寬和；「給別人帶來陽光的人，不可能把自己排拒在外」（巴瑞 James M. Barrie）、「當我們把快樂分給別人時，它就會倍增」（尼林 A. Nielen），是精神的豐收，隨著付出的自然增值；「把眼睛交給旅行的水，把嘴巴還給沉默的自己」（王定國《隔水問相思‧釣魚筆記》），是人與自然相契的時機，在山光水色中洗滌喧囂的塵襟；落日餘暉「給滿天滿地你我滿身披上神奇」（王鼎鈞《碎琉璃‧迷眼流金》）、置身美國「他的胃就交給冰牛奶和草莓醬，他的肺就交給新大陸的秋

天，髮，交給落磯山的風，茫茫的眼睛，整個付給青翠的風景」（余光中《焚鶴人·蒲公英的歲月》），則是不同情境的經驗；而這樣的句型，均爲間接式雙賓語的運用。

間接式的基本句型有四：

一、他送一束玫瑰給我

主語＋述語＋直接賓語＋給（介詞）＋間接賓語（受詞）

二、他送給我一束玫瑰

主語＋述語＋給＋間接賓語（受詞）＋直接賓語

三、他把玫瑰送給我

主語＋把＋直接賓語＋述語＋間接賓語（受詞）

四、他給我送來一束玫瑰

主語＋給＋間接賓語（受詞）＋述語＋直接賓語

其中主語和兩個賓語，仍是語意變化的關鍵。以第一式爲例：

1. 不刺繡的時候，母親也會暗中咬牙，因爲凍傷的地方會突然一陣刺骨難禁。在那一方陽光裡，母親是側坐的，她爲了讓一半陽光給我，才把自己的半個身子放在陰影裡。（王鼎鈞《碎琉璃·一方陽光》）

2. 禪師不能送明月給那個小偷，使他感到遺憾，因爲在黑暗的山林，明月是照亮世界最美麗的東西。不過，從禪師的口中說出：「但願我能送一輪明月給他。」這口裡的明月除了是月亮的實景，指的也是自我清淨的本體。從古以來，禪宗大德都用月亮來象徵一個人的自性，那是由於月亮光明、平等、遍照、溫柔的緣故。怎麼樣找到自己的一輪明月，向來就是禪者努力的目標。在禪師的眼中，小偷是被慾望蒙蔽的人，就如同被烏雲遮住的明月，一個人不能自見光明是多麼遺憾的事。（林清玄《如意菩提·送一輪明月給他》）

賓語中的「陽光」、「明月」（「讓一半陽光給我」、「送一輪明月給他」）分別爲母愛溫暖、自我清明自性的借喻②。事實上，自然萬象，往往在有意無意中觸動我們心弦，如：

3.給什麼智慧給我

小小的白蝴蝶，
翻開了空白之頁，
合上了空白之頁？

翻開的書頁：
寂寞；
合上的書頁：
寂寞。（戴望舒〈白蝴蝶〉）

4.陸地和海搶去所有的繁榮
留這一涯寂寞給你
今年五月的主人，不是繁花是戰爭
你那升火的漢子早已離去（鄭愁予《鄭愁予詩集．貝勒維爾》）

第三例詩人質疑「小小白蝴蝶」默默暗示著人生之虛無，本質上的寂寞；第四例感嘆萬千繁華過後的無邊寂寞。因此，面對人生：

5.兩袖一甩，清風明月；仰天一笑，快意平生；布履一雙，山河自在；我有明珠一顆，照破山河萬朵……這些都是禪師的境界，我們雖不能至，心嚮往之，如果可以在生活中多留一些自己給自己，不要千絲萬縷的被別人遷動，在覺性明朗的那一刻，或也能看見般若之花的開放。（林清玄《清涼菩提．吾心似秋月》）

6.何只是年輕的願望需要留白，在忙碌的生活裡，我們必須有點留白給自己了解忙碌的目的；在繁華的聲色中，我們必須有點留白給自己辨清方向；青春黃金燦光的歲月間，鋪述行動的同時，必須留白給思索。（江寶釵《不只一扇窗．留白》）

「多留一些自己給自己」、「留白給思索」，均是值得借鏡的提示。以第二式爲例，如：

1.間關千里
寄給你一雙布鞋

一封
無字的信
積了四十多年的話
想說無從說
只好一句句
密密縫在鞋底（洛夫《因爲風的緣故．寄鞋》）

賓語「一雙布鞋」是具體，再由此引申爲「一封／無字的信」，包含了千言萬語的難以言宣之悲情。

2.明月是可送的嗎？這眞是有趣的故事，在我們的人生經驗裡，無形的事物往往不能贈送別給人，例如我們不能對路邊的乞者說：「我送給你一點慈悲。」我們只能把錢放在盒子裡，因爲他只能從錢的多寡來感受慈悲的程度。（林清玄《如意菩提．送一輪明月給他》）

3.「你信佛嗎？」她問我說。

「還不能說信。」我老實的說。

她的微笑裡，彷彿帶著很深的同情，過後，她一直沒再問我別的話，留給我一屋子的靜寂。

（司馬中原《滄桑．佛緣》）

4.牛們都很聽話；

刈麥節前一天

默默地贈給我們最最需要的奶汁！
奶汁裡含有青青的草味，
珊珊不喜愛那草味。
山谷離我們遠遠的，
沒有什麼可送我們，
送給我們一些歌，一些回聲，
你說
這已經夠好了。（瘂弦《瘂弦詩集·一九八〇》）

其中賓語「一點慈悲」、「一屋子的靜寂」、「一些歌，一些回聲」則偏於抽象。以第三式為例，賓語可以是具體的人或物，如：

1.不過能守祕密的人畢竟是少數，在全世界四十多億人之中，守祕是殊態，洩祕才是常態。莎士比亞在《麥克貝斯》裡說過：「清白的心境是最柔軟的枕頭。」你把祕密告訴朋友，無異把一大塊石頭壓在他的心上，是你對他不起。他為了找一個柔軟的枕頭好好地睡一覺，把你的石頭交給別人，你怎能怪他？（黃國彬《楓香·祕密》）

2.我看那裡氣氛友善，像個大家庭，想想信教也不錯，人與人間藩籬打開，又有神做後盾，比較溫暖，比較不寂寞。可是我這人終究質疑太深，不能把自己就交給神，最後還是靠自己。

（張讓《不要送我玫瑰花，淡笑英雄》）

「把你的石頭交給別人」、「把自己就交給神」，均爲相同的句型。至於：

3.未認識你時，我一傘在握，獨來獨往。而後，慢慢走出自己，會幫人打傘了。只是，當開始和你共撑一把傘，我習慣性把傘面遮向自己，把雨滴留給你。後來，我逐漸將傘面盡量遮住你上空，忘了雨水滴在我身上。最後，你察覺了。你要我挪近些，兩人分享這偌大的傘下空間。於是，雨淋濕了你右肩，淋濕了我的左臂。我們在傘下，我們也在雨中。就這樣，我們携手前進，踏上紅地毯的那一端。（張春榮《鴿子飛來．傘情》）

4.山的味道因下雨而濃厚了許多，濃得讓人覺得拉赫曼尼洛夫是多餘的。原本翠綠的山色減淡了，像過了一層網，而不高的山谷更有嵐霧升起、飄飛，看過電影「山中傳奇」或大陸風光錄影帶的人，會立即想到那緲如遠山脆似雨點滴入山澗的笛聲。但即使那樣的笛聲也是多餘的，不是音樂適不適合眼前景物的問題，而是人在山中，應該把耳朵還給自然。（侯吉諒《繁華或者寂寞．城市邊緣》）

「把傘面遮向自己，把雨滴留給你」，是實景，也是借喻。而「把耳朵還給自然」，「耳朵」是實寫，同時是「人」的借代。反觀賓語爲抽象：

5.天放舊光還日月，
地將濃秀與山川。（李覯〈苦雨初霽〉）

6.我相信世界正等待救贖，救贖的光令人暖和，但我更喜愛男人需要女人女人需要男人的事實（或者男人和男人、女人和女人），或許勞動的角色自然推衍了某人的願望或一生，彷彿恩寵靈魂，不過，若較諸宗教的神祕自然，我是寧可把信心交給上帝的掌心，我只願勞動屬人的血肉部分能夠好看，叫人歡悅，他可以悉心翻出我的慾望而不敷衍或調弄消沉滅寂。（羅位育《等待錯覺．甜蜜無害》）

其中「濃秀」、「生命」③、「信心」分別爲抽象。至於：

7.不過我倒知道不同亦咸和小齡提失親的事，我怕那痛楚太深，一言點破，也許那痛倏然醒來，要反咬噬人。心裡我覺得自己很卑鄙。生死至哀，我卻要好友躲得遠遠自己去承受。實在是我很明白，生死的事我完全無能爲力。既然無能爲力，說什麼都是廢話，都是虛假得難以忍受的事，我寧將悲哀留給孤獨。（張讓《當風吹過想像的平原．世事逐塵照眼明》）

8.然而寂寞本來既可能是一個空寥景象的表面解釋，也可以是主觀的自我感受。我們以爲寂寞的黃沙，對奧基菲也許充滿了繁複的意象和探索的可能；我們以爲回到田園樂在其間的陶淵明卻自有他「鳥獸不可與同群」的孤獨失望。史載鮮于樞「晚年懶不耐事，閉門謝客……以研讀終其身」。鮮于樞其實只活了四十五歲，所謂晚年，還是許多人的少壯，他畢竟也是選擇了那把生命典當給寂寞，從中咀嚼出苦澀的創作力的人。（黃碧端《沒有了英雄．寂寞》）

所謂「將悲哀留給孤獨」、「把生命典當給寂寞」則雙賓語均爲抽象，語意更具變化、繁複。以第四式爲例：

1.四周都是峻峭的山峯，圍攏來，僅給溪水留下一條出路，山谷裡的寂靜便可想是怎樣的濃厚。但我想，在這裡若有一個朋友，且是一個肯交心的密友，必可以得到一份奇趣。世上那麼多耳朵，眞正懂得傾聽的，卻日日聽著囂聲，聽著廢話，聽著讒言，聽著謠諑。在這山谷裡，即使沒有一個交談的對象，至少可以傾聽大自然最眞實的噓息。（王開林〈站在山谷與你對話〉）

2.參加喪禮回來，女兒抑鬱不樂。

問我：「人死了，是不是跟上帝上天堂去？」

「是啊！」

她突然嚎啕痛哭起來，說：

「他們好壞，用釘子把棺材都釘死了。那上帝來接姑媽的時候，姑媽怎麼出得來，爲什麼不給留她一扇窗子？」（廖玉蕙《紫陌紅塵．童言稚語》）

山峯「給溪流留下一條出路」是風景的擬人，「爲什麼不給她留一扇窗子」則在設問中流露童心的善良；其中賓語均爲具體。至於：

3.松鼠的死給我的童年鋪上一條長長的暗影，日後也常從暗影走出來使我莫名憂傷。經過二十幾年了，我才確信人與動物、人與人間有一種不能測知的命運，完全是不能知解的推動我們前行，使我們一程一程的歷經歡喜與哀傷，而從遠景上看，歡喜與哀傷都是一種滄桑，我們

是活在滄桑裡的。（林清玄《白雪少年・我唯一的松鼠》）

4.美酒，最好能飲到半醉爲止；正如好花要看到半開時，給一切美好的預留品味的空間。我始終以爲飲酒飲到微醺時的境界最佳。這時候，時間空間俱縮小到只有現在，只有自己，緊張的神經系統放鬆，憂鬱也可能變得美麗。（焦桐《最後的圓舞場・斟酌過生活》）

其中「我的童年」、「一切美好的」（間接賓語）爲抽象。

大抵運用在修辭上，仍以擬人、對偶、排比、層遞最多見。以擬人而言：

1.夜的吐露港不但好看，也自好聽，只要你自己夠靜，便聽得見。春雷一呼，萬蛙齊應，以喉音腹語取勝的蛙族，爲夏喉舌，喧來了熱門的炎暑。黃昏以後，鳥聲一起交班給樹下低而細清而晰的蟲聲，那時斷時續的吟吟唧唧，像在陪伴我誦詩的哦哦，燈下幻覺就是小時候在江南後來又跟去四川的那一隻。（余光中《記憶像鐵軌一樣長・吐露港》）

2.打開
鳥籠的
門
讓鳥飛
走
把自由

還給

鳥

籠（非馬〈鳥籠〉）

「鳥聲一起交班給樹下低而細清而晰的蟲聲」（第一式），其中將「鳥聲」、「蟲聲」擬人④，「把自由／還給／鳥／籠」（第三式）將「鳥」、「籠」擬人，尤其將「籠」自有生命的擬人角度設想，出人意外，又極富理趣。

4.「時間」眞能毀壞青春的美貌，
給美人的額上鑽刻了溝紋，
把自然的傑作中的珍品吞掉，
鐮刀過處，一切都蕩然無存。（莎士比亞《十四行詩》）

5.正想寫一首戰爭的詩
三張犂靶場的回聲
一一落在我的稿紙上
沒有下酒菜的時候
子彈噼哩啪啦給我炒了

一碟子青豆（洛夫《因爲風的緣故・三張犂靶場》）

將「時間」擬人，於是「給美人的額頭鑽刻了溝紋」（第四式）；將「子彈」擬人，於是「噼哩啪啦給我炒了／一碟子青豆」，化不相干爲相干的動態情境。以對偶而言：

1.過了幾天奧達小姐回來了，臉上仍掛著慣有的和悅的笑容，仍謙和熱心地爲大家做事。後來我才知道，那一星期奧達小姐請假，是因爲她哥哥撞車死亡了。奧達小姐是跟寡母、哥哥三人相依爲命的，這個打擊實在不小，可是在她臉上竟不帶一絲淒容，也沒有向任何人訴說心中的悲苦。她實在是把和悅給了別人，把痛苦留給了自己，要多麼堅強的心胸來承擔如此的弘忍呢？（馬森《墨西哥憶往・奧達小姐》）

2.趁生命最後的餘光，再仔仔細細檢視一點一滴。把鮮明生動的日子裝進，把熟悉的面孔，熟悉的一言一語裝進，把生活的扉頁，撕下那頁最重最鍾愛的，也一併裝入，自己要一遍又一遍地再讀。把自己也最後裝入，甘心在二十歲，收拾一切燦爛的結束。把微笑還給映天，把孤單還給自己。（簡媜《水問・美麗的繭》）

「把和悅給了別人，把痛苦留給了自己」是人我對，「把微笑還給昨天，把孤單還給自己」是今昔情境之對。至於：

3.你仍得振奮前進

時間將你交給空間，有一天

空間會將你歸還時間（羅葉《蟬的發芽・尋藥》）

其中「時間將你交給空間」、「空間會將你歸還時間」在對句中兼回文關係。另如：

4.在向上燃燒的過程中　懺悔的火把灰燼還給大地

把火獻給天空（杜十三《火的語言・沉默》）

以「懺悔的火」帶出兩種不同的結局「把灰燼還給大地」⑤、「把光獻給天空」，是雙襯的思維。以排比爲例：

1.將髮型交給四面八方的風

將憂愁交給笑容

將明日交給不可信託的雲

即使蒼涼，也是微微的了……（吳晟《吾鄉印象・終結》）

這樣的排比，充滿隨緣的自在，不在乎風中之髮型，讓憂愁在笑容中溶解，明日是明日的事。至於：

2.我將眞心付給了你　將悲傷留給我自己

我將青春付給了你　將歲月留給我自己

我將生命付給了你　將孤獨留給我自己

我將春天付給了你　將冬天留給我自己

愛是沒有人能了解的東西　愛是永恆的旋律

愛是歡笑淚珠飄落的過程　愛曾經是我也是你
我將春天付給了你　將冬天留給我自己
我將你的背影留給我自己　卻將自己給了你（羅大佑詞・曲）

前四組排比中，每一組分別以「眞心」「悲傷」、「青春」「歲月」、「生命」「孤獨」、「春天」「冬天」自成人我對，最後則以兩組人我對（「春天」「冬天」、「你的背影」、「自己」）作結。

以層遞爲例：

1.風的背很闊，很冰。風的舌有鹹水的腥氣。烏衣巫的瓶中，夜，愈釀愈濃。北緯四十一度的洋面，仍有一層翳翳的毛玻璃的什麼，在抵抗黑暗的凍結。進了公海，什麼也摸不到握不著了。我們把自己交給船，船把自己交給虛無，誰也負不了責任的完整無憾的虛無。藍黝黝的渾淪中，天的茫茫面對海的茫茫面對的仍是天的茫茫，分辨不清，究竟是天欲掬海，或是海欲溺天。（余光中《望鄉的牧神・南太基》）

2.深山裡工作的人，無法使用瑣碎的語言，當他們想要叫喚不知去路的同伴時，只用簡單的音節朝著四周發聲：喝——嘿……！大小山巒一起和聲，嘿……！聲音穿過山澗，澗水把聲音交給大樹，樹葉張耳聆聽，派露珠打醒樹下貪歇的樵夫。樵夫也同樣的音節回答，樹把聲音交給水瀑，水把聲音丟給山巒，山把聲音交給找人的樵夫。（簡媜《空靈・高歌》）

「我們把自己交給船，船把自己交給虛無」，是空間由內而外的層遞，「樹把聲音交給水瀑，水把聲音丟給山巒，山把聲音交給找人的樵夫」是擬人（「樹」、「水」、「山」），再至「樵夫」的層遞變化。

最後值得注意的是第一式、第三式的間接賓語（受詞）往往與遞繫式相結合，兼主語的功能，進而加以衍申。第一式如：

1.男兒遠遊，未必快意，除了寓居，還要有人與土地的聯繫；所以梁山泊只是一艘船，不是一百零八條好漢的家鄉。林冲的私仇在晚上報，莫非夜晚最易懷鄉？男兒處處爲家，淚只能在夜晚流給自己看，因爲那是太陽照不到的地方。而到了童年的海岸，風還是風，浪，還是浪。（許悔之《眼耳鼻舌・太陽還沒照到的地方》）

2.她口齒清晰有力，表情豐富，說話眞的像在演講、在朗讀。就像現在，「我的工作靠的就是人面廣人緣好，我的業績一等一。人家需要我幫忙，只要幫得起我一定幫，人家因此也願意幫我。……高速公路我常跑，有時公事有時去臺北看讀大學的兒女。下午去，午夜回。累？不會。我自己大聲唱歌給自己聽。新歌老歌一路唱，心情好得很。」（劉靜娟《成熟備忘錄・自己唱歌自己聽》）

於是「淚只能在夜晚流給自己看」、「我自己唱歌給自己聽」，在「自己」（間接賓語）後，分別接上「看」、「聽」的動作⑥。第三式如：

1.每次她都告訴自己：自己的心要由自己來呵護，不要把心交給別人來呵護。但是只要他的一個眼神，或是他一句無關痛癢的問候與關心，便夠她回味好長一段時間，直到下次他們再見面的日子。（朱衣《後青春期症候群・永無止境的追逐》）

2.他們或許都曉得，在未來的一段時日裡，他們還得如此繼續互相忍受地過活，因此她也知道，幾個日夜之後，他仍須離去，她將再次成爲一個不大敢於肯定明天的人，而只能在祈望中，把淚水滴給他們交頸過的枕頭知曉。（陳列《地上歲月・漁人・碼頭》）

在「不要把心交給別人」後，加上「呵護」的動作，「把淚水滴給他們交頸過的枕頭」後，加上「知曉」的情境變化。當然，其中不乏擬人敘述：

1.我們已經開了船。在黃銅色的
朽或不朽的太陽下，
在根本沒有所謂天使的風中，
海，藍給它自己看。（瘂弦《瘂弦詩集・出發》）

2.握一隻空酒瓶子的那種感覺
凡飲者都經驗過的
——芬芳的年代過去後
只剩下一隻空酒瓶子
做寂寞的見證，猶如一座塔

天寶以後就交付給烏鴉
和落日去看顧。墨綠色的厚玻璃
一個冷幽幽的世界囚著（余光中《在冷戰的年代・空酒瓶》）

3.浮雲把陰霾的顏面埋入
迴映碧樹蒼空的小湖
小湖又把圈圈圈不住的皺紋
隨風交給游魚去處理了
所謂心事是楊柳繞著小湖徘徊
逝去的昨夜挽留著將來的明天（向陽《十行集・心事》）

其中「海，藍給它自己看」、「猶如一座塔／天寶以後就交付給烏鴉／和落日去看顧」、「小湖又把圈圈圈不住的皺紋／隨風交給游魚去處理」，均為主觀情意的活潑想像。在了解間接式雙賓語的句型之餘，衍申至這樣的遞繫式，可說水到渠成，靈動變化。

【附註】

① 孟東籬〈生與殺〉（《念流》）提出健康觀念：
所謂保持健康，是什麼意思？

就是當反省：我對得起我的生命嗎？我對得起我的心臟嗎？對得起我的脊椎嗎？對得起我的精神嗎？當順其性而對待它們。這就是維持健康。

要分一些時間給你的筋，你的骨，你的肌肉。

② 純粹爲景，如「梅子留酸軟齒牙，芭蕉分綠與窗紗。」（楊萬里〈閒居初夏午睡起〉）、「鳳凰木是熱帶地區受陽光、雨水嬌寵的植物，它無阻礙地伸展枝椏葉脈，給陽光，給雨水，給一碧如洗的豔麗的藍天，而它，在享樂安逸中，也渾忘了憂患、災難。」（蔣勳《大度．山．鳳凰木》）

③ 又如「我覺得自己像一隻蜘蛛，垂懸在上不著天，下不著地的太虛裏，不同的是蜘蛛自己結網，我卻只能把生命交給那四根鐵索。鐵索微微晃漾，我也並不覺得不踏實，生命多少是一場走鋼索，別人替你不得，別人扶你不得，你只能要求自己在極驚險的地方走得極漂亮穩當。」（張曉風《從你美麗的流域．山的春、秋記事》）

④ 另如「霞光不可留依然要挽留／最後的絢爛逡巡在樹尖／聽半山的天籟向谷底沉澱／鳥聲把岑寂留下給蟲聲／八仙嶺寬寬的僧袖只一揮／壁上的殘曛便收過去了。」（余光中《與永恆拔河．馬料水的黃昏》）

⑤ 杜十三另有與之相似的構思：「蠟燭是喜歡站著看，用火張開看的眼睛，卻把看到的一切都還給了灰燼。」（〈蠟燭〉）

⑥ 另如「好好的美麗下去吧！喀什米爾。美給高僧如玄奘看，美給豪傑如阿克拜大帝看，美給過客如我看，更美給萬千在這塊土地上的生活著的人看。」（張曉風《再生緣．地勺》）、「世界很少闖進來過。越戰和東

柏林，像凱撒的戰爭一樣不現實。華爾街的股票漲起又落下，你以爲平滑的湖面會牽動一條波紋？站在金字塔湖邊，我們恍然了，面對這隔音的隔世的隔音。山靜著公元前的靜。湖藍著忘記身世的藍。不知名的白水禽，以那樣的藍爲背景，翔著一種不自知的翩翩，不芭蕾給誰看也不看我們。」（余光中《望鄉的牧神·咦呵西部》）、「在那次有組織的流浪中，我又仔細的、熱烈的、憂傷的看了我們的國家。國家是永不閉幕的展覽，給愛它的人看，給棄它的人看，給損毀它的人看。」（王鼎鈞《左心房漩渦·失名》）、「讓我們看待自己如一枝花吧！香給這世界看，如果世界不能欣賞我們，我們也要沉靜莊嚴的開放，傾聽土地的呼喚，深情地注視人間！」（林清玄《如意菩提·以智慧香而自莊嚴》）、「我只是喜歡重複一齣鮮活的事件／扔給喜歡淒絕的自己，看。」（張默《愛詩·故事續集》），均接《楊牧詩集·傳說》）、「一口古井，吟哦給自己聽／吟罷似星辰，化做／苔蘚水沫。」（《楊牧詩集·經學》），均接「聽」。

心嚮往之

郭鶴鳴

有好幾年的時間，聽說同門的師兄弟一見了面，就會彼此交換經驗與心得，這不是讀書作研究寫論文的經驗與心得，而是費盡心思、絞盡腦汁辛辛苦苦寫出來的論文稿一到了老師那兒，被大刀砍、被闊斧削，砍砍削削，到最後幾乎破碎不成片段的痛苦經驗與挨罵心得。本來大家對老師要求之嚴都早有耳聞，心理上亦多有準備，但結果還是常常出乎原先的心理準備之外，所以捧著紅槓槓到處橫飛的論文稿，盯著老師那簡短有力，不過卻又常常近乎冷酷的評語，想到多久以來食不甘味，寢不安枕嘔心瀝血的成績，在見了老師之後卻幾乎盡付流水，眞個是欲哭無淚，挫折感奇大。傷心哪！甚至怨歎哪！可是談起來後，發覺老師所指導的學生幾乎人人如此，很少有什麼「漏網之魚」，只好互相安慰，各道珍重，再接再厲地奮鬥下去，並虔心祝禱下一次能少見幾條紅槓，多留得幾行本來面目。

指導論文的時候，談到讀書作研究的學術工作的時候，老師確實常是嚴肅冷峻不假詞色的，有時眞嚇得學生不知所措。記得我在研究所當助教時，有一天妙櫻來找我，她說她不曉得要怎麼辦，說著說著眼淚掉下來就哭了。我連忙安慰她，我說老師就是這樣的，談到論文時如金剛怒目，兇得很，其實平常愛護學生、關心學生，簡直一片菩薩心腸。妳不用害怕，那一個老師指導的學生不被兇幾回的？往後只要被老師指導，大概還有機會被兇，但習慣了老師的「風格」，好好用功，也就沒事。經過我一番說明開導，她了解這是「通例」，方才安心起來。春榮兄寫博士論文的時候，有一回在學校碰到我，還忍不住大吐苦水。他碩士論文也是老師指導的，到寫博士論文了竟然還未能十分「適應」，可見老師在這一方面折人磨人之厲害了。這一些被老師折磨的往事，在後來師兄弟聚會的時候，變成大家可以互相印證、彼此開開玩笑的趣談，那一種同受同感的契合，使大家的感情更形親密。聽說近些年老師指導學生比起從前已大見和易溫藹，不免讓師兄師姊們慨歎：這些師弟師妹們眞幸福啊！

我是老師指導的第二個研究生，在我之前第一個是錢文星學姊。我原先並沒有上過老師任何課，只聽說老師治學嚴謹，教課認眞。於是事先寫了封信敬述誠意，並請求老師容我謁見。老師那時候還住在北投復興中學旁，師母就在復興中學任教。我來自南部的鄉下，是渾身土裡土氣的「草地郎」，什麼人情世故也不懂，好像也沒帶什麼禮物見老師，老師卻憐我向學之誠，給了我許多獎勉鼓勵，這是我第一次正式拜見老師。到後來寫論文的時候，釐定方向、規劃大綱、審查篇章、斟酌字句，老師都給予必要的指導，而撰寫時我有一些小地方使用不同的處理方式，老師也常能縱容我，任我發揮；甚至因趕稿而字跡潦草的情形，我私心以爲十分不敬，而老師竟也體恤而未忍苛責。不過當論文寫完，老師卻說：同樣的題目，你以後一定不會這麼寫的。我雖然在近來轉向研究義理，與文學相去日遠，但是翻閱當年的論文，越來越能了解老師說的是什麼意思。

老師指導的學生，師兄弟姊妹間凝聚力似乎特別強，固然是因爲大家曾經「同甘苦共患難」，另外主要關鍵當在老師和師母眞的都把學生當子弟一般看待。老師對論文與課業的要求很嚴，這是大家都知道的，但生活上各方面則對學生極盡可能的照拂，垂詢殷殷，關懷備至。在老師家，在研究室走道上，在任何地方遇見老師，老師總要問及：「家裏老人家好嗎？」「麗華和孩子們都好嗎？」這些小地方，常讓我十分感動，覺得老師待自己親如家人，溫暖極了。當老師剛嚴如同烈火時，師母常常清涼柔煦一似春風時雨。聽說有一些師妹被老師罵得淚也漣漣，這時師母就會乘隙安慰寬解，甚至嘀嘀咕咕，責怪起老師來，一派慈藹和祥，眞的「有媽媽的味道」。就這些地方來看，如果說學生的論文是老師和師母共同指導的，大概也不算太勉強吧！

自從受教以來，二十年間我所看到的老師，讀書作研究寫文章極用功，專門著作一冊一冊出版，直如不竭之泉；教學認眞用心，每一堂課必然言之有物；對國家社會有懇摯的關懷，對學術文化有殷切的使命；待人處事，極其誠而盡其力；與師母間伉儷之情極篤，與子女間親情之慈極摯；對學生永遠只想到能夠給學生什麼，如何使學生得到成就；雖然有些時候略覺迂闊，有些地方稍見矜持，但在老師而言，這正是亂世中多數人隨俗而流的情況下知識分子應有的風骨。人們常說經師易尋，人師難求，我自己腆顏爲師也將近二十年了，眞正知道人師的境界固然萬萬難至，即使經師也絕非易與。然而老師既是經師，又是人師，無論爲學與做人，我們都可以在老師身上找到最好的榜樣。

太史公孔子世家贊云：「雖不能至，然心鄉往之。」欣逢老師七秩嵩壽，想起老師的道德文章，如景行，如高山，雖然步趨無從，但銘記於心，作爲一生無盡的嚮往，庶幾不負老師的教導，以此爲壽，老師應該會欣然接受吧！

即之也溫的龍學大師

陳光憲

在大學校園裏，王更生教授是一位「望之儼然」，「聽其言也厲」的「龍學大師」，但是跟他相處久了，會發現他是一位「即之也溫」的溫煦長者。

二十七年前（民國五十九年），我與他在臺北內湖的德明專校結緣，當時擔任國文課程的教師中，除了張夢機略具健壯的體格之外，王師更生與羅宗濤、吳哲夫、黃永武、邱衍文、吳宏一諸位老師與我都屬於仙風道骨型，彷彿一陣風就可吹走的瘦弱書生。課餘之暇，我們聊聊天，談談學問，倒也其樂融融，其中大我十來歲，比較不苟言笑的是王更生先生。

民國六十一年，本師王更生博士接掌德明專校校長，他要我做他的訓導主任，其後我讀博士班，王師又成爲我的指導教授，由此結了不解之緣。

在一萬個日子的相識、相知之中，他是我此生中的貴人。長久以來，指導我、鼓勵我，使我今日有少許的成就。我深刻的體會到恩師王更生教授是一位勤樸好學的典範，辦學認眞的教育家和治學嚴謹的國學大師。

一、勤樸好學的典範

民國五十五年七月，王師獲得師大碩士學位後，即受聘爲德明專校副教授兼訓導主任，從此之後，王師儉樸的生活，好學不倦的精神，成爲德明師生的典範。

民國五十五年的一個星期天，擔任司法行政部長兼德明專校首任董事長的鄭彥棻先生，輕車簡從的到北投開明街六號，探望賃屋而居的王教授，此時正值午餐時間，鄭先生看到餐桌上僅有炒米粉一盤，豆腐湯一碗，一家五口，團坐進食，笑聲盈耳。室中沒有什麼擺設，一個個克難的書架是用粗糙的木質肥皀箱所組合而成的，在斗室中散發出芬芳的書香。

鄭先生不以儉素爲陋，反而對王師極爲讚賞，人前人後一再讚揚這位生活儉樸，而又好學不倦的青年學者。他刻苦好學的事蹟，也因此爲全校師生所津津樂道。

事實上，在此之前的十七、八年間才是王師最艱困的時刻。

民國卅八年二月，徐蚌會戰前夕，他隻身來臺，下船基隆，舉目無親，不得已只好跟隨同行的朋友劉銘，投靠到木柵初農教務主任家中，在這段非親非故的短暫投靠日子裏，飽嚐了寄人籬下的辛酸滋味。

他躑躅街頭，急於謀得一枝之棲，當他看到一張臺北縣長梅達夫的布告時，心頭爲之一震，梅氏曾任河南八區督察委員，基於同鄉之誼，或許可以安排個工作吧！王師誠誠懇懇的寫了一封信，後來獲得回音，告知不久將有臨時雇員之缺，要他耐心等待，但是心急如焚的王師，實在是等不下去了，身無分文的他，從木柵徒步走到板橋縣政府，梅氏的侄子接見他，囑他先到臺北市上海路（今林森南路）的工兵營擔任文書上士，至少先解決了食宿問題，然後等候通知。

在軍中經過了一個多月，部隊換防到湖口基地，正值梅雨季節，在一個下雨的午間，他永遠無法忘懷接到縣政府通知的興奮與喜悅，雖然軍中的長官與伙伴一再地慰留，他還是決定到縣府報到。到板橋縣政府後，董福澤秘書安排他到地政科擔任抄寫工作，又讓他住到燒茶水的小房間做爲暫時棲身之所。這個房間，有門，可是沒有門板，裝煤球、煤炭的木箱拚湊起來就成爲他的臥鋪，生活簡陋，卻甘之如飴。公餘之暇，他喜歡漫步走過小橋，到廟口徘徊，那兒所賣的豆花、米糕，令他垂涎，但是一個月只有六十元的薪餉，只好嚥嚥口水，又走了回來。

強烈的上進心，趨使他想到小學教書，拜託二股股長張建寅先生爲他安排到一個沒有水、沒有電的國民學校教書。民國卅八年九月，他到鼻頭國小，這個學校只有三班五十八名小朋友，一位校長，三位老師，地處偏遠，正是他自修苦讀的好地方。

民國四十年，王師普考及格，翌年參加高考教育行政人員考試，與政壇名人黃尊秋、邱創煥、林洋港同年及第。這兩、三年是他豐收的季節，四十年參加宜蘭縣教育論文比賽，以《論學校教育、社會教育、家庭教育的連環性》一文獲得第一名，四十一年參加臺北區國民學校教育講習會，又以《我對於民族精神教育的看法》獲得論文比論第一名，翌年參加反共抗俄講習會又榮獲第一名，因而揚名於宜蘭，成爲衆口讚譽的青年才子。

民國四十二年，對王師而言，又是一個新的開始，在過年時遇見昔日的恩師—國立第十中學師範部主任劉載新先生，時任樹林中學教務主任，由於劉師的提携，二月廿二日轉到樹林擔任註冊組長，此人正是師母祁素珍女士的舅舅，因此成就了美好的姻緣。翌年，他撰寫《樹林中學教務工作推行紀實》登載於臺灣省教育輔導月刊。

在強烈的求知慾驅使之下，民國四十六年王師考入淡江英專商學系，同時轉到淡水初中教授國文，每天由師母做兩張葱油餅果腹充飢。私校學費昂貴，又必須提前繳交預留金，在經濟上不勝負荷，翌年適巧師大開辦夜間部、王師順利考入就讀，白天則到瑞芳工職擔任教職，此時長子已經出世，師母爲分擔家計，遠赴蘭陽女中擔任女生管理員，這段期間爲學業、爲生活勞碌奔波，環境愈艱困，而王師的毅力愈堅強，雖然夫婦會少離多，但是王老師在學問上卻勇猛精進，一日千里。大學畢業後，順利考入師大國文研究所，五十五年取得碩士學位，師母也到北投復興中學擔任教職，此後，生活日趨安定，而王師已經養成了勤儉渡日、勤奮讀書的習慣。

二、辦學認眞的教育家

民國六十一年五月，先生感於鄭彥棻董事長的知遇之恩，應聘擔任德明商專校長，雖然爲期只有一年，但是王師卓越的行政能力、認眞辦學的精神，卻贏得教育界一致的肯定與讚譽，爲這所學校奠定了良好的基礎。

他到任之後，整個校園充滿了蓬勃的朝氣，他不坐校長專用的座車，與學校教職員同樣的坐大型交通車上下班，這種親和力，又轉化成向心力，大家都一心一意的希望爲這所學校創造佳績。

他的辦學理念是師資第一、圖書第一、學生第一，所以大力網羅年輕具有潛力的青年學者來校服務，當時德明尚未改制爲商專，稱爲行政管理專校，以文法科的教師居多，文科的教師固然都是一時之選，而法科的教師如王文、陳計男、林國賢，日後也都是知名法學專家，王文後來更獲總統聘爲考試委員，陳、林二師也都獲聘爲大法官，足見王師選聘人才具有獨到的慧眼。

對於年輕正在研究所進修的老師，他又格外的禮遇，如聘沈謙爲校長室秘書，對於工作並不多做要求，而樂於助其早日完成學業。他完全是人性化的管理，爲老師們舉辦自強活動，讓家屬之間彼此認識，這一年，他讓我策劃北海一周的活動，中午在金山活動中心會餐，並舉行摸彩活動，讓大家渡過了一個很有意義，又很難忘的愉快假日。過年的時候，舉辦團拜與摸彩，把整個學校經營得像一個和樂的大家庭。

王校長極重視導師制度，每位導師都是經過他精挑細選的最佳人選，那時候學生不多，只有一間專任導師室，每到中午，大伙兒把家裏帶來的泡菜、小菜拿出來一起分享，中午這一餐大家吃得很開懷，有說有笑，像兄弟姊妹一般，即使是神仙家庭也比不上我們如此的一團和氣。

王校長從小學教師出身，做過教導主任、代理校長，又服務過中學，做過教務主任、訓導主任，對校務工作極爲內行，他指示總務處綠化、美化校園，增添各項設備，指示教務處大量採購圖書，做好各項教學設備，舉辦教學觀摩會，出版第一期的學報，指示訓導處舉辦各項活動，訓練學生的領導技能，舉行才藝競賽，舉辦園遊會以及一系列進德修業的相關演講，使整個學校動了起來，活躍了起來。

他告訴學生說：「這兒是你的起點，不是你的終點。」積極鼓勵學生做好就業或升學的準備，又敦聘老師輔導學生參加國家考試，一年以後，有不少學生通過高、普、特考，令各界矚目，甚而轟動全國。

在短短的一年中，他爲學校建立了良好的制度，也樹立了優良的學風，改變了學生的氣質，也提升了學校的地位，爲這所學校打下了深厚的基礎。

王校長有豐富的行政經驗，做事有計劃，有原則，令出如山，因此在他下面做事，極爲順暢，又可以學到很多做事的方法。

民國六十二年八月，王師回師大專任教職。兩年後，我接掌校務，由於已經建立了制度，又時時得到叮嚀與鼓勵，使我在擔任校長的十一年間，德明商專連續獲得教育部評鑑的最優等，國語演講比賽、英語演講比賽兩度榮獲全國冠軍，英語辯論比賽也榮獲北區冠軍，羽毛球比賽蟬聯全國十一年的冠軍等各項佳績，這些都是王老師殷殷指導的成績。

三、治學嚴謹的龍學大師

學術研究是王老師一生的志業，他常常說：「立德要有聖人的標準，立功要風雲際會，只有立言是可以操之在我。」他又常常勉勵我：「行政工作是一時，只有學術研究才是永恆的。」

王教授一生勤奮好學，渡海隻身來臺，以迄入師大夜間部之前，是自修苦讀的階段，二十三歲至二十五歲，這二年之間連獲論文競賽第一名，既考取普考，又考取高考。自學有成，得到教育界的肯定，也得到國家考試的肯定。

進入師大之後，得到名師的啓發，用功甚勤，博通經、史、子、集，每年都有著作發表。民國五十五年以《晏子春秋研究》通過碩士論文考試，六十一年以《籀廎學記》取得國家博士學位。在這之前，他已經寫過了不少的單篇論文，如《洛神賦與七步詩》等二十餘篇，專門著作有《中國文化概論》乙書。

博士學位取得之後，本師王更生教授，自我期許更高，學問進境更猛。「學不厭」、「教不倦」在他的身上表現無遺。爲學如金字塔，既能博大，又能高，他有深厚的文字學根柢，在精研詩學、子學、文學史之外，又得本師李教授健光先生的傾囊相授《文心雕龍》，六十一年講授《文心雕龍》於師大，爲不負李師期望，上考群言，旁搜新說，常有妙悟，搦筆和墨，發表單篇論文二十餘篇，專門著作有《文心雕龍研究》、《文心雕龍導讀》、《重修增訂文心雕龍研究》、《文心雕龍范註駁正》、《

文心雕龍研究論文選粹》、《文心雕龍讀本》、《文心雕龍新論》……等著，海內外學者譽之為「龍學大師」誠然實至而名歸。

王教授治學嚴謹，其要求學生也從不馬虎放縱，學生對其既敬又畏，卻又爭入其門牆，渴望其指導。他所指導的博士、碩士學生約計有五十人左右，如師大國文系所主任蔡宗陽教授，即是他的高足。

王師要求學生要有獨立思考的能力、獨立研究的能力、獨立寫作的能力，此為「三獨」，三獨之外又要「斷奶」，即是不依賴老師，要走出自己學術研究的道路，因而論文完成之後，學生可以很驕傲的說：「這論文的每一字、每一句都是自己的心血結晶。」

本師王教授批閱論文，乾淨俐落，往往大筆一揮：「此段重寫」、「本段宜刪」、「再補……」，學生自認為精彩之作，回到手上，已是體無完膚，慘不忍睹。只得再三斟酌，期望立論嚴謹、內容充實、文藻華美，有新見、有創獲。「不經一番寒澈骨，那得梅花撲鼻香」，經過王師指導之後，更能體會老師學識的淵博，其與治任何學問，都有點石成金之妙，形之於文字是字字珠璣，賞心悅目。

老師嚴格指導學生，期待學生能青出於藍，我們這些學生雖然奮力步趨，仍然瞠乎其後。

歲次丁丑荔月吉日，恭逢　本師七秩嵩壽，謹撰此文，敬祝吾師松柏常青，福壽無疆。

一次豐盛的心靈饗宴

——王師更生蒞校專題演講記實

吳福相

中國工商專科學校有幸邀請王師更生蒞校暢談「中國最早的一部國文教學法」——《文心雕龍》——闡述該書體大慮周、籠罩群言、條理井然、寄寓深刻之文學思想。由於盛況空前，趣味盎然，特爲之誌。

一、老少咸宜，座無虛席

五專的同學是十五至二十歲之青年，爲人生之狂飆期、叛逆期，是最難駕御，最須輔導的學子；對國學多熱愛不足，認識不深。在聽聞老師蒞校爲國文科老師專題演講，竟然主動積極加入聽衆的行列，而且一傳十，十傳百，把教室擠得水洩不通，連走道、窗戶、門口都擠滿了人，盛況可謂空前。這種情況，在大學本科系大師級演講時，誠然有之，然而在非本科系，在工商專校中，能有如此之情境，恐聞所未聞，見所未見；況且聆聽時，都能雙眸凝視，屛息靜聽，抑且勤作筆記，深怕漏失了某一句金言佳句似的；又好像進入了寶山，拼命挖掘寶藏似的努力作筆記，深怕時機稍縱即逝，後悔莫及，故而全力以赴，毫不懈怠。

除了全體文、史、哲老師及青年學生參與盛會外，甚至於連數學、物理老師也加入了行列，亦有屆齡即將退休之教授，亦有剛從學校畢業之新進教師，眞是群賢畢至，老少咸集，一則期能目睹大師之風采，再則期能理解教學之典範，故多主動積極來聆聽一場豐盛的心靈饗宴。

二、深入淺出，談笑風生

想想《文心雕龍》有多難呀！一個人終其一生都無法窮盡其理，而老師居然能夠深入淺出，談笑風生的敘說，且引經據典，左右逢源的論述；而所引的多爲高中或大學之國文課文，既足以掌握全場熱絡之氣氛，更足以喚起同學們的舊記憶以學習新知識。如講到文體的分類，老師不僅吟誦了一段「出師表」、「陳情表」，接著又吟唱了一段《文心雕龍・章表》，時而慷慨激昂，時而哀婉淒絕，時而抑揚有致，頓挫生姿，把同學們的情緒帶到最高點，而後逐字逐句的解說，以論證劉勰文體之分類方式，乃兼採作品之性質與功能，令人深深領悟，而頷首稱謝。老師除了背「高中國文」作例證外，亦吟「大學國文」中之課程，如〈學記〉、〈歸去來辭〉等課文及「唐詩」、「宋詞」等以證文體類別之特質、功能或要義，這些課程，大家都耳熟能詳，聽起來如見故友一般，感覺特別得親切有味；更値得大書持書者，乃老師就《文心雕龍》中，以「內證法」之方式，前呼後應，互相啓發，或忽背上篇，或忽誦下篇，或擷取數句，或全段吟畢，總見老師沉醉於字裏行間之中，信手拈來，處處逢春，一會兒吟，一會兒誦，深深的剖析，淺淺的表述，可謂言近而旨遠，文淺而意深，令人折服，而歎為觀止，有雖不能至，而心嚮往之之慨。

除了深入淺出的論述外，老師不時還穿插了一些笑料與故事，令人捧腹，而舉座傾倒。如某記者採訪老師，竟然以為《文心雕龍》乃雕刻之書，而再三詢及老師雕刻之藝術功力，老師學其聲，仿其調，並擺出受盡委屈，又莫可奈何的樣子，真使人笑倒。又舉牛頓坐在地上為蘋果所砸，而悟地心引力之存在，表演得唯妙維肖，並說：「如果是中國人，則蘋果早就被吃掉了」。突兀乙句，衆皆嘩笑。又舉瓦特從平凡事物中，領悟道理，而發明了蒸汽機，把人類文明向前推進了一步之故事，闡明「看似尋常最奇崛，成如容易卻艱辛」之意蘊，令人發出會心的微笑。

老師演講時，既無講稿，也無教具。講稿都在腦海中，隨時可以汩汩流出，源源不絕，左右逢源，前後照應。教具可以即席揮毫而成，如畫山、畫水、畫人物、畫地圖，拿起粉筆，勾勒兩下，瞬間成形，而且有模有樣，栩栩如生。既能製作表格，使結構系統化，理論具體化，又能隨口唸數句，隨手寫數字，如疊床架屋般，一筆一筆填上，一層一層築起，達成條理井然，眉目清晰之化境。老師這種「軟體」之藝術造詣，實較「硬體」之器材設施，必然具有較高之教學效益，而達成經師人師之境地，成就「處無為之事，行不言之教」之旨。

三、語語肺腑，發人深省

在演講中，除穿插故事，或聊資一歡，或寄寓哲理外，更多時候還在「主學習」、「副學習」之中，亦作「附學習」之加強，而語語肺腑，發人深省。如：

「沉潛而後能飛躍」——爲學之道貴在沉潛蘊釀，所謂「眞積力久則入」者也。唯能深入乃能飛躍，如同魚兒一般，在水中深深的沉潛，而後才能高高的躍起，首先攫取主人撒下的魚飼料，而不必在水面上與衆魚兒爭搶小孩子隨手丢來的一粒米飯；也正如〈天地一沙鷗〉中之主人公經過千辛萬苦的沉潛苦練，終於練就了一身的功力與超越的速度變化，所以能夠以流線型美妙的姿式俯衝入海，覓取更鮮美的食物，而不必如一群海鷗般，爲岸邊孩子們所遺棄的一點麵包屑而爭強不已。

「一個人不讀書的時候，就是落伍的時候」——蓋不讀書則識無由增，識無由增則心不足虛，心不足虛則無以納物，無以納物則無法獲得新知，因此日漸衰頹，逐漸老化，終至落伍，而爲時間所淘汰。

「國文教學向來無專家，誰能事前作充分準備，誰就是專家學者，誰就是學生心目中崇拜的老師。」——孔子自稱「吾非生而知之者，好古敏以求之者也」，他那「學不厭，教不倦」的傳道、授業、解惑，奉獻心力的專業與敬業的精神，眞不愧是萬世師表，更是我們永遠效法、信仰，甚而觀摩學習的標竿。

四、餘波蕩漾　回味無窮

老師演講完後，同學們說：

「老師的老師眞厲害，旣能深深的剖析，又能侃侃的對談；更能朗朗的背誦，切切的吟咏，眞叫我們佩服不已。」

「我現在才知道國文課可以是這麼引人入勝，令人流連忘返。」

「我要改念國文系」

「古人有句話：『與君一夕話，勝讀十年書。』我有這種感受哩！」

「老師能不能也教我們吟詩、誦文，使我們在美讀中體味？」

「演講時間兩小時，怎麼這麼快呀！」

「可惜天黑了，如果能夠讓我們再延長一小時來發問，那該多好？」

本校老師們、同事們對我說：

「很爲你高興，能夠擁有這麼好的老師，這麼有功力的老師。」

「高山仰止，景行行止，雖不能至，然心嚮往之……」

「我們學校也請過台大、政大……及其他學校之教授蒞校演講；但數王老師最具有如下數點之特色：

1.不帶講稿，不發講義，即席揮洒，一氣呵成，最是動人。

2.《文心雕龍》五十篇，背得滾瓜爛熟，或吟或誦，都能如行雲流水，行其所當行，止其所不可不止，流利順暢，令人衷心讚歎。

3.條理井然，能隨手板書，製成分析表格，綱舉目張，自成體系，眉目清晰，一目了然。

4.學生們洗耳恭聽，專心注目，心情隨老師吟唱聲而起舞，而歡樂，而哀傷，而沉醉在「眞」與「善」的世界中，共同體悟「美」之化境。有謂「陶冶品格」者，其斯之謂也。

5.老師笑顏逐開，表達親切和善的態度，讓孩子們不至於因陌生而畏懼，而逃避，而躲到角落去；反而拼命往前擠，擠到第一排聆聽，並且努力作筆記，深怕一有閃失，略有失誤，來不及記，而產生遺憾。

6.獲得聽衆們最多的掌聲與喝彩，咸盼老師再度光臨，再次展現洋溢之才華、智慧與功力。

聽完老師精闢的演講，讓我們了解《文心雕龍》之文學思想、文學體裁、文學創作、文學鑑賞，舉凡有關「文學」或「文章」之事，是書不但都涉及到了，而且還建構一個有機的整體，可謂「體大慮周」、「籠罩群言」的作品，爲劉彥和鉤深窮高，探頤索隱所得的千古創見，吾等經老師的博文約禮，循循善誘，必能循序漸進，朝斯夕斯，進而登堂入室，一窺堂奧，感謝老師給我們一次豐盛的心靈饗宴。

學不厭，教不倦

——一位「教育原理」的實踐家

方元珍

自民國七十一年，我由佇立於教室門外的私淑者，至被王老師更生接納，成爲王門的學生迄今，期間我由師大、東吳，再回師大聽老師的課，工作地點由臺北、宜蘭再調回臺北，一路的曲折轉變，身旁總有老師的教導、照拂及引領，若問這幾近人生三分之一的歷程中，所受影響最深，我最敬愛的人是誰？當毫不猶疑的回答：「是王師更生先生」。因爲他不但是經師，也是人師；是一絲不苟、誨人不倦的嚴師，也是以豐富的人生經歷，熱心助人，指我迷津的良友。以下茲將多年來受業於老師門下，所領會的老師的精神特質，敍述如后，以爲老師七秩嵩壽的獻禮：

一、教學是生命

民國七十一年時，我還是文化大學中文研究所碩士班一年級的學生，記得有次提早到師大上課（有些課，文大與師大學生合上），站在走廊上等候，卻不由被教室內一個鏗鏘抑揚的聲音所吸引，尋聲望去，只見一位老師正賣力的逐一細數學生寫作報告的缺點，並教導正確的寫作方式；當下，內心一陣悸動，訝異居然有如此用心指導學生的老師，問了旁人，答說是王更生教授。此後，便常提早到師大，佇足門外聽課，終有一次，我鼓起勇氣向老師提起，想要入內旁聽，而獲首肯。如此經過一學期，我向老師報告讀《文心雕龍》的心得；同時，請老師無論如何答應擔任我的指導老師。如此愈挫愈勇，歷經三回，我這個既結婚，又已生子，且還是女生的外校生，終被老師無奈地接納。自此之後，我於每週五由陽明山下班後趕到東吳夜間部，旁聽老師「文心雕龍」的課。老師的解說，就似仙女的魔棒，點活了劉勰的生命，《文心雕龍》變得不再是天書。他深入淺出的說明，舉要治繁的表列方式，使我逐漸了解劉勰用心之深厚、文辭之巧妙，與文心結構之縝密，及思想之宏富；而上課之際，也常因劉勰「窮則獨善以垂文，達則奉時以騁績」的人格特質，與老師的自我期許相互契合，而深受感動。就在此邊聽課、邊寫碩士論文的過程中，猶記第一次頗爲得意的將二萬字的草稿敬呈老師手中，俟老師批閱完畢，竟然只殘存五千字，且後半段的文稿還被畫了個大「×」，當下信心眞是幾近崩潰，不知如何再寫下去。如是歷經二年的淬鍊，我終以「文心雕龍與佛教關係之考辨」論文獲得碩士學位。

待我考上了文大中研所博士班，爲了便於聆聽教言，向老師請益，遂又於週四夜間（時在宜蘭任教）重回師大進修部，旁聽老師「唐宋文」的課，每次見到老師一絲不苟的板書、春風和暢的講台道範，聽到那如歌如訴的文章吟誦，雖說自己已爲人師，仍油然興起一股孺慕之情；且隨著年齡的增長，越能體會老師教學之用心、認眞。每次雖僅是短短的二小時的課，但除了授業、解惑之外，上課的內容還包括了教導讀書方法、寫作技巧、治學方向、心性修養，及告訴這些中小學教師教書的要領。他所傳授的豈只是學「唐宋文」有用？連這輩子都受用不盡哪！這時，我屢屢深感講台便是老師生命的舞台，當鐘聲響起，他眞的是一位表現得酣暢淋漓的出色演員，他的生命、熱情、心力就在此方寸之地轉化爲七彩絢爛的舞臺，而我們學生能夠成爲台下的觀衆，隨其哀喜怒悲，眞是何其有幸。

二、薪傳為職志

老師不但傾其所有的傳授所知所學給學生，還無私地希望學生多接近其他相關領域的學者，以開擴視聽，增益所學。記得民國八十四年，隨同老師、師母到北京出席文心雕龍國際學術研討會，閒餘之暇，老師便帶領了一群同門學長、學弟妹們，同去拜會楊明照先生。楊先生是研究校勘、注釋及考證有得的知名學者，所著《文心雕龍校注》、《校注拾遺》等，深獲中外學者矚目。當時他已年逾八旬，而面色紅潤，聲如洪鐘，且個性開朗，一如赤子。就在不拘形式的閒話家常中，我們知道他學習和研究《文心雕龍》的經過，不但是熟讀了全本《文心雕龍》，且校對七十二種不同版本、翻檢歷代類書、涉獵和《文心雕龍》直接間接有關的書籍，並勤於動筆、隨手抄錄有關資料、註明出處。這番治學經驗談，確實讓我們明瞭讀書不能求其速成，「腳踏實地，按部就班」是唯一的法則；而此一千載難逢的機會，若非老師有心安排，只怕也是失之交臂了。今年二月於上海復旦大學王水照教授蒞臺期間，老師除宴請這位鑽研唐宋散文有傑出表現的王教授外，也邀集學生同聚。席間彼岸的王教授提及研究學問的目的有三：在於追求新觀念、新問題、新材料；尤其希望自中國散文的篇章中，建立系統的中國散文理論，以符合上述三項目的。楊、王二位教授，不僅學術專長與老師相近，他們具有文化薪傳的使命感，共爲中國古典文學研究的薪火緜延而不遺餘力的志趣，也是不謀而合。老師曾於課堂上提到，劉勰於一千五百多年前面臨中印文化交流之際，寫下了中國文學理論與文學批評的寶典；而今中國所面臨的是中西文化交流的衝擊最激烈的時候，吾人不應盲目於西方的文學理論，希望也能有今之劉勰，建構新時代的中國文學理論，以承先啓後。是以在老師指導的學生中，曾系統地進行「文話」的研究，做爲築構中國散文理論的基石。他曾說：「老師、學生是學統的傳遞」，因此無論是在研究主題的選取、治學態度的嚴謹要求，及用心安排學者、門生的雅集等，都是老師「學統傳遞」之重大工程的枝脈細流，綜其心力所萃，便是將這中國學術研究的薪火，代代傳下去，期使青出於藍，更甚於藍，爲中國文學理論走出一條鮮活、永續的坦途。

三、愛護學生如子女

身爲王門的學生，我們所領受的不僅是老師嚴格的訓練、無私的點化，更有永不休止的關懷。那一年，我苦於感冒、咳嗽之症，長達兩個月，吃遍中西藥，都不見好轉。老師聽見我電話中的聲音，沒講兩句，即重咳不已，便帶領我去看中醫、抓藥；接連兩次，不但陪我前往，且殷殷垂詢，宛若親父再生；又一次是在山西太原的遊歷途中，我因多日腹瀉，再加上感冒、咳嗽，也是由老師代覓良醫，並於人生地不熟的環境中，摸索前行，才找到一位中醫師住所，於頭頂、手掌各施針灸，才得以痊癒。老師以年近七旬之人，猶為盛年的學生如我，引路、扶持、撫問，一如父親之引領稚子，憶及這些往事，仍不禁令我熱淚盈眶，謝師之情，不足以言表。

老師之關懷學生，是不論今昔、不辭遠近的。即便是畢業多年的學生邀請老師到外地演講，他通常都會去，為的不是演講本身，而是藉此機會順便探望學生的近況，或給予工作、生活上的建議，或託人關照，使其工作更加順利。他曾說：「分散各地的學生，就像我成長自立、在外工作的子女，有空我總要去探望，才能放心。」為此，雖然身為師大資深的教授，他仍然不辭辛勞地帶領畢業班的學生巡迴外地實習，除了事事安排打點，一一叮嚀如何扮演為人師的角色，還順道探望了服務於全省各地的學生。這樣的導師重擔，別人深以為苦，而老師背負了二十餘年，卻甘之如飴，眞是令人既感動又敬佩。因為老師在無形之中，已告訴我們，何謂「身教重於言教」？我們已然明白，要做個好老師，付出愛心是最不容易學會，卻也是最珍貴的特質。

四、敬業與有恆

平日老師待人謙和有禮，說話做事條理不亂，足供我們學習之處甚多，而我印象最深刻的，則是老師敬業的態度與持之以恆的毅力。有一次我走進老師的研究室，見他正在校對投影片的文稿。那是一場兩週後才要演講的投影片稿，而老師已在兩週前便已事事就緒，準備妥當了。至於演講稿上的文字，更是藍筆、朱筆、墨筆塗成一氣，不知已改過多少回了，甚至連語氣詞、連接詞、逗點等，老師亦是字斟句酌，一絲不苟。這樣的敬業態度，當場令我歎服不已，心想老師光是這一項長處，就夠我一輩子學不完了。此外；老師有做晨間運動的習慣，而且是數十年如一日，十分不容易。此因運動的持續與否，攸關一個人的意志力。正因老師的意志堅定、能夠持之以恆，不但使他精神飽滿，養身有術，間接也是老師所以撰就數十本著作、幾百篇論文的活力泉源。我也曾受老師的教誨，教以全身拍打法，由雙足、雙手、雙肩內外側至全身，且按摩重要穴道，如百會、督脈、陽林泉穴等，經試行若干時日後，確有助益，可促進血脈暢通、有益身心健康。自此以後，深體「讀書、爲文、健身、養性」四者的妙趣與相通之處，而視爲人生的標竿，浸淫其中，漸入佳境者，誠老師啓發指引之功也。

詩云：「看似尋常最奇崛，成如容易卻艱辛」，以此形容老師的精神特質，也很的當。它們流露在老師的舉手投足，表現爲生活中的點點滴滴，是那麼自然、尋常；但對別人而言，即便是任何一項特質，要貫徹始終，付諸實行，也不是如此容易。此因教學是老師一生的志業。因爲熱愛教學，他專注研究，使教學內容更有深度；因爲熱愛教學，他一心培育文化傳承的種籽；因爲熱愛教學，他維護健康，以延續教學研究的學術生命。所謂「知之者，不如好之者；好之者，不如樂之者」，對於這一位學而不厭，誨人不倦，永遠樂在其中的教育理論的實踐家，我謹寄予至高的敬意與祝福。

亦師亦父

尤雅姿

第一次見到老師是在民國七十二年的秋天，那年我廿二歲，剛從中興大學畢業，我們碩士班一年級的同學約有二十來個，分別來自師大、輔大、淡江、文化、中央、中興和高師，此外，還有幾位韓籍、日籍的留學生，那一天，我們仍像往常一樣地興高采烈，大家嘰嘰喳喳說個不停，聚在特別教室準備上「散文研究」的課。

事隔多年，記憶猶新，一切彷彿仍是昨日，閉起眼睛，那樸素幽深的特別教室依舊歷歷在目，它的屋頂挑得老高，右側的窗戶也是巍然修長，窗外是一小畦花圃，扶桑花的周圍，寂寂閒閒地長著可愛的小花小草，和風輕揚，樹影款擺，縷縷的清風，悠悠地飄進了教室，教室的前端是一方長講席，講席的左側是兩扇篤實的棕色大木門，一扇敞開著，我們這一班不知天高地厚的年輕學子正興致高昂地交換資訊、談學論友、各言爾志，好不興奮！鐘聲揚起，老師從容而沈著地踏進了方才還喋喋不休的班級，他身形頎長，約有一七六公分高，樸素乾淨的衣著，手上提著一個儉樸實用的褐色書包，他走到講席前，把書包放好，擡起面來緩緩地端視著我們，這時，我們也端詳到了老師的面容，長橢圓形的臉上額頭高朗，頭的兩側微露出斑白的短髮，厚實的雙脣緊抿，鼻子很中國，語音很河南，近視眼鏡後的烱烱雙眼，正嚴肅地瞅著我們這班由五胡十六國組合而成的新生，大伙兒經老師這麼一瞧，個個正襟危坐，收拾放心，心想：哇！這個老師可眞嚴肅啊！不過，課程進行中，興會之際，老師也會笑逐顏開，他的笑容很特別，很天眞，很開懷，而且搏髀忭笑，竟像是個老頑童，他是望之儼然，即之也溫的老師。

老師從講席上執起粉筆，登上講壇，在黑板右側鄭重地寫上「散文研究」四個大字，他的板書蒼勁剛健，且又姿媚秀逸，令人忻慕；多年後，我自己也忝爲人師，雖然書法一直未見改善，但我總是亦步亦趨地法式著老師的板書規模：他的板書秩序井然，行伍分明，雖然筆畫不苟，但卻從容而有效率，他總是自黑板的右側開始寫起，我不曾見他遷就於黑板上最便宜的版面而隨意塗抹，即使造次之間，隨興起意，也必然端肅執筆，按部就班，絕不苟且，此外，他絕不霸佔黑板的中央部份，也不曾見他信手塗鴉，愈描愈黑；我常常在想，在各行各業中，大概只有老師這份神聖的工作是需要借助粉筆來傳達訊息的；當今傳播工具進步，教學也不一定要靠粉筆，電視教學有電腦字幕、廣播教學有空中聲頻，甚至於幻燈片、投影片、多媒體影片……等等，琳琅滿目，但傳術可以，傳道授業解惑，則未免有隔，比不上耳朵親聆老師發自肺腑的心聲、肉眼目睹老師親手寫下的文字、精神親炙老師的人格氣象來得眞誠、深刻，並且能全方位地接受身教與言教的濡染薰陶。

碩士班二年級時，我請老師擔任我的論文指導教授，他不肯，我很迷惑，第二次再去請託，老師把頭一別，斬截地說「不成！」我好沮喪，但又不肯輕言放棄，回家仔細思量，定要問明老師何以不要指導我；第三次再去請示，老師說「你是一個女孩子，將來總要嫁人的，我費心地指導了你，你也盡心地寫了論文，要是就這樣走進了廚房，不是太可惜了嗎？我是希望我指導的學生要能夠繼續深造研究。」我一時辭窮，無言以對，悵然地目送著老師的背影漸行漸遠，一個人愣在健康中心旁的印度紫檀樹下，眞是「古道　西風　瘦馬，斷腸生在樹下。」

第四次，再鼓足勇氣，到教師休息室去等候老師下課，一路上，我緊緊追隨，又跟到了那棵百年之齡的印度紫檀樹下，那蒼黑高峻的枝幹上，盡是娟娟可愛的嫩綠色複葉，枝葉豐蔚如蓋，陽光掩映其間，圓圓的小光點就在地面上相互追逐；今天，我可是有備而來，伺機要見招拆招。老師終於在樹下停了下來，果不出所料，又祭出了不指導女生的擋箭牌，我心中大喜，搬出了準備萬全的說帖進行反制遊說。「老師，如果你不指導是因爲我不夠用功，那麼我會更加用功；如果是我天份不夠，那麼我百之千之；可是……如果你不指導我的原因只是性別上的考慮，那麼叫我如何改善呢？難道要去變性嗎？而且，女生也很好啊！心思細密、沈著堅毅、有耐心、肯執著，還不必像男生一樣有養家活口的負擔，所以一定更能專心向學。」

老師聽了哈哈大笑，笑得舒泰又天眞，他想了想，說：「好，好，說不過你，就這麼辦吧，不過，你可得好好用功哦！」我後來年歲漸增，總覺得老師是有意以「不指導女生」來考驗女生的，因爲學術研究是一生的志業，他要確認請他指導的學生是否具備了解決困難的智慧，執著奮勉的敏求精神、和不屈不撓的研究特質，他絕不是蓄意爲難，要人下不了台。

碩二下學期我結婚了，我知道老師牽掛著我的學業和家庭，這十二年來，每次我去探望他，老師總是諄諄叮嚀：「先生好嗎？婆婆身體好嗎？孩子好嗎？代我向妳先生和婆婆問候。」起初，我只認爲老師是周到多禮，客氣地問候，尚不知他別有惕勵和關懷之意，後來才體會到他的一片慈愛心意，他一方面是怕我因了讀書而懈怠了人媳人母的職守，一方面又掛慮著我或者可能受了委屈而不敢講，就體貼地起了個話頭，我明白了他的不放心，所以總是携家帶眷地去探望他，打從孩子們很小的時候，他們就在老師家的客廳茶几下，穿梭來回地爬來爬去，到現在兒女都快跟我同高了，師父和師母一直都很疼愛他們，每次見面，總要執起孩子的小胖手，笑眼瞇瞇地仔細端詳。今年春節，我們去拜望老師，孩子們和老師的小孫女玩得不亦樂乎，大人們在客廳談話，小孩們在旁嬉遊追逐，其樂融融，臨告辭之際，大雨滂沱，我們一家四口擠在雨傘下緩緩地走出了巷子口，我忽然感覺到老師好像還在門簷下目送著我們，於是回頭，透過煙水茫茫的雨幕，我看見他揚起手來頻頻向我揮別……

三年前，我們搬來台中，家務工作和兒女教養等事務，因爲少了婆婆和媽媽的協助，所以倍覺繁重，炎炎烈日，我騎著腳踏車在教室、菜市場、住家和孩子們的學校之間上課，買菜、作飯、送午餐，肩上是責無旁貸的教學、研究、輔導和家務等沈重的責任，這常使我心力勞瘁，怨天尤人，當年老師預言女生會遭逢的研究阻礙一一出現，我在徬徨無助的時候撥電話給老師，向他訴苦，他語氣慈祥，聲調低沈和緩，愼重地向我說了這段話：

「雅姿，記住！一切的學問都離不開生活，生活就是一種磨練，你不經過這種磨練，你的學問不會進步，相信我的話，這些生活的挑戰，會使你的學問更有深度。」

老師就是這樣子，他教訓學生是極其嚴格的，但對學生又是非常的熱情，從學十四年來，我要是做錯了，他就板起面孔來教訓，寫錯了，稿紙上一個大「×」；做對了，他點頭稱是，不吝褒揚。民國八十二年，我到成大發表一篇論文，嘗試從休閒理論探討魏晉名士的遊憩行爲，由於論點新建，又是閉門造車，我一直忐忑不安，那天，老師也在會場聽取我的論文提要報告，使得我愈發緊張，還好與會學人對我的論文反應熱烈，多所肯定，我才放下那顆七上八下的心。會後，老師笑容滿面地大步前來嘉許，並握手致意，當時，站在那人生地不熟的會場上，我覺得手暖心頭也暖，歡喜地直傻笑著……

老師的爲人是開明爽朗，有情有義的，他看來有時倔強固執，不肯妥協退讓，其實應是堅持原則，忠於理想；他似乎孤傲自是，道貌岸然，但那是他行得直、站得正、自尊自愛的必然氣象，絕不是峻拒他人於千里之外，多年來親承音旨，常有機會看見他和別人相處，他總是親切熱誠，厚道多義，而且他雖不動聲色，但心裏則是通脫明白、善鑒善察。民國七十六年冬天，他邀我一同上華視的教學節目，拍攝時，老師泰然自若，談笑風生，侃侃暢談著古典文學，而一輪到我接詞的時候，我卻緊張得喉嚨發癢，咳嗽不止，導演喊暫停，一群幕後工作人員迎向前來，有的遞上溫水，有的爲我梳髮、敷粉、點脣、整衣，讓我好不安，待他們各自散去，老師探過頭來低聲說道：「雅姿，別緊張，覺得喉嚨不癢了再拍，喝口茶，你只要想著這些人員、這些燈光，還有這麼多機器都要靠著我們倆才能把工作給完成，你就不會緊張了！」十年來，我時常想起這句話，人一旦覺察到自己原是承受了別人的許多付出和奉獻之後，自然就會兢兢業業，全力以赴，以免耽誤和辜負了別人，從老師的叮嚀中，我明白他體貼到幕後工作人員的辛勞，並且也包容了我的怯場。

民國八十年元月，我們一行十餘人和老師前往大陸，大陸各賣場的售貨小姐普遍都沒有什麼好的服務態度，有幾次，我同老師上街買東西，我留意到老師在結帳時，會客氣地向售貨小姐微笑道謝，而且還寬厚地說：「謝謝，您眞和氣！」這句話眞神奇，小姐們聽了，都情不自禁地笑了，笑得赧然而歉疚，我從這句客氣話中，感受到老師對待故鄉人的厚道和體諒之情，這原是他生於斯、長於斯，才下眉頭，卻上心頭的山河大地，那些傲慢的小姐們，不是陌生人，而是血濃於水的鄉親啊！

今年春節，有位學姊遠道來向老師拜年，她剪了一個俏麗的短髮，老師讚美她的新髮型襯托得她神采奕奕，朝氣蓬勃，突然，老師好像想到了什麼似地，他轉頭問我：「雅姿，你知不知道我爲什麼不留髮嗎？」「我，我以爲老師一直是……」老師笑了，「嘿！我年輕時可是有頭髮的喲！……當時，我在高中教書，有一位同事說，這個在高中教書的老師呀，要是沒有個大學畢業的學歷哪，未免太不夠資格。我聽了，決心要再去進修，隔天就跑去理了個大光頭，發願自誓，這輩子不拿到大學文憑，絕不留髮！」「後來呢？老師。」「後來呢，大學也畢業了，我又立志要讀碩士，否則，絕不留頭髮！」「可是，老師您不是拿到碩士學位了嗎？爲什麼還是不留頭髮呢？」「是啊！這時碩士學位也取得了，我又想讀博士，就這樣，一直都是不留頭髮的，後來也習慣了，覺得簡單樸素就好。」老師若有所思地摸了摸頭笑了笑。

哇！眞是教人難以置信，遙想正値盛年的保守老師，竟然會爲了鞭策自我不落人後，而鐵了心腸去理個光頭，足見衝擊之深和意志之堅，想當時，老師該要忍受多少同校師生詫異的探詢眼光和私下的議論與指指點點；雖然，我也像老師一樣有著不服輸的硬脾氣，但要我剃頭明志，我還不能有此種臥薪嘗膽的堅忍意志和破斧沈舟的果斷勇氣；此時看老師眉目寬舒，說得雲淡風輕，我明白他早就包容了那位出言不遜的同事，甚且還奉不屑之言爲誡訓呢，或許，這就是老師把書房命名爲「退思齋」的用意吧！

在中文系所求學的十一年中，我遇到了不少好的老師，其中最殷殷切切，提携愛護我的老師有三位，一位循循善誘，鼓勵我力爭上游；一位十分信任我、賞識我、並肯拔擢我；一位則嚴而有慈地督導我、鞭策我。我常常在想，對於一個出身鹿港農家的女孩來說，假使缺少了其中任何一位老師的關顧，我可能一生都無從親霑到學術的深奧甘美，也無法開發登高望遠的潛能。在這三位老師中，我從師父那裏學習到的算是最多，因爲他肯拉下臉來督導我、責備我、磨練我，使我不敢放肆、不敢懈怠也不敢疏忽，他對事務計畫周詳、對學生的指導親力親爲、對研究鞠躬盡瘁，對是非澄澈明白，對家國民族胸懷大愛，對時間則不知老之將至地悠然自得，身教與言教並重，這就是我們的老師，我以做他的學生爲榮爲傲。他的身旁有位秀外慧中的師母相伴，師母的話語溫柔明達，爲人端雅大方，他們兩人坐在一起，師父若是朝陽軒軒，師母就是惠風和暢，他們眞是很登對的夫妻生命共同體，令人羨慕不已。

我有時也會思念他們，這時就會拿起電話來一敍孺慕之情，電話響了，是老師的河南國語：

「喂，」

「老師，我是雅姿。」

「喲，雅姿啊，怎麼了，好久不見哪！妳都好吧！」

「好。」

「嗯……先生好吧，孩子好吧，工作都好吧？」

「好」

「最近讀了些什麼書？有沒有寫些什麼東西啊!?」

瞧，這就是我們亦師亦父的老師，他已從心所欲而不踰矩，但可不容許你蹉跎了生命，懈怠了職守；因爲一日爲師，終身爲父，他就是不肯放棄對你的督導與愛護。

師門記學

馮永敏

我從老師學，已有十幾個年頭了。老師視我如家人，師生之間共同語言是很多的。老師對於我，有嚴格的要求，也有殷切的期望和耐心的開導。下面僅就感受最深的、老師反覆講的、最能體現其爲人風範的，談一談老師給我的啓迪和教誨。

記得甫入師門，由於我秉性愚鈍，根柢甚淺，老師即嚴格要求先仔細研讀《弟子職》，並撰作報告一篇，以作爲走向治學之路的第一步。在研讀期間，才發現老師是要我把握治學方法，藉此奠下甚礎。據我所知，老師在求學期間，即嘗對一經、一書作深入鑽研、潛心攻讀，他是要我自己有深切的體會，對研究對象一定要有深入研究，不可一知半解，以糾正我泛泛讀過，不切實之病。

我曾經憑興之所至，想盲目獵奇，當老師聽過我的說法後，只是淡淡說些他當年研究的情形，一時之間不明白老師所云。後來，才恍然大悟，原來老師指東道西，是在暗示我馳心旁騖，別有所好的不智。因爲毫無規劃的隨意瀏覽探索，只會造成時間和精力的浪費，更不利於獲得眞正的知識。這種旁敲側擊之教，對我無疑是一種針砭，我當永遠銘記不忘。

平日常聽老師以梁任公「我不惜以今日之我與往日之我宣戰」的名言來要求自我。這是老師孜孜不倦又不自滿的謙虛治學態度，是以老師學力與日俱增，與壽並進。就是這種態度，他除時時關注自己的學術研究，更隨時修改、指點學生，傾力培育學生，因爲老師認爲民族文化的傳承除血統外，又有學統，而學統對文化生命更具影響力。說到提攜後進的熱忱，尤其可貴的是老師常會主動推薦並非自己指導的學生給相關學校，爲其謀得理想出路。在臺灣這個地窄人稠、相互傾軋、缺乏人文素養的環境中，老師這種寬廣胸襟和坦蕩精神，在學界幾乎是無與倫比的，跟隨老師做學，沒想到學到更多的是做人態度。

老師爲人寬和淳厚，寧靜澹泊，儘管在現實中，他也遇到許多不盡如人意之事，他往往一笑置之，常掛在嘴邊的是：「我都忘了，不記得了！」讓我深切體會到：不管社會再怎麼冷酷，現實再怎麼無情，只要有信念，在不斷自我惕勵之中，一種眞正的人文精神的喜悅永存心間，生活裡總有詩。

念終始典於學

劉　渼

謹以短文感謝恩師王教授更生的教誨，並於慶祝恩師七十大壽之際，獻上虔誠地敬愛與祝福。

「父母生養，所傳在血統；師長教化，所傳在道統。」這是老師常掛在口頭上的一句話，此語提醒著我們：身爲子女與學生的，要感念父母、師長的恩德；身爲父母與老師的，要認眞負起自己的責任和義務。跟隨老師的這十年中，我一直身兼這四重身份，無日敢忘這一句話。

對於學生，老師都關愛有加，宛如父母。可是又比父母的督導更爲嚴厲，這是老師深切地體會到在學術的領域中，除了努力讀書外，別無他途，所以就求之深而責之切了。比如在與老師日常相處時，我們可以開懷地暢飲，可以相期去爬山，或著就到阿里山上劃一塊屬於大家的樂土吧，反正，「各言爾志」嘛！可是在學術的殿堂裡，老師絕對不苟言笑，我們只有勤學不懈，才無愧於師恩。老師一直以其自身的努力，作爲我們的榜樣，來激勵著我們，比如在寒、暑假期間，老師每有出國的機會，我們都會關心地問一下行程，總以爲老師會說說當地的風俗民情，讓大家得以神遊一番，不料師母說：「老師啊，滿行李都是書和手稿，到那裡都是一樣的，生活規矩得像在家裡。」原來老師仍然是在一燈如豆的伴讀下，渡過那些旅途中的夜晚啊，老師就是這樣孜孜矻矻地努力，因而對學術作出了極大的貢獻。

眼前，似乎又進到了老師的書房——偌大的衣櫃裡堆著的都是書，層層疊疊的新書、舊書，燈光不夠，老師手裡打著細細的一支手電筒，和我們上天下地去尋找，找出一本本對正寫著的論文有所助益的書，那一份上下求索的執著與認眞，令人欽佩不已！

老師獻身於薪火相傳的教育工作，那樣無私無悔地付出，讓我們瞭解到讀書是一種「結交」——與人間的交遊，與前古、來生的交流，與宇宙大空的交往。讀書是一種「修行」——心的寂寂不動，身的坐忘，靈的淨空澄明。讀書是一種「完成」——智識上的眞知，人與人的善待，與對完美境界的實踐。因爲老師所追求的是屬於生命裡的學問，那是一種對一切都肯定下來的超越，而在超越當中，體悟到「眞、善、美」所圓融出來的「聖」的境界。我想，這就是儒者的最高風範了。

眞情之旅

——八十五年教師節大溪別館記遊

林淑雲

風雨故人來，可感的是眞情，而當二十顆眞心層層疊疊架構成虔誠的南針，穿過風雨，心的歸依只在——鴻禧大溪別館。

九月二十九日，天空仍兀自慘黑著臉，但絲毫阻撓不了我們前進的腳步。八時三十分，當我抵達師大，校門口久候多時的學長姐們彼此寒喧問暖，雖然少了陽光的笑臉，但是見到了他們和煦的笑容，心中霎時溫暖起來。當全員到齊後，車子便浩蕩的駛往目的地。在車上大家輪流寫著給老師的「大」賀卡，搖晃的車身、輕顫的手，不穩的字體組構著篤定的愛師、敬師心情，而也就因著這一份心意，所以我們相聚於今朝。

是的，今朝我們共同締結了心靈的盟約，趕赴一場美麗的盛宴，不管是早已相識也好，素未謀面也罷，都因著這一份同門的因緣，而倍感親切。就如同在活動籌劃之初，爲了確定參加的人數，我曾一一打電話向學長姐們詢問。當電話彼端響起陌生的聲音，一句「我也是王更生老師的學生」消融彼此的隔閡，言語的寒暄與客套已成多餘，我們因著王老師，搭起了交流的橋樑。

而大家殷盼的心情所凝結成的念力，是我們和老師之間的橋樑，因著這一份力量，我們竟然早到了半小時（和老師相約十點）。當大家抵達時，無不爲其秀麗風景、堂皇建築所吸引，大溪別館確實是十分特別的渡假場所。我們在十時準時到達六〇六室，「打擾」昨天下午即已抵達別館的老師和師母（這是我們送給老師的教師節神祕禮物），只見老師西裝筆挺，笑容可掬。馮永敏學姐打趣老師的穿著，和我們的「休閒」、「輕便」相較，顯得非常正式，老師這才說出在十分鐘之前，他也是非常「休閒」的，幽默的言辭惹得大家哄堂大笑，但也由此可看出老師對此次聚會的重視。而別館的層巒疊翠，滿眼生機也引起大家的注意，我們爭相詢問老師、師母在此地渡假的生活，老師則一一的爲我們解說此地的環境與設備，不過還是提到了床稍仍嫌太軟，有點睡不習慣。大家聞語不禁莞爾，這就是我們所喜愛的老師，不役於外在物質的享受，念舊而重情。床是老的好，生活是規律的好，而學生是心中永遠的牽掛。我常猜想老師的兒女會不會吃醋，因爲爸爸的愛心，同時分給了好多好多人。

而我很幸運的是，也在這「好多好多人」之列，更幸運的是能在今天參與盛會。我想電視機上的盆花也應該非常高興吧！因爲它們鏤刻著我們對老師的敬愛，並且與我們共享這流淌一室的眞情。劉勰說「文果載心，余心有寄」，而花，我相信是可載情的，而且絕沒有載不動，許多「情」的現象，因爲眞情是永遠不會超載的。

不過在如此歡愉的氣氛中，仍穿插了一段小小的波折。我們預訂的談心場所「鴻福廳」，由於餐廳的作業疏失，竟然又轉借給地方人士。得知這個訊息之後，蔡宗陽、呂武志二位學長連忙去溝通（因爲事先他們曾親自探勘場地，並訂下包廂），平時溫和有禮的蔡學長，更破例說了重話，表示絕不妥協。學長的用心，除了在爭一個「理」字，更是希望能讓此次的活動更圓滿、讓同門師生更盡興，看著學長姐們對活動安排的盡心，又讓我再一次感受到身爲這個大家庭一份子的幸福。

而後在「鴻福廳」中，一連串的欣喜和分享等待著我們。四個半小時的交流中，老師帶來了新作「歐陽脩散文研讀」及「國文教學面面觀」，呂武志學長亦提供作品，給予大家豐富的精神食糧，我的手中捧著沈甸甸的四本書，反思自己的虛度韶光，不覺有些汗顏。而一罈來自馬祖的陳年好酒（陳光憲學長贈予老師，老師珍藏了十年以上），更是大家談天助興的最佳良伴。在這裏，我們表達了對老師及師母的敬愛，分享了彼此的生活近況。落地窗外，細雨紛飛，秋節時分，已具涼意，然而室內的我們，把酒言歡，溫馨滿懷，紅通通的臉上，堆盡笑意。老師平日不太飲酒，但是當天，卻連飲數杯，只求盡興吧！我如是想著。

活動終究會盡尾聲，但情意卻可綿亙無窮。在復歸生活航道的同時，我們帶回了眞情與記憶，這樣的聚會將一直依例舉辦，我在心中暗自許下每年都要參加的承諾。而更盼望的是明年能見到更多同門的學長姐。這次的活動，全承蔡宗陽、呂武志、顏瑞芳及馮永敏四位學長的費心籌劃，也許言語是無法盡意的，但是感動的情緒卻時縈心懷，且讓我說聲：謝謝你們。

循循善誘

——王師更生引我走入學術之林

呂新昌

王師更生，是師大的招牌教授之一，不僅國內馳名，而且揚名國際，他研究文心雕龍的成就便是明證。但是他研究學術的範圍並不限於文心雕龍；只要看看他的碩、博士論文，以及他所指導的碩、博士論文便可知道。我因家庭經濟關係，沒有進研究所的正規班。第一次上王師的課是民國七十一年的暑假，那年我剛進師大國研所暑修班，而王老師則在暑修班開「唐宋八大家文研究」的課。他深入淺出的講授，讓我們受益良多，更難得是在第二年課程將結束時，抽出時間來鼓勵我們。他說：

各位同學大概都在中學服務了十年左右，（暑修班的甄選採積分方式，七十一年的錄取積分，一般說來要服務十年才能錄取）也就是說離開大學有十年的時間了。在這十年之中，如果只教授國文課，翻翻參考書而已，可以說在研究學問的路上，已走進窮巷，急需設法來突破，才有前途可言。各位現在利用暑假來進修，可以說是一種很好的突破方式，希望各位結業之後，能繼續用功讀書，並選定一個範圍，努力去研究。千萬不可找藉口，認爲教書改作業已經夠忙夠累了，那有時間精力再讀書？或是妄自菲薄，認爲學術的著作多如恆河沙數，怎麼可能讀得完呢？乾脆就放棄不去研究了。其實只要你能選定目標，下定決心，從最基本的讀起，你將會越讀越有興趣，甚至於欲罷不能。不但可以找到門路，而且可以登堂入室，領會奥旨。孔子說：「力不足者，中道而廢」。各位一定要勇敢地出發，走多少算多少，不可以畫地自限，站在原地不動。

大家聽了之後都很感動，也都想要有所作爲，尤其是我，這時已在工專兼課，並取得教育部頒發的講師證，更是雄心萬丈，認爲要升副教授是指日可待的事。結業之後，我牢記王師的訓誨，繼續讀書，並利用假日跑圖書館，花了六、七年的時間，東抄西抄的歸納分析，完成了兩本著作，也先後兩次提出升等申請，但兩次都被打了下來，理由是：「未達標準，不予通過。」這是很籠統的公文用語，缺點在那裏，我始終不知道；本想請求說明缺失何在，但一想在私立學校，多一事不如少一事，學校連續爲我報了兩次，已經是很好了。於是我有些心灰意冷，認爲升等不是件容易的事，而學術的著作，也不是任何人隨意都可以寫的，像我這樣，沒有經過研究所正規班的嚴格訓練，大概是寫不出夠水準的學術論文，想要升副教授，這輩子可能沒希望了。在碩、博士滿街都是的社會，能當個二專的專任講師也該心滿意足了。君不見！私立專校幾乎都是萬年講師嗎？可是，我心中總是有些不服。我眞的這麼差嗎？一定要高學歷才行嗎？魯實先老師不是連高中都沒念到畢業，就自己苦讀成功的嗎？我想學歷應該不是問題，學力才是關鍵所在；而學力要靠自己努力。研究工作，要講求方法，更要有良師益友來指導切磋，以免走錯方向，捉不到重點。於是王老師的話又在我心中鮮活起來，於是我靈機一動，決定請他指點迷津。

雖然我從國研所暑修結業已將近十年，但和王老師的聯絡始終沒有中斷，除了每年寄賀年卡外，有出書也都呈請老師指正，因此，老師對我的印象還記得很清楚。當我打電話請求老師指導時，他先是謙虛的說這方面他沒有什麼研究，要我另請高明。我進一步把自己的遭遇情形詳細說明後，他說：「好吧！你找個時間來，我們研究一下。」於是我向老師約好時間，帶著拙作「歸震川及其文論研究」去請教老師。

老師一看就覺得題目不妥，他說震川先生是位古文大家，不是文論家，應該把題目改爲「歸震川及其散文」較妥。接下來順著拙作的章節討論，老師不厭其煩的指導我。老師對我特別優待，沒有要求我用手寫稿，而准我用電腦打字稿；大概是因爲拙作已印刷成書，和日夜都要上課，工作較忙的關係吧！我在老師的指導下，補充修正拙作，每次都親自到老師府上去請教他。後來他認爲我從桃園上臺北，來回坐車等車也要浪費不少時間，便要我用郵寄的，不要親自跑。有時候他有新的發現，就馬上打電話要我改正。就這樣，我花了兩年的時間，在老師耐心、細心、愛心的指導下，三易其稿，才完成拙作「歸震川及其散文」。而皇天不負苦心人，我也幸運的升等了。現在爲節省篇幅，也爲了把老師的指導詳情說得更具體，把兩本拙作做一個比較表附在文後。

欣逢老師七十大壽，他指導過的學生們有意出刊專集以資紀念；特不揣固陋，謹作此文向老師致最高的敬意與謝意，並祝老師師母福壽雙全，永保青春快樂。

附錄：

歸震川及其散文 與 歸震川之散文與文論研究 新舊著作異同對照表

新著作	舊著作	備註
歸震川及其散文（凡二十萬言）（40字×18行×278面）	歸震川之散文與文論研究（共十萬六千字）（40字×18行×148面）	歸震川之成就在散文創作，不在文論的創立，故更改題目再作深入研究。
自序：先說明在文學史的認識上，歸震川有其研究的價值，再說明本書的組織結構及各章的要旨，最後除表謝心之外，敬請博雅君子不吝指正。	無自序。	
第一章　緒論	第一章　緒論	一、爲避免重複，新作未設專題談研究旨

一、詳述「散文」與「古文」之意義。 二、敘述散文簡史，由經典散文起，至元、明散文止。	第一節　研究旨趣 第二節　參考資料檢討 第三節　研究方法 第四節　歸震川生平	趣與方法，亦未檢討參考資料。 二、生平移至新作第二章。
第二章　震川之生平事蹟 第一節　家世 第二節　生平 一、早年事蹟 二、南都第二 三、九上春官 四、安亭講學 五、長興知縣 六、順德通判 七、太僕寺丞 八、續弦兩次 九、倭寇迫害 十、表彰節義 第三節　交遊 第四節　著述與文集		一、舊作生平部分僅佔六面；新作以十個單元重點深入研究，共佔五十七面。 二、新作增加「家世」、「交遊」及「著述與文集」三節。
第三章　震川之寫作背景 引　言	第二章　震川散文探析 第一節　背景探析	新作第三章係修訂舊作第二章第一節而成，並增第四節「結語」。

第一節　唐宋派之激盪 第二節　秦漢派之影響 第三節　八股文之枷鎖 第四節　結語	一、歷史因素 二、當代因素 1.明代文壇概況 2.震川與唐宋派 3.震川與秦漢派 4.震川與八股文	
第四章　震川之散文淵源 引　言 第一節　師承家學 第二節　根柢經史 第三節　兼法唐宋 第四節　結語	第二節　震川散文的淵源 一、師承家學與交遊 二、根柢經史 三、兼法唐宋名家	新作第四章係修訂舊作第二章第二節而成。並增第四節「結語」。
第五章　震川之散文理論 引　言 第一節　論『文』之本質及功用 第二節　論文章體則 第三節　論創作方法 第四節　結語	第三節　震川散文特色 一、關於震川文集 二、分類評述 1.序 2.雜文 3.書 4.贈送序 5.壽序 6.記	1.新作第五章第一、二節係修訂舊作第三章第一、二節而成。 2.新作增加第三節「創作方法」與第四節「結語」。 3.論創作方法： (1)根柢經史，兼取各家之長。 (2)從有出落到無出落─力求融化出新 (3)作法細節：意深而不晦等七項。

	7. 墓誌銘 8. 傳 第四節　名家對震川散文的批評 一、八股文 二、古文 第五節　綜合分析 第三章　震川文論探析 第一節　論「文」之本質及功用 第二節　論文章體則 第三節　論創作與評點之學 第四節　論歷代名家 第五節　綜合分析	舊作第三章第三、四、五節刪除
第六章　震川之散文創作 引　言 第一節　散文體類 第二節　散文義法 第三節　散文特色 第四節　散文修辭 第五節　後世學者對震		一、新作第六章前四節係增加部分，爲舊作所無。 1. 散文體類：依《震川文集》目錄分爲十八類；依《古文辭通義》之分法，歸納爲八類。 2. 散文義法：

川散文之評價 一、總評 二、分評 1.序 2.雜文 3.書 4.贈送序 5.壽序 6.記 7.墓誌銘 8.傳 第六節　結語		(一)內容方面（言有物）—(1)指陳時政敗壞(2)關心民生疾苦(3)激勵士節風俗(4)自述操守廉潔。 (二)形式方面（言有序）—(1)篇章結構方面(2)字句鍛鍊方面(3)聯絡照應方面(4)聲調音節方面。 3.散文特色： (1)情感豐富(2)描寫忠實(3)篇幅短小(4)勢如破竹。 4.散文修辭： (1)遣文平淡(2)造句蒼勁(3)語氣委婉(4)句法長短錯綜(5)變化用字方法(6)運用雙關語。 二、新作第五節係由舊作第二章第三、四節增修而成。 三、新作增加第六節「結語」。
第七章　結論 結論： 一、震川一生困苦不幸，家運、考運、官運都不好。但人格偉大，操守廉潔。 二、在古文傳統上，他佔	第四章　結論 附錄 一、歸震川先生在《文章指南》中發表之文論。 二、呂東萊先生在《古文關鍵》中發表之文論。 三、歸太僕先生標錄《史記	一、新作沒有「附錄」。 二、結論六點，其中第二、三、四節內容與舊作相同。

有承先啓後的重要地位，是唐、宋八大家到清朝桐城派的橋樑。

三、他以時文之法寫古文，所以講究法度；以時文之法讀古文，所以重視評點之學。

四、其文學成就，以抒情文及記敘文爲最高；並以情韻悠長獨具一格。

五、在安亭講學授徒，四方來學者數十百人，給當時衰靡不振的文風投入一個變數。

六、震川率情爲文，不以流俗之論而移其心志，且自信其文之必傳於後世。

本書寫作重要參考書目

》凡例批評。

四、歸震川先生大事年表。

參考書目舉要

作者簡介

蔡宗陽 字伯龍，號逸廬，嘉義縣布袋鎭人。民國三十四年生。國立臺灣師範大學國文學系、國文研究所碩士班、博士班畢業。曾任中學訓導主任、師大課外活動組主任、助教、講師、副教授、教授。現任國立臺灣師範大學國文系所教授兼系所主任、中國語文學會副秘書長、國立編譯館國文科編審委員、現代文學理論季刊編撰委員、中國古典文學研究會常務理事、中國經學研究會理事、中國語文月刊編撰委員。民國七十四年榮獲教育部頒發青年研究著作獎。著有《陳騤文則新論》、《劉勰文心雕龍與經學》、《莊子之文學》、《文燈》、《國學淺說》、《標點符號》、《遣詞造句》等書，單篇論文數十篇。

陳光憲 中國文化大學文學博士。現任臺北市立師範學院語文系教授，曾任中學教師、主任，德明商專校長，臺北市立師範學院進修部主任、訓導長、學務長等職。著有《慧琳一切經音義引說文考》、《王國維學述》、《王靜安先生生平及學術》、《范仲淹文學與北宋的詩文革新》、《神采飛揚》、《戰勝自己》等書。

吳福相 畢業於國立臺灣師範大學國文系，文化大學中文研究所，現爲文化大學中文研究所博士班三年級生，並執教於中國工商專科學校，擔任副教授兼出版組組長，著有《帛書本老子校釋》、《

呂氏春秋八覽研究》及〈老莊內觀睿智之知識論比較研究〉等篇。

顏瑞芳　臺灣臺南人，國立臺灣師範大學國文學系、碩士班、博士班畢業，曾任中學教師、報社編輯、助教、講師，現任國立臺灣師範大學國文系副教授。著有《劉基宋濂寓言研究》（碩士論文）、《九頭鳥——元明寓言賞析》（幼獅版）、《中唐三家寓言研究》（博士論文）等，另撰有研究《文心雕龍》、中國寓言之單篇論文多篇。

呂武志　臺灣省澎湖縣人，民國四十五年生。國立臺灣師範大學文學博士。曾任澎湖縣國中教師，現任國立臺灣師範大學國文系副教授，兼學務處僑外組組長。著有《唐末五代散文研究》、《杜牧散文研究》二書，及〈《徵聖》在劉勰文學思想上之地位〉、〈從《文心雕龍・論說》看劉勰的思想〉、〈文「約」爲美——論《文心雕龍》的一個重要觀念〉、〈劉勰《文心雕龍》與曹氏兄弟文論〉、〈裴度的文學觀和散文〉、〈張籍散文蠡測〉、〈舒元輿散文析論〉、〈「文眼」與國文教學〉、〈我對語體文教學的看法〉等論文。

顏賢正　民國三十八年次，高雄市人。高商、東吳大學中文系夜間部畢業，民國七十二年獲東吳大學中文研究所碩士學位，現任臺電總公司會計單位主管。著有：《文心雕龍述秦漢諸子考》等。

馮永敏　陝西洋縣人。國立臺灣師範大學國文系、國文研究所碩士班、博士班畢業。現任臺北市立師範學院語文系副教授。著有《劉師培及其文學研究》、《散文鑑賞藝術探微》等書，及〈袁宗道的文學理論〉、〈論劉師培的白話文〉、〈劉大魁論文偶記探賾〉、〈劉師培國語文教學思想探析〉、〈論散文鑑賞的方法〉、〈文章布局藝術探微〉、〈散文辭采藝術探微〉、〈談散文中父親形象〉等單篇論文。

魏素足　臺灣省新竹縣人，民國五十八年出生。國立臺灣師範大學國文系、國文研究所碩士班畢業，現將就讀國文研究所博士班，並任教於臺北市立中山國中，著有《黃侃及其文心雕龍札記研究》（碩士論文）。

諸海星　一九六〇年出生於韓國慶尚南道泗川郡。一九八七年畢業於韓國啓明大學校中語中文學科。一九八八年考取國立臺灣師範大學國文研究所碩士班，在《文心雕龍》專家王更生教授的指導下，學習中國古代文學理論批評專業，一九九三年獲文學碩士學位。一九九四年考取中國大陸北京師範大學中國語言文學系古代文學專業博士生，在《史記》專家韓兆琦教授的指導下，專治先秦兩漢史傳文學，一九九七年七月獲文學博士學位。現爲韓國啓明大學校中語中文學科講師。發表過論文《中國文體分類學的研究》（碩士論文）、《中國古代小說探源——論先秦史傳的小說因素》（博士論文）、《〈史記〉在韓國的譯介與研究》（全文載《司馬遷與史記論集》第三輯：陝西人民出版社一九九六年版；部分文章載《文史知識》一九九六年第八期：北京中華書局編輯部）。

吳武雄　臺灣雲林人。民國三十三年九月十六日生。六十七年，中興大學夜間部中文系畢業；七十年，東海大學中文研究所碩士，論文題目《公安派及其著述考》，指導教授王師更生。出版《古典沈思文錄》、《蘇洵及其論辨文研究》，編著《歷代文選述解》。現任教於臺中商專。

王基倫　山東省黃縣人，民國四十七年生，國立臺灣師範大學國文系畢業、文學碩士，國立臺灣大學文學博士，現任國立臺北師院語文系教授；著有《孟子散文研究》、《孟子（導讀）》、《明德慎刑——中國的法律》、《韓歐古文比較研究》、《韓柳古文新論》等書。

尤雅姿　女，民國五十年生，曾在鹿港新興國小，臺北蓬萊國小、華江國中、中山女高、中興大學、師範大學學習，目前任教於中興大學中文系，主要的研究領域是魏晉南北朝時期的學術與文化探索，碩士論文與博士論文皆由王更生老師連任指導教授。喜歡認眞地讀書教書和開心地和知交親友談笑。

魏王妙櫻　就讀東吳大學中國文學研究所博士班三年級，現爲東吳大學中國文學系兼任講師。撰有碩士論文《王構修辭鑑衡研究》（東吳大學中國文學研究所碩士論文，民國七十六年六月），暨〈韓柳歐三家文論之異同〉（刊登於《中國書目季刊》第二十八卷第一期，民國八十三年六月）、〈明・蔡羽〈遼陽海神傳〉考述〉（刊登於《東吳中文研究集刊》第二期，民國八十四年五月）、〈韓愈、李翺之經學思想〉（刊登於《臺灣日報・前瞻》，民國八十五年一月八日）、〈自《文心雕龍・知音》論劉勰之文學鑑賞論〉（刊登於《東吳中文研究集刊》第三期，民國八十五年五月）、〈自《文心雕龍・定勢》論勢與文章語言姿態之關係〉（刊登於《東吳中文學報》第三期，民國八十六年五月）等單篇論文。

張春榮　臺灣省臺南縣人，民國四十三年十月九日生。國立臺灣師範大學國文系畢業，國文研究所碩士、博士。曾任教中正理工學院、清華大學、淡江大學、中央警官，現任教國立臺北師範學院語教系。

著有：散文集《鴿子飛來》、《青鳥蓮花》，小說集《含羞草的歲月》、《狂鞋》及評論集《楚辭二招析論》、《姚惜抱及其文學研究》《修辭散步》、《修辭行旅》、《詩學析論》、《公無渡河》（樂府詩賞析）、《一把文學的梯子》、《一扇文學的新窗》、《英語修辭學》（與顏藹珠合著）、《英美名詩欣賞》（與顏藹珠合著）等書。

郭鶴鳴　民國四十一年生於臺灣省臺南縣，國立臺灣師範大學國文研究所博士，現任師大國文系副教授。論文有《王船山詩論探微》、《王船山文學研究》、〈男女有別與夫婦有別〉、〈論語爲政篇志學章試詮〉、〈老子首章義理新探〉、〈論語集注「謙辭」商榷〉、〈讀老疑義析論——第三章、五十一章〉、〈論國文教學中的義理探討——以顧炎武「廉恥」一文爲例〉、〈韓愈「張中丞傳後敘」所涉問題析論〉、〈心性與天命——孟子盡心篇首章新詮〉、〈讀老疑義析論——第四章，附論四十章〉等篇。

方元珍　國立空中大學人文學系副教授，著有《文心雕龍與佛教關係之考辨》、《王荊公散文研究》等。

劉　渼　廣西省貴港市人，民國四十五年生。現任國立臺灣師範大學國文系講師、國文研究所博士班肄業。著有《魏晉南北朝文論佚書鈎沈》、《青春泉》、《從大學中文系課程試探文學訊息》、〈《文鏡秘府論》六朝聲律說佚書佚文考〉、〈李白長干行賞析〉、〈白帝高爲三峽鎮，瞿塘險過百牢關〉、〈窺意象而運斤──談《文心雕龍》意象說與形聲情文的表現〉、〈《文心雕龍・定勢》體勢論〉、〈試論《文心雕龍・程器》〉、〈論中學新詩教學──由詩論建構出發〉、〈新詩創作教學──藝術語言篇〉等。

林淑雲

臺灣省雲林縣人，民國五十九年生。國立臺灣師範大學國文系畢業，現任師大國文系助教，並就讀國文研究所碩士班。

呂新昌

臺灣省桃園縣人。民國二十七年生，國立臺灣師範大學國文系畢業，國研所暑修結業，曾任國小代用教員，初中及高職國文教師、組長、主任。現任私立萬能工商專科學校共同科副教授。著有《國中國文文言虛字用法淺釋》、《最新應用文彙編》、《歸震川評傳》、《歸震川之散文與文論研究》、《歸震川及其散文》、《吳濁流評傳》、《鐵血詩人吳濁流》及短篇論文〈淺談吳濁流的文學思想〉等百餘萬言。